Weihnachten '92

FN-Reprint

E. FRHR. VON MAERCKEN

Spring-prüfungen und Gelände-ritte

Nachdruck der Ausgabe 1911
Herausgeber: Deutsche Reiterliche Vereinigung und H.D. Donner
© FN-Verlag der Deutschen Reiterlichen Vereinigung GmbH,
Warendorf 1987
ISBN 3-88542-188-7
Druck: Schnell-Druck, Warendorf
Buchbinderische Verarbeitung: Regensberg, Münster

Vorwort

Der Freiherr von Maerken zu Geerath gehörte zu den ersten Reitern aus dem deutschsprachigen Raum, die zur Jahrhundertwende an den italienischen Kavallerieschulen Tor di Quinto und Pinerolo selber im Sattel die damals neuen und revoltionären Trainingsmethoden der "italienischen Schule" unter dem Hauptmann Federigo Caprilli studierten.

Es dauerte dann immerhin fast dreißig Jahre, bis in Deutschland der Weg zum Anschluß an den internationalen Springstandard gefunden wurde.

Der 1930 gegründete "Springstall" der Kavallerieschule in Hannover hatte durch die Verbindung der deutschen Ausbildungsgrundsätze mit der "Trainingsmethode Caprilli" den Durchbruch und durch zahlreiche Erfolge auf internationalen Turnierplätzen die Anerkennung des deutschen Springsystems erreicht.

Der hier vorliegende "FN-Reprint" Springprüfungen und Geländeritte aus dem Jahre 1911 gibt einen Einblick in den Stand des aufblühenden Springsportes zum Beginn unseres Jahrhunderts und läßt die Schwierigkeiten erahnen, die zu überwinden waren, den Sitz, die Einwirkung und die Trainingsmethoden des heutigen Springsportes zu entwickeln.

Altjührden, im September 1987

H.D. Donner

„Ohne Feinde kein Siegen,
„Ohne Siegen kein Sport.
„Ohne Sport aber wäre das Leben
„Eine ewig langweilige Krankenstube.
                                Rosenberg.

Vorwort zur 1. Auflage.

Springprüfungen und Geländeritte haben den reiterlichen Sport der Gegenwart frisch belebt. Obwohl in Deutschland erst neueren Ursprungs, haben sie sich schnell zum beliebtesten Teil unserer Concours hippiques entwickelt und es ist als sicher anzunehmen, daß sie sich auch noch weiter vervollkommnen und ausbreiten werden.

Innerlich eng miteinander verbunden, stellen sie den jüngsten Sproß der ewigen Mutter Reitkunst dar, von der beide Lebenskraft und Lebenssaft erhalten und in sich aufnehmen.

Obgleich sie sich in mancher Beziehung dem Jagdreiten, in anderer Hinsicht zuweilen den bisherigen Distanzritten nähern, bilden die Springprüfungen und Geländeritte dennoch ein so scharf umrissenes Ganze, daß sich hier der Rahmen zu einer von völlig neuen Gesichtspunkten ausgehenden Betrachtung öffnet.

Das vielfache Interesse für den neuen Sport, das sich auch auf meine früheren Aufsätze in verschiedenen Zeit- und Tagesschriften ausdehnte, hat mich daher zu dem Versuche ermutigt, die Betrachtungen, die sich mir bei meinen Studien aufdrängten, zusammengefaßt zu veröffentlichen.

Nicht, um die umfangreiche Literatur auf reiterlichem Gebiete um ein weiteres Werk zu vermehren, sondern lediglich aus Passion und Überzeugung für den Sport, dem mein Bemühen gilt, habe ich den undankbaren Schreibstift ergriffen.

Der Zweck des Buches ist reichlich erfüllt, wenn es ihm gelingt, dem herrlichen Sport des Überwindens von Hindernissen neue Freunde zu werben, alte aber zu erfreuen und anzuregen.

Eine größere Anzahl der Kapitel ist unter teilweiser oder ganzer Benutzung von früheren, im Deutschen Offizierblatt, den Kavalleristischen Monatsheften, dem Sankt Georg, Sport in Bild und der Sportwelt erschienenen Artikeln von mir verfaßt worden.

Allen, die mich durch freundliche Überlassung von Photographien in meiner Arbeit unterstützt haben, sei an dieser Stelle verbindlichst gedankt.

Vorwort zur 2. Auflage.

Das Vergriffensein der ersten Auflage in wenigen Monaten nötigte zu überraschend schneller Herausgabe einer Neuauflage. Daß meine bescheidene Arbeit trotz des äußerst kleinen Interessentenkreises für den Springsport in seinen verschiedenen Gestalten soviel Anklang gefunden hat, ist mir neben den zahlreichen mündlichen und schriftlichen Anerkennungen der beste Beweis, daß sie ihren Zweck so ziemlich erfüllt hat.

Angespornt durch soviel unverdienten Erfolg, ist es mein Bestreben gewesen, in dieser zweiten Auflage durch manche Zusätze, Erweiterungen und neugewonnene Erfahrungen, besonders mit Berücksichtigung der jüngsten französischen Literatur über dieses Thema, das noch deutlicher zum Ausdruck zu bringen, was in der ersten Auflage zum Teil nur angedeutet war und die letzten Schleier von den „Mysterien des Springsports" zu heben.

Auch in bezug auf die Springbildersammlung, die trotz Wegfalls von zwanzig der alten auf über 200 Photographien vermehrt worden ist, hoffe ich, neben manchem alten Bekannten, der hier nicht fehlen durfte, doch genug Neues und Lehrreiches gebracht zu haben, um jedes Reiterherz wiederzuerfreuen und anzuregen.

Hubertus 1911.

E. Freiherr von Maercken.

Inhalt.

Seite

Zueignung
Vorwort zur 1. und zur 2. Auflage
Entwicklung des Springsports und sein Einfluß auf die Halb-
    blutzucht 1
Die militärische Bedeutung des Springsports 14
Das Springpferd 40
Vollblut oder Halbblut 51
Das Training des Springpferdes 63
Das Einspringen 76
Die französische Springschule 95
Der Sitz im Sprunge und das Fallen 110
Hilfsmittel bei der Springarbeit 125
Adjustement von Reiter und Pferd 140
Hindernisse 151
Ein Tag des Pariser Concours hippique 1910 169
Der internationale Concours hippique von Brüssel 1910 . 179
Von der Olympia Horse Show in London 1910 193
Moderne Geländeritte 216
Regeln für längere Ritte 231
Die französischen Raids Militaires 240
Unsere Kaiserpreisritte 259
Betrachtungen zu der neuen Art der Kaiserpreisritte . . . 267
Nacht-Ritte 284
Die italienische Springschule 289
Bilderverzeichnis 298
Einige gebräuchliche Fremdworte im Springsport 303

Die Entwicklung des Springsports und sein Einfluß auf die Halbblutzucht.

Zu allen Zeiten sind hervorragende Sprungleistungen kühner Reiter bewundert und oft im Heldenliede verherrlicht worden; so der sagenhafte Ritterspung*), der sich in verschiedenen Gegenden wieder findet und tat=

J. K. H. Prinzessin Adolf zu Schaumburg-Lippe, Prinzessin von Preußen in ihrem Park zu Bonn.

sächlich in mehr oder minder übertriebenem Maße wirklich aus= geführt worden sein mag.

---

*) Harrassprung bei Frankenberg, Fels am Zschopautal, bekannt durch Theodor Körners Ballade.

Frau von Guenther siegt in der Civil-Springkonkurrenz
zu München (Arena des Ausstellungsparks).

„Däumling", hannov. Halbblut unter Frau Willmer.
(Phot. E. Haymann, München.)

Bekannt ist aus späterer Zeit besonders Seydlitz' Brückensprung*), der den großen König um seinen Liebling erzittern ließ.

Sprung über vier zwischen zwei Hürden stehende Pferde, ausgeführt von einem französischen Offizier auf der Reitschule von Saumur.

Wenn wir uns heutzutage auch mit weniger waghalsigen Sprüngen begnügen, so kann doch der jüngsten Zeit nicht abgesprochen werden, daß erst ihr es vorbehalten war, die Begriffe

---

*) Mit Bestimmtheit in Frankfurt a. O. anzunehmen.

über die Leistungsfähigkeit des Pferdes im Sprung im allgemeinen geklärt und das Überwinden mannigfacher und schwerer Hindernisse zu einem oft geübten Sport gemacht zu haben.

Es ist auch eine ganz logische Erscheinung, daß in einer Zeit, zu der die Hindernisse in Steeple Chases immer leichter und rennmäßiger wurden und die hochentwickelten kulturellen

Der 70jährige Rittmeister a. D. v. Lücken beim Hochsprung in Dresden auf Mary.

Bodenverhältnisse des europäischen Festlandes es immer seltener zuließen, daß das Jagdfeld zu Pferd dem Wilde folgte, in dem Springsport sich ein gewisser Ersatz für das wagemutigen Reiternaturen unentbehrliche Element der prickelnden Gefahr herausgebildet hat. Voran in dieser Beziehung sehen wir Italien, dann Frankreich, Belgien und Schweden.

England, das klassische Land des Fuchsjagens dagegen bildet — wie wir noch später sehen werden — den Beweis, daß Springprüfungen doch eben nur ein Surrogat oder aber die Vorbereitung für ernstere Leistungen sind, wie sie die Jagd oder der Krieg erfordert.

Daß aber selbst England jetzt daran geht, trotz seiner herrlichen Jagden, die das britische Pferdematerial zum gesuchtesten der Welt gemacht haben, sich auch auf dem Gebiete der Springkonkurrenzen seine etwas zurückgedrängte Position wiederzuerobern, darf als Zeichen dafür gedeutet werden, daß man doch auch im Dreiinsel-Reiche den Wert und die Bedeutung des Hindernisspringens neben dem Hunting anzuerkennen gelernt hat.

Daneben mögen es vor allem praktische Gründe gewesen sein, die dazu geführt haben, bei den Pferdeschauen und hippischen Preisbewerben Springprüfungen als belebendes Element neben den Prämiierungen von Reit- und Wagenpferden einzulegen.

Fräulein H. E. Müller-Benecke auf Jimmy.

Endlich glaube ich auch nicht fehl zu gehen, wenn ich der Entwicklung des Polosports bei uns in Europa mit dem zugleich beliebt gewordenen Gymkhanas und allerlei Sprungkunststücken einen Teil der Anregung und des Verdienstes zum Zustandekommen der jetzigen öffentlichen Springprüfungen zuschreibe.

Das zu Springleistungen besonders geeignete Pferd oder gar das in Konkurrenzen erfolgreich gewesene Jagdpferd bildet heute eine besonders gesuchte und bezahlte Ware auf dem Weltmarkt.

Preise von 10000 bis 20000 Mark und mehr für alte, aber hervorragende Springpferde sind im Auslande nichts Außergewöhnliches und werden zuweilen sogar noch weit übertroffen.

Die Springprüfungen werden im Jahrhundert des Halbblüters, das zweifellos jetzt begonnen hat, der gesamten Pferde-Edelzucht eine neue, aussichtsreiche Zukunft eröffnen.

Hart aufgezogene, auf der Koppel eingesprungene, kräftige und im Blut hochstehende Halbblutpferde werden immer mehr verlangt und bezahlt werden, und die Zeit ist nicht mehr fern, da wir mit in Deutschland gezogenen Pferden erfolgreich in den internationalen Wettbewerb treten können.

Frau W. von Krieger über einem Graben in Döberitz.

Keine Zucht kann aber ohne Leistungsprobe auf die Dauer bestehen. Ich habe die feste Überzeugung, daß nicht nur Klima und Boden allein daran Schuld haben, daß das englische und irische Jagdpferd bei uns bisher noch nicht in der gleichen Vollendung nachgemacht werden konnte, sondern nicht zuletzt die bei uns im großen und ganzen vollständig fehlende praktische Prüfung des jungen Halbblutpferdes auf dem schwierigen Boden des Jagdfeldes.

In England würde es keinem Menschen einfallen, einen Hunter zu kaufen, ohne ihn erst einen Tag lang hinter den Hunden gründlich ausprobiert zu haben.

Bei uns wird der sogenannte Hunter, der meist nach englischen Begriffen gar keiner ist, beim

Frau M. Waydelin auf Fair Light.

Händler nur besichtigt, gemustert, höchstens ein wenig vorgeritten und wenn er dann eine kleine Hürde oder niedrige Stange auf

Ein Husarenstück.

dem begrenzten Reitraume zu springen sich weigert, heißt es stets: „So etwas kennt er natürlich nicht, der ist nur die groben Natur= sprünge Irlands gewohnt!" —

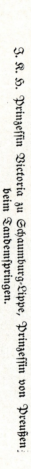

I. K. H. Prinzessin Victoria zu Schaumburg-Lippe, Prinzessin von Preußen, beim Taubenspringen.

Eine derartige Ausdehnung des Jagdreitens wie in England wird bei uns stets zu den frommen Wünschen und Träumen gehören, wohl aber kann ein ausgedehnter Concourssport in Deutschland einigen Ersatz in bezug auf Leistungsprüfung bringen.

Je mehr durch die Ausbreitung der Concours hippiques bei uns der Sinn für praktische Leistung des Pferdematerials im Gegensatz zu äußerem Blendwerk wachsen wird, um so besseren Tagen wird die deutsche Halbblutzucht entgegengehen, die wahrlich scharfe Prüfung nicht zu scheuen braucht. Sie wird dabei im Gegenteil nur gewinnen.

J. K. H. Prinzessin Victoria zu Schaumburg-Lippe, Prinzessin von Preußen im Sprung vor ihrer Villa in Bonn.

Hier liegt das gegebene Feld der Betätigung für den Halbblüter, für den eine Prüfung auf der Rennbahn in den seltensten Fällen nützlich ist, und die z. B. in England auch niemand für einen Hunter erforderlich halten würde.

Nicht auf Schnelligkeit hin können und wollen wir das junge Halbblutzuchtmaterial analog dem Vollblut prüfen, wohl aber auf Härte, Geschicklichkeit und Sprungvermögen im Rahmen der Reitjagd und der ihr verwandten Sprung- und Geländeprüfungen der Concours hippiques und der dazu notwendig werdenden Vorbereitungen. Wenn dies alles auch noch lange nicht der ideaIeren Prüfung des Hunters der Jagdpferde Großbritanniens gleichkommt, so ist es doch immerhin ein Anfang und ein gewisser Ersatz dafür.

Der Halbblutzüchter kann kaum alle seine Produkte praktisch prüfen. Wenigstens nicht auf der Rennbahn oder im Jagdfelde. Es ist aber schon wertvoll, wenn er wenigstens Brüder oder Schwestern des von ihm zur Weiterzucht ausgewählten Materials in irgend einer Leistungsprüfung erfolgreich sieht. Concours hippiques bieten dazu am leichtesten Gelegenheit.

Der 80jährige Herr Hasperg auf Fotografo.
(Phot. Th. Reimers=Hamburg.)

An den großen Concours= Verbänden und Reitervereinen, die die Konkurrenzen veranstalten, wird es aber sein, Hand in Hand mit der deutschen Halbblutzucht dahin zu wirken, daß ihre hippischen Veranstaltungen gleich denen anderer Länder die segensreiche Bedeutung für alle beteiligten Kreise erlangen, die ihnen bisher noch allzusehr gefehlt hat.

Es kann anderseits nicht geleugnet werden, daß die Veranstalter von Concours hippiques allein auch noch nicht eine Blütezeit der bei uns mehr oder minder auf die nicht übermäßig rentable Remonteaufzucht angewiesenen Warmblutzuchten herbeiführen können. Dazu gehört auch ebensowohl das Entgegenkommen von Züchter und Konsument.

Der Züchter vermag durch die Art der Aufzucht — möglichst viel Weidegang, Körnerfutter und entsprechende Bewegung in Laufkoppeln mit Naturhindernissen — bereits den Ansprüchen des Konsumenten entgegen zu kommen, der wiederum durch Beschickung der Concours und Bevorzugung des hier geprüften Materials sogar den Händler dazu bringen würde, gut geschultes Material vom inländischen Züchter zu sammeln. Am günstigsten allerdings ist es, wenn — wie in England und Irland — auch der kleinere Farmer die Produkte seiner Hunterzucht selbst im Jagdfelde reitet und auf dem Concoursring zeigt und vorspringt. Aber auch schon

S. D. Prinz Adolf zu Schaumburg-Lippe springt über einen gedeckten Tisch im Garten der Villa Schaumburg zu Bonn.

durch den Wettbewerb und Vergleich wird eine wichtige und wertvolle Anregung geschaffen, die gute Früchte für alle Teile zeitigen und letzten Endes unserer Zucht zugute kommen muß.

Zucht und Concourssport müssen zusammengehen und sich gegenseitig in die Hand arbeiten.

Die Mitbeteiligung von importiertem ausländischem Material, das durchaus nicht rigoros ausgeschaltet zu werden braucht, würde sich ganz von selbst auf ein Minimum beschränken, wenn die

Vorzüge der einheimischen Zucht, die Eignung unserer Pferde zum Springsport, ihre Billigkeit und Leistungsfähigkeit genügend bekannt wären.

Frau v. Vopelius auf Lanze (Ostpr. Halbblut).

Hierin liegt ein Umstand von nicht zu unterschätzender wirtschaftlicher Bedeutung. Millionen, die alljährlich dem Ausland für zum Teil fragwürdiges Material zufließen, das für unsere Zucht nicht den geringsten Wert besitzt, könnten dem Lande erhalten bleiben. Die dankenswerten Bestrebungen des Reichsverbands für deutsches Halbblut werden hierin wohl segensreich wirken.

Allerdings wird es noch langer Zeit bedürfen, bis das angestrebte Ziel erreicht sein wird. Entwicklungen dieser Art pflegen sich nur ganz allmählich zu vollziehen und noch ein weiterer Faktor ist dazu nötig — der Staat. Nicht nur durch Förderung aller entsprechenden hippischen Veranstaltungen auf jede nur mögliche Art, sondern auch durch direkte Unterstützung mit seinen reichen Mitteln vermag er einen überaus segensreichen Einfluß auszuüben.

Wir haben dafür ein naheliegendes Beispiel an Frankreich, wo nicht zuletzt durch die staatliche Unterstützung der weit verbreiteten Concours hippiques eine Blüte der Halbblutzucht erreicht worden ist, die wiederum dem Staate in mehr als einer Beziehung zugute kommt. —

Die
militärische Bedeutung des Springsports.

Es ist auffallend, in wie verschiedenen Richtungen sich das militärische Reiten der einzelnen europäischen Kavallerien in der letzten Zeit entwickelt hat, zumal was den modernsten Zweig kavalleristischer Betätigung, das Geländereiten und Springen, anbelangt.

Man kann im großen und ganzen hierin zwei Hauptgruppen unterscheiden: die der romanischen und die der germanischen Reiterwelt.

Es wäre schwer zu bestimmen, inwieweit hierbei etwa Charakter- oder körperliche Rassen-Unterschiede mitsprechen. Wenn man sich vergegenwärtigt, welche typischen Eigenarten den verschiedenen Nationen gewissermaßen traditionell anhaften, so wird man sehen, daß trotz der jetzt überall zu Tage tretenden fortschrittlichen kavalleristischen Richtung sich die Grundzüge nationaler Reiterei nur wenig verschoben haben.

An der Spitze der romanischen Gruppe marschiert Frankreich, das klassische Land der hohen Reitkunst, von dessen equestrischer Hochschule Saumur der befruchtende Samen reiterlicher Erkenntnis ausgeht. Obwohl auf eine ungleich kleinere Pferdezucht angewiesen und räumlich nicht so ausgebreitet, ist Italien hier fast an gleicher Stelle zu nennen. Seine Kavallerie, speziell das Offizierkorps, hat es auf dem besonderen Gebiete des Terrainreitens und Nehmens von Hindernissen aller Art wohl zu der höchsten Perfektion gebracht, die gedacht werden kann. Belgien (Militärreitschule Ypern) identifiziert sich in reiterlichem Sinne ganz mit Saumur, und seine Reiter-Offiziere spielen im internationalen Wettkampf eine gefürchtete Rolle. Spanien, das alljährlich in San Sebastian große reiterliche Wettkämpfe bei sich sieht, tritt ganz in die Fußstapfen seiner großen östlichen Nachbarn, und Portugal bemüht sich, wie die Vertretung dieses Landes bei dem großen Brüsseler Concours im Frühjahr 1910 bewies, in gleichem Sinne. Auch jenseits des Ozeans scheint diese Schule Fortschritte zu machen, und die Union sowohl als auch Argentinien leistet, wie z. B. der vielbesuchte Internationale Concours von Buenos-Ayres im Jahre 1910 (Centenarfeier) bewiesen hat, auch in dieser Hinsicht Hervorragendes.

Unteroffiziere des 13. franz. Husaren-Regiments beim Geländereiten.

In Rußland, das zu keiner der Gruppen gerechnet werden kann, ist immerhin der französierende Einfluß der Reitschule von St. Petersburg nicht ohne Einfluß geblieben, da lange Jahre James Fillis dort als Lehrer gewirkt hat. Im Jahre 1910 sah man auf der Olympia-Show in London den einzigen dort vertretenen russischen Offizier, Capitaine Bertren, im internationalen Offizier-Springen erfolgreich. Dieser Reitlehrer der russischen Reitschule ist indessen ein früherer französischer Offizier, der seine Nationalität gewechselt hat.

An erster Stelle der germanischen Gruppe darf, was seine internationalen Erfolge auf dem Gebiet des Terrainreitens und

Springens anbelangt, Schweden genannt werden, das hier eine ganz hervorragend hohe Stufe erreicht hat. England, das klassische Land des Huntings, das erste Pferdezuchtgebiet der Welt, hat erst jüngst bei einem eigenen Welt=Concours zu Olympia wiederum sich überzeugen müssen, daß die dort übliche Manier über Sprünge zu reiten, zu roh, zu steif und zu ungeschickt gegenüber der feineren romanischen Kunst ist.

Auch in Österreich, das mit Ungarn der deutschen Gruppe zugerechnet werden muß, scheint sich seit dem letzten Frankfurter Concours die Überzeugung allmählich Bahn zu brechen, daß dort die Terrainreiterei nicht mit der dort vorbildlich guten militärischen Schulreiterei gleichen Schritt gehalten hat. Schreibt doch Major Mario Franz, der Kommandant der K. u. K. Kavalleriekadettenschule selbst in der letzten Nummer der Kavalleristischen Monatshefte: „..... gelernt zu haben, daß wir mit dem allzustarren System, jedes Springpferd ohne Rücksicht auf die Verschiedenheit der Hindernisse in ein gleich scharfes Tempo und einen bestimmten Springstil pressen zu wollen, brechen müssen." Auf die weiteren interessanten Ausführungen des Windischgrätzdragoners komme ich später noch zurück.

In der deutschen Kavallerie endlich hat sich in den letzten Jahren ein gewaltiger Fortschritt auf dem Gebiete des Springens bemerkbar gemacht und wir konnten sogar den gewagten Versuch einer internationalen Springkonkurrenz im eigenen Lande in Frankfurt 1910 siegreich bestehen. Man muß sich indessen vor einer Überschätzung des Erreichten hüten, das doch noch lange nicht Allgemeingut geworden ist, sondern mehr auf der persönlichen Initative und dem frischen Sportsinn einzelner jüngerer Elemente beruht.

Es kann in keiner Weise geleugnet werden, daß das romanische System das weitergediehene ist und immer mehr Anhänger wirbt.

Österreicher und Deutsche leisten — das erkennt sogar der reiterlich Andersdenkende, z. B. Fillis an — auf dem Gebiete militärischen Schulreitens Unübertroffenes. In dieser Hinsicht sind die verbündeten Kavallerien unbestritten die ersten der Welt. —

Um aber uneingeschränkt diesen Ruhmestitel weiterführen zu können, bedarf es eines fleißiges Weiterausbaues auf der be=

schrittenen Bahn, eines ernstlichen Kultivierens des Terrainreitens mit allen seinen möglichen und unmöglichen Hindernissen.

Betrachten wir zunächst einmal die militärische Bedeutung dieses jüngsten Zweiges reiterlicher Betätigung, dem die Kavalleristen fast sämtlicher anderer Armeen einen so hohen Wert beilegen; einen so großen Wert, daß das italienische Militär=Reit=Institut grundsätzlich jede Dressur in Reitbahnen verschmäht, die belgische

Grabenrick in Spa.

Reitschule auf mehr als zwanzig ausgesuchten Dienst=Hochsprungpferden ihren Schülern Sitz und Gefühl im Sprunge lehrt! —

Das Soldatenpferd muß für jeden nur möglichen Kriegsschauplatz geeignet sein. Man kann also nicht wie der Engländer zum Fuchsjagen in Leicestershire einen anderen, mit der Gegend vertrauten, in jenem Terrain großgezogenen Hunter reiten, als in Westmoreland oder Essex. Das moderne Kavalleriepferd muß heute, wo es weittragende Feuerwaffen öfter und früher von der Straße hinweg ins Terrain treiben werden, als einst, zur Erfüllung seines mannigfachen und bedeutungsvollen Dienstes — ich erinnere nur an den Ordonnanzoffizier, Patrouillenführer und Meldereiter —

absolut sicher, willig und gehorsam im Gelände gehen und alle sich dort ihm bietenden Hindernisse anstandslos nehmen können, wenn es seinen Reiter vor Tod oder Gefangenschaft bewahren soll.

Es unterliegt keinem Zweifel, daß einzelne Reiter wie auch schwache Abteilungen (Patrouillen) im Felde überall und stets beschossen, verfolgt und gejagt werden dürften, wo sie auch nur in Augenweite des Gegners sich blicken lassen. Da nützt nicht allein die Schnelligkeit des Pferdes, sicher und ungefährdet die wichtige Meldung heimzutragen, sondern vor allem kommt es — bei den heutigen Bebauungsverhältnissen einer hochentwickelten Kultur — darauf an, alle sich in den Weg legenden Hindernisse, seien es Wälle, Knicks, Einfassungen, Mauern, Zäune, Gräben, Wasserläufe, Kanäle, Drahtzäune oder Barrieren, sicher zu überwinden und nicht hierbei Zeit, Leben oder Freiheit einzubüßen. — Aber nicht nur in solchen Fällen, sondern noch weit mehr im schwierigen Erkundigungsdienst selbst wird die Terrainsicherheit des Pferdes für den Kavalleristen eine ausschlaggebende Rolle spielen. Wer nur auf den Straßen und gebahnten Wegen Patrouille reiten will, wird wenig zu sehen bekommen. Nur, wem die Sicherheit seines Pferdes in jeder Lage genug Kühnheit und Keckheit verleiht, sich auch in unwegsames und schwieriges, steiles und durchschnittenes Gelände zu wagen, wird seiner Aufgabe ganz gerecht werden können. Nur er kann getrost den Gegner auf nähere Entfernungen aufsuchen, wo keine übersichtlichen Fernaussichtspunkte vorhanden sind, und mag gelassen feindliche Reiterschwärme an seinem Versteck vorbeiziehen sehen: er kommt schon überall wieder durch!

Dieses unbeschreibliche Gefühl reiterlicher Überlegenheit aber, das im Kriege so überaus wichtig ist, muß in mehr oder minder hohem Maß jeder einzelne Reiter in sich tragen, der vielleicht zu wichtiger Aufgabe berufen sein kann.

Es ist daher auch die Pflicht aller Führer und Lehrer auf kavalleristischem Gebiet, vom Ältesten bis zum Jüngsten, dahin zu arbeiten, daß dieses Ziel erreicht, vor allem durch unermüdliche Sorgfalt in diesem wichtigen Dienstzweig gefördert und vorbereitet werde.

Nur durch Übung, durch stetige Gewöhnung können unsere Pferde, unsere Reiter, können wir selbst dazu gebracht und auf der Höhe der Leistungsfähigkeit erhalten werden. —

Ist es denn aber notwendig, von den vorhandenen guten reiterlichen Eigenschaften des Schulreitens irgendetwas aufzugeben, um ein Jota auch nur nachzulassen?

Mit Nichten! — Im Gegenteil es kann — darin brauchen wir die Italiener keineswegs nachzuahmen — und muß uns dieser Vorzug unter allen Umständen nicht nur erhalten bleiben, sondern auch noch bei den angedeuteten Bestrebungen wesentlich zugute kommen. Major Mario Franz, einer der ersten Reiter der

Lt. Antonelli beim Hochsprung.

österreich-ungarischen Monarchie, schreibt in seinen ausgezeichneten Ausführungen hierüber: „Diese Preiskonkurrenzen bezwecken ja nichts anderes, als zu zeigen, wie das Ideal eines Soldatenpferdes dressiert, und wie ein vollendet guter Sitz des Reiters beschaffen sein soll, denn erst durch diese Errungenschaften werden beide — Reiter und Pferd — befähigt, auch nach anderen Richtungen hin große Leistungen zu vollbringen".

Freilich gelange ich danach zu einer anderen Schlußfolgerung: Nicht gegen die Verquickung der Concoursreitprüfungen mit Gelände- oder Distanzritten oder vermehrten Springforderungen kann der oben besprochene Grundsatz mich führen, sondern eher und in noch wohlbegründeterem Maße gerade zu dieser.

2*

Sagt doch selber Major Mario Franz bald darauf: „Dem unvoreingenommenen Beobachter ist es, wenn er je darüber Zweifel hatte, zur Gewißheit geworden, daß auch bei einer Springkonkurrenz jenes Pferd die meiste Chance hat, das bei gutem Springvermögen in steter Anlehnung und Kopfhaltung und ungestörter Rückentätigkeit, somit in möglichst guter Haltung den Kurs absolviert." —

Zu ganz ähnlichem Schlusse sind auch alle Autoritäten auf reiterlichem Gebiet gekommen, die ich hierüber auf großen internationalen Concours hören durfte. Unsere wohlvorbereiteten, durchgearbeiteten Pferde müßten also eher als alle anderen, zum mindesten doch aber ebensowohl imstande sein, allen neuzeitlichen Ansprüchen auf diesem Gebiete gewachsen zu sein. —

Wie ist dem aber in Wirklichkeit? Man mache nur einmal eine Probe. Jeder an seiner Stelle. Man braucht nicht einmal weit zu gehen; ein umfangreicher Apparat zur Vorbereitung ist nicht einmal nötig. Man versuche nur einmal mit seinen Leuten — einzeln — an einer etwas ungewöhnlichen Stelle über die Chausseeränder aufs Feld zu gelangen. Man lasse nur einmal seine Abteilungen vor einem tiefen und breiten Graben einzeln abbrechen, lasse sie nur einmal einen nicht einmal allzu hohen — aber festen — Zaun, gar Draht springen, oder einen etwas komplizierten Wall klettern und man wird sein blaues Wunder erleben. —

Ich will gar nicht mehr verraten; bitte nur selbst sich davon praktisch überzeugen zu wollen (aber wirklich!) — und man dürfte doch anerkennen, daß so mancher der also auf Herz und Nieren Geprüften noch weit, sehr weit von dem anfangs geschilderten modernen Idealmeldereiter entfernt ist, der seine mühsam erworbene Meldung, verfolgt von feindlichen Reitern über Holz und Wasser, Stein und Draht sicher zum heimischen Port zurückbrachte. — Man wird sich auch ferner überzeugen, daß hierbei manche Pferde nicht gut allein gingen, gar „klebten" und daß die reiterlichen Hilfen und der Sitz im Sprunge oft recht erheblich weit von dem Idealen entfernt blieb. Woran liegt das nun alles?

Einzig und allein, so lautet die bestimmte Antwort, weil wir diese Sache nicht genügend geübt, gepflegt haben. Warum aber wurde sie nicht mehr kultiviert? Weil solche Übungen im Gelände natürlich Zeit erfordern, womöglich Geld für Flurschäden kosten, lahme und verletzte Pferde bringen könnten und — last not least — nicht besichtigt werden. Wenigstens nicht überall und nicht in genügendem Maße. — Es existiert ferner nicht die ausreichende Zahl und Art von Hindernissen dazu, weder auf den Kasernenhöfen noch auf den Exerzierplätzen. Hier wie dort thront seit 50 Jahren in siegreicher Alleinherrschaft nach wie vor die „Kommißhürde", der niedrige Springblock und das aus= zementierte schmale Wassergräbchen, genannt „der Graben"! Und auch diese Hindernisse — die Hindernisse — führen, ungern geduldet, ein freudloses Dasein am äußersten Rand an einer ent= legenen Ecke des Platzes; denn sie stören ja nur das Exerzieren oder das Abteilungsreiten! — Sie werden dann ein paarmal genommen, wenn die Besichtigung naht und danach — liegen sie wieder ruhig und friedlich da, und „über allen Wipfeln ist Ruh —"!

Dem müßte durch zahlreiche Anlagen der verschiedenartigsten Hindernisarten, wie sie in Natur und Gelände vorkommen, auf Reit= wie Exerzierplätzen entgegengearbeitet werden. Eine ge= nügend zu bemessende Zeit — die sich bei sachgemäßer Ein= teilung immer noch finden läßt — müßte auf das Einzelreiten und Überwindenlernen aller Hindernisse verwendet werden. Auch im Winter in der Reitbahn ließe sich in dieser Beziehung weit mehr tun, als leider meist in der Praxis — wiederum aus den vorerwähnten Gründen — geschieht. Da wird meist nur „die" Hürde, „die" Stange oder beides gesprungen. Die Pferde lernen fast systematisch, möchte ich sagen „wischen" und umwerfen. — Ein gefährliches Spiel, wenn man mit solcherart „eingesprungenen" Pferden ins Terrain und vor den Feind kommt. Das best= springendste Jagdpferd nützt da dem Offizier nichts, wenn ihm seine Leute nicht zu folgen vermögen über Stock und Stein, wie es im Soldatenliede heißt. Dazu bewegen sich die Höhen der gesprungenen „Obstacles" meist nur in einem allzubescheidenen Rahmen, selbst was das freie Einspringen der jüngeren Pferde ohne Reiter betrifft.

Naturgemäß wäre es sehr verkehrt, schlecht springende, schwere, darin ungeübte Mannschaften auf müden Pferden wo=

möglich gleich einen Meter oder mehr wirklich fest springen zu lassen. Daran denken aber auch gerade diejenigen Reitlehrer am allerwenigsten, die durch eigene Übung erkannt haben, wie schwierig und kunstreich das Metier des Springens ist und wieviel Mühe, Fleiß und systematische Anleitung dazu gehört, es in diesem Dienstzweig auch nur auf ein mittleres Maß, das befriedigen kann, zu bringen.

Oberleutnant Bolla, Instructor an der Militärreitschule zu Tor di Quinto.

Vor allem müssen erst die Leute einmal richtig sitzen und im Sprung mitgehen lernen, sie müssen sich das „Festhalten" abgewöhnen und „stillezusitzen" verstehen. Da gibt es äußerst viel zu tun, was zunächst nur über ganz kleinen Hindernissen und ohne Bügel und Zügel möglich ist. Aber auch, wenn hier erst etwas erreicht ist, wird man schon der Schwere der Leute und der Schonung des Materials halber im Militärischen stets auf einem Maß geringer unübertriebener Leistungen bleiben müssen, das für die Wirklichkeit genügen mag. Um so sicherer und vollendeter müssen aber hier alle Pferde gelernt haben, ruhig und ohne zu jagen, ohne sich auf die Vorhand zu werfen und nach dem Hindernis wegzustürmen, ohne auszubrechen, zu stutzen oder zu kleben hinüber zu gehen, unterscheiden können, wo Klettern, wo ein kühner Satz, wo Wischen und wo Anziehen der Hinterbeine am Platze ist und alle Farben, Arten und Abarten von Hindernissen — auch Draht — genau kennen.

Da gibt es natürlich noch enorm viel mehr zu tun, als man vielleicht von vornherein anzunehmen geneigt ist. Das angedeutete Ziel auch nur in etwas zu erreichen, ist ungemein schwer; so schwierig, daß es kaum einem einzelnen gelingen mag, wenn nicht alles und alle von dieser Erkenntnis beseelt, von ihr ganz durchdrungen sind und sämtlich an diesem einen Ziele eifrig mitarbeiten.

Wie ist aber dieses weitgesteckte Ziel der allgemeinen Mitarbeit an diesem Streben erreichbar? — Nur mit der Zeit, vermutlich erst in langer Zeit, vielleicht erst in militärischen Generationen! — Das Interesse für diese Sache ist zu neu, sie hat zu viel Gegner, die vis inertiae zu viel Macht, und endlich der passive Widerstand, der sich von mancher Seite dieser „brotlosen Kunst" entgegenstellen wird —! Überlassen wir es also der Zeit und dem Heranreifen jüngerer Geschlechter zu führenden Stellungen, hier den Fortschritt zu bringen, den wir uns erträumen, und begnügen wir uns vorderhand damit, der guten Sache Freunde zu werben, und sie allmählich, so gut wie es eben geht, von Stufe zu Stufe weiter zu führen. Dem einen wird mehr, dem anderen weniger darin gelingen. Die Zukunft gehört auf alle Fälle unserer Sache!

Das einzige wirklich wirksame Mittel aber, Anregung und Passion dafür in den Reihen der Führer und Lehrer auf diesem Gebiete, also der Offiziere zu verbreiten, bilden die Concours hippiques.

Nicht die Hochsprungkonkurrenzen, die nur einen beschränkten, doch keineswegs zu unterschätzenden Wert haben, nämlich Maßstab für Sitz und Leistungen abzugeben, sondern vor allem die breite Masse der Jagdspringkonkurrenzen aller Art und Verbindungen, von diesen mit Reit- und Fernrittprüfungen verdienen die weitgehendste Förderung und Verbreitung. Nur die persönliche Teilnahme an diesen Veranstaltungen und das systematische Vorbereiten von Pferden hierzu wird so manchen von der Ausführbarkeit und Möglichkeit der angegebenen Bestrebungen überzeugen.

Erst die Einsicht, daß es nicht besonders gezüchtete oder entdeckte „Spezialpferde", kostbare Luxustiere sind, mit denen man die Springkonkurrenzen bestreiten und gewinnen kann, sondern, wie das Beispiel der französischen, belgischen und teilweise auch deutschen Offiziere lehrt, gut vorbereitete Pferde des gewöhnlichen Gebrauches, wird die Stimmen der Gegner verstummen lassen. —

Es herrscht aber selbst in maßgebenden Kreisen keineswegs Übereinstimmung der Ansichten nicht nur über das Springen selbst, sondern vor allem auch über die Führung und den Sitz im Sprunge.

So wie sich die Ansichten vom Sitz des Schulreiters seit dem Herzog von Newcastle über la Gueriniére bis zum heutigen Tage gemodelt haben, wie der alte englische Rennsitz eines Loates, Archer und Cannon seit Sloans umstürzlerischer Manier verschwunden ist, so ist auch der militärische Sitz oder der des Terrainreiters wandlungsfähig, so wie er sich schon seit Alexanders des Großen oder Dschinghis Khans Reiterscharen und den panzerstarrenden Turnierrittern des Mittelalters bis auf den heutigen Tag mehr oder weniger in ständiger Änderung befunden hat. —

Militärisch richtig und daher auch nicht unschön (auch der Begriff der Schönheit wechselte stets zu allen Zeiten und bei allen Völkern) ist nur allein der Sitz im Sprunge, wie er von den Geboten der Zweckmäßigkeit und richtigen Schwerpunktsbelastung diktiert wird. Wir brauchen gewiß uns keine Karikaturen zum Vorbild zu nehmen, keine Übertreibungen, wie sie von der Rennbahn her von solchen Reitersleuten in den Concoursring übernommen werden, die für die Gallerie reiten und wie sie bei den besten italienischen, belgischen und französischen Hindernisreitern, die hierin als akademische Muster ruhig gelten dürfen, weder Stil noch Mode sind. Jede Steifigkeit, besonders aber im Kreuz, wäre im Sprunge falsch. Objektive Beobachter können auch nicht finden, daß ein im militärisch-geraden Sitz sein Pferd in Maul und Rücken störender Reiter vom ästhetischen Standpunkt schöner und besser zu prämiieren sei, als derjenige, der mit gekrümmtem Rückgrat, leicht vornübergeneigtem Oberkörper, gewinkeltem, weit vorgehaltenem Arme und weicher Mittel- und Unterpositur geschickt der Bewegung seines Pferdes im Sprung folgt. Übereinstimmung zwischen Roß und Reiter, Einssein mit dem Pferde, Ineinanderfallen der Schwerpunktslage — das allein kann doch nur schön sein; nicht aber ein „Hinter die Bewegung des Pferdes Kommen", Rücken- und Maul-Stören, wie es bei allzu geradem Sitz nicht die Ausnahme,

Oblt. v. Guenther (30. Kav.-Brig.)
auf seiner Pommerschen Halbblutstute Qual in Hannover.
(Wall 1,10 m hoch, Graben 3 m breit.)

sondern die Regel bildet! — Man muß die Begriffe also hier schon ein wenig revidieren und modifizieren, wenn man mit der Zeit mitgehen will. Eine ähnliche Entwicklung hat auch der Rennsport der Offiziere vor 50 Jahren durchgemacht und noch weit später hat es langer Kämpfe bedurft, bis der moderne vornübergeneigte Sitz sich allgemein Bahn gebrochen hat. Auch der Vorteil, den das Rennreiten, Trainieren, schnelle Denken und Entschlußfassenlernen im Galopp für den Kavallerieoffizier bringt, ist lange Zeit hindurch angefochten oder wenigstens nicht anerkannt worden.

Heute, wo der Concourssport infolge seiner zunehmenden Verbreitung, größeren Billigkeit und militärisch unmittelbareren Vorteile für den Ausübenden im Begriff steht, den Rennsport in obiger Rolle abzulösen, kann von ihm nicht mehr als einer Gefahr gesprochen werden, von dem „Sirenenhaften", das diesem gesunden, vornehmen Sport anhaften soll! —

Damit stimme ich allerdings voll mit Major Mario=Franz überein, daß er es geißelt, wenn in der italienischen Kavallerie „ein förmlicher Springwahnsinn" blind werden läßt für alle Fehler, die in Form und Rittigkeit der Masse gleichsam großgezogen werden. — „Alles," fährt Major Mario=Franz sehr richtig fort, „was wir auf reitsportlichem Gebiet unternehmen, kann doch nur den Zweck verfolgen, die Reitkunst im Offizierkorps und im weiteren Verlaufe in den Mannschaften zu heben und somit als Endziel: Erhöhung der Schlagfertigkeit der Kavallerie. Kann es da von besonderem Wert sein, wenn einzelne Reiter und Pferde Übernatürliches leisten, während der größte Teil daran kaput ging, Nerven und Knochen einbüßte?" — Ganz gewiß nicht, und das wird auch nicht der Fall sein, wo eben weiche, gute Dressurreiterei mit sachgemäßer Springschule, wie ich sie vorhin zu schildern versuchte, Hand in Hand geht. Daß natürlich auch Spähne überall da fallen, wo gehobelt wird, kann nicht Wunder nehmen. Dieses Opfers ist das Ziel wohl wert. In seiner Art hatte es wohl Seydlitz, unser größter Reiterheros, als 23jähriger Schwadrons= chef in Trebnitz darin am weitesten gebracht. General Burbaum schreibt darüber: „Seydlitz hatte manches bei seiner Schwadron eingeführt, was bis dahin noch nicht vorgeschrieben gewesen, später jedoch allgemeine Gültigkeit erhielt. Seydlitz wußte den Instruktionen des Königs Leben zu geben. Jede schablonenhafte Massenabrichtung war von vornherein ausgeschlossen, und es wurde die größte Sorgfalt auf das einzelne Individuum ver= wendet. Jeder Reiter mußte schließlich mit seinem Pferde eins und auf ihm so heimisch werden, wie in seinem Bette. Die Unebenheiten des Bodens kamen nicht in Betracht. Mann und Pferd waren es gewöhnt, dem durchschnittensten Terrain sich anzubequemen und in rücksichtslosem Vorwärtsdrange wie auf ebenem Wiesenboden dahin zu galoppieren. Trebnitz' Umgebung war hierzu besonders geeignet. Breitgewölbte, dicht bewachsene

Major Frhr. v. Holzing-Berstett über dem Graben am Kaiserlichen Marstall zu Potsdam.

Wälle, tiefe Einschnitte, sumpfige Gräben, langgedehnte Ebenen, von Hecken und Wasserläufen durchzogen, wechselten in bunter Mannigfaltigkeit ab. Daß manches Unglück vorkam, war unvermeidlich. Und wenn auch General v. Natzmer, damit unzufrieden, diese Übungen eine unnötige Gefahr für Mannschaft und Pferde nannte, so wußte Seydlitz doch auch fernerhin das Interesse des Dienstes allen persönlichen Rücksichten voranzustellen, und, nur das große Ziel ins Auge fassend, glaubte er dies mit — dem gebrochenen Arm eines einzelnen nicht zu teuer erkauft. Der Preußenheld impfte seinen Reitern die Nichtbeachtung aller Bodenschwierigkeiten ein, vereint mit besonnener Geschicklichkeit zu stürmischem Anlauf. Hieß es doch auch schon in des Königs Instruktion: Se. Majestät wollen Pferde haben, welche in Arbeit sind, und prätendieren aber nicht, daß die Pferde gar so dicke sein sollen, wenn sie nur gut bei Leibe und imstande sind, zu marschieren und Fatigues zu ertragen." Auch in höheren Stellungen pflegte der jugendliche Reiterführer in fleißiger Friedensarbeit diese Art von Reiterei.

„Seit 1753 ließ Seydlitz als 32jähriger Regimentskommandeur das Reiten im Terrain täglich üben, besonders in guter Jahreszeit. Jeder Reiter in seinem Regiment, der sein Pferd zur Tränke geritten hatte, mußte abends in Ohlau eine Tour auf dem Platze machen und im Galopp einige Hindernisse nehmen. Die Offiziere waren zugegen und folgten aufmerksam den Bewegungen eines jeden Reiters, bald hier korrigierend, bald dort nachhelfend und belehrend. Man war fortwährend darauf bedacht, die Pferde zum Einzelreiten, zum Reiten ins Gelände geeigneter zu machen. Man suchte durch allerhand Übungen die Intelligenz der Pferde zu wecken, damit sie lernten, die Geländeschwierigkeiten von selbst zu überwinden, für sich selbst zu sorgen und nicht zu fallen. Die Seydlitzschen Kampagnepferde gingen nicht die hohe Schule, die zu jener Zeit in den meisten Köpfen herumspukte, sie waren nicht lediglich auf die Hinterhand gesetzt und gingen nicht mit hohen Aktionen kurze Gänge, sondern trugen sich im Gleichgewicht und hatten lange, gestreckte Gänge. Sie waren vollkommen im Gehorsam, durchgebogen und folgten jeder Schenkel= und Zügelhilfe."

— Was vor 150 Jahren möglich schien, sollte doch auch heute noch gehen, da gegenüber den modernen Massenheeren und der sprichwörtlichen Leere des Schlachtfeldes alle Entfernungen um mehr als das zehnfache der damaligen Verhältnisse gewachsen sind und ein hochentwickelter Aufklärungs= und Meldedienst auch schon mit Rücksicht auf die ganz andere Tragfähigkeit und Treffgenauigkeit heutiger Feuerwaffen wesentlich größere und höhere Anforderungen an den einzelnen Reiter stellt. —

Der Weg zu dem uns vorschwebenden Ziel führt, wie wir gesehen haben, nur über die Preisreiten und -Springen der Concours hippiques.

Daß es dabei auch oft nicht ohne Auswüchse gehen wird, daß vor allem bei der Vorbereitung von Pferden zum Hochsprung nicht selten in unerfahrener Hand Pferde mehr oder weniger verdorben werden und zu halsstarrigen Bestien werden, soll gar nicht geleugnet werden. Das ist eben nicht zu vermeiden. Wir können aber auch aus den Fehlern nur lernen. Major Mario-Franz hat ganz recht, wenn er schreibt: „Oder ist es etwa ein besonders erhebender Anblick, wenn man bei Hoch- und Weitsprungkonkurrenzen

Geländereiten in Schweden auf dem Eise des Mälarsees.

die einzelnen Pferde mit größtem Unwillen und Nervosität, gleich wilden Tieren, vor das Hindernis schleppen sieht, weil sie normaler Hilfen spotten, und sich dann diese häßliche Prozedur mehreremale wiederholt? — Ich frage offen, was wir von solchen Sprüngen haben, die im Gelände niemand ausführen wird? — Zu bewundern dabei ist nur der Schneid und oft auch die Geistesgegenwart des betreffenden Reiters. Das Pferd aber ist zu bedauern."

Nun, was Major Mario-Franz in seiner Heimat und bei uns in Frankfurt, wo wir doch mit diesem Sport in Deutschland auch erst in den Kinderschuhen stecken, gesehen hat, ist auch nicht das Beste und einzige, was es in dieser Art auf der Welt gibt. Wer in diesem Jahre in Paris, Brüssel, London und noch auf manchem weniger großen ausländischen Concours stets über 2 m beim Hochsprung — nicht nur von einzelnen Pferden — sondern mühelos fast von der Mehrzahl der Teilnehmer hat springen sehen, zum Teil sogar in glänzender Manier, der wird sich schon mit diesem neuen Sport aussöhnen, der — mag man darüber selbst denken, wie man will — immerhin seine überaus günstigen Schlag= lichter auf den gesamten Springsport wirft. Mit 1,70 m einer Höhe, die bei uns wohl kaum ein Pferd mit Sicherheit ohne Vorbereitung springt, wird auf jenen Plätzen gerade angefangen zu springen und wohl kein einziger Konkurrent verfehlte diese Anfangshöhe!

Wenn man gerecht sein will, muß man aber auch zugeben, daß im ausschließlichen Reitsport ebenfalls Auswüchse und Ein= seitigkeiten existieren. Ich brauche nur an das wunderbar durch= gerittene Schulpferd zu erinnern, daß vor ein kleines Hindernis (schmale Hürde) gestellt, aller Theorie zum Hohne in der nieder= trächtigsten Weise zu streifen anfängt, steigt und ins Gebiß stürmend wegbohrt, wie ein halbroher Irländer, der plötzlich passagieren soll! Jeder wird — Hand aufs Herz — dieses Bild schon erlebt haben. Unter das gleiche Kapitel fallen alle Schul= pferde, die (— weil zu schade! —) zu keinem Geländeritt, zu keiner Jagd zu gebrauchen sind. — Also an Einseitigkeit steht der Reitsport dem Springsport kaum nach. Aber noch ein anderes Moment im Reitsport, der exklusiven Schulreiterei, scheint mir von größerer Tragweite. Ich meine die Auswahl des Materials.

Auf erste Preise kann nur ein ungewöhnlich schönes, korrekt gebautes, auffallendes Pferd mit hohem Aufsatz und angeboren schönem Gangwerk rechnen. Zugegeben, daß sich alle diese Eigenschaften durch vorzügliche Reiterei wesentlich heben lassen, bleibt doch ein Maß von äußerer Ebenmäßigkeit Voraussetzung, die den danach allein seine Auswahl treffenden Käufer manches brauch=

S. K. H. Oblt. Prinz Adalbert v. Bayern auf Diabolo.
(Phot. E. Haymann, München.)

bare, harte Geländepferd, manchen „Diensttuer" übersehen läßt, um dem geborenen Preisreitpferde den Vorzug zu geben. Wie mancher preisgekrönte Sieger im Schulreiten aber würde nach einer festen Jagd einfach „Kopf stehen", mit dicken Sehnen oder sonstigen Schäden zu Hause ankommen. Zu deutsch: wie viele „Blender" sind nicht gerade unter den Preisreitpferden!

Anders beim Springsport. Der Offizier, der sich hierzu gut beritten machen will, muß in allererster Linie auf Härte und Zähigkeit, weniger auf äußere Schönheit, als auf Leistung Wert legen. Seinen Dienst wird ihm dann das „Springpferd" auch

noch nebenbei versehen! „Blender" kann man hier nicht brauchen. —
Ebensowenig ganz junge Pferde, wie sie im Reitsport oft und
gern des baldigen günstigen Verkaufs wegen gewählt werden.
Ältere als 6jährige Pferde bringen im Handel nicht mehr die
besten Preise! Der Offizier, der Springpferde ausbildet, was
jahrelange Arbeit erfordert, kann ganz junges Material im Stall
nicht gebrauchen. Er arbeitet auch nicht auf gutes, gar dickes
Aussehen seiner Pferde hin, sondern auf Leistung. Er hat ältere,
aber kriegsbrauchbare Pferde im Stall, an denen sein Herz hängt,
und die er nicht gern immer wieder verkauft. Er ist für seinen
Beruf, für den Ernstfall besser beritten, besser gerüstet. Geradezu
töricht ist dagegen die immer wieder gehörte und oft ohne eigenes
Urteil nachgesprochene Behauptung, der Springsport sei lediglich
eine Frage des Geldbeutels. Allerdings kosten fertige Spring=
pferde sehr viel Geld. Solche Tiere zu kaufen ist auch im
allgemeinen mehr Sache von reichen jungen Leuten, die mühelos
die Ehren des Springsports ernten wollen. Aber nur zu oft ist
bald das beste und teuerste Springpferd in ungewandten Händen
gänzlich verdorben. Mit Geld allein ist es also auf die Dauer
auch nicht zu schaffen! Für den Offizier wird aber in der Regel
die mühevolle und arbeitsreiche Vorbereitung und Ausbildung
zukünftiger Springpferde das Feld der Tätigkeit bilden. Hier
wird er Erfahrungen sammeln und, wenn er geschickt ist, auch
Erfolg ernten. Wie aus billigen Pferden, teils Remonten von
1100 Frcs. Wert, durch Fleiß und verständnisvolle Arbeit be=
rühmte Springpferde wurden, lehrt uns das Beispiel der fran=
zösischen und italienischen Kavallerie=Offiziere. Nicht Kraft des
Kapitals ist es, das auf die Dauer im Springsport Erfolge schaffen
kann, sondern fleißige, verständnisvolle Arbeit, nimmerrastende
Passion, Mut und Tatkraft. Überall im Leben spielt natürlich
das Kapital eine gewisse Rolle, besonders in jedem Sport. Das
wird sich nie ändern lassen und ist ja auch kein Unglück. Aber
die Behauptung, im Springsport feiere allein der Geldbeutel
Siege, ist nichts als eine gehässige Verleumdung mißgünstiger
Neidlinge oder aber müßiges Geschwätz urteilsloser und daher
hierbei nicht ernst zu nehmender Theoretiker. Wer sich ernstlich
in der Kunst des Springsports übt und darin Erfahrungen ge=

sammelt hat, wird bald zu einem ganz anderen Urteil gelangen. Es ist ja auch nicht absolut nötig, beide Arten von Pferden, Reit- und Springpferde, als Gegensatz hinzustellen, wie es in der Praxis oft genug allerdings der Fall ist. Oft werden sich beide Richtungen vereinigen lassen, und das dürfte wohl auch für den Offizier das Richtigste und zugleich Vorteilhafteste

S. D. Erbprinz Adolf zu Schaumburg-Lippe (7. Huf.) auf Waldmann, Hannover 1910.
(Phot. Berger-Hannover.)

sein, obgleich Meisterschaft auf beiden Gebieten — Springen und Reiten — selten genug auf einem Sterblichen vereinigt sind. Eine solche Vereinigung sollte aber immerhin von beiden Richtungen angestrebt werden. Bei der praktischen Arbeit würden sich alle Gegensätze am schnellsten beheben, einseitige Urteile am schnellsten sich wandeln. Wer gut gerittene Pferde hat, die alles springen, und Springer hat, die alle Lektionen der Schule gehen, der wird der Vollendung am nächsten sein. Nicht einzelne Meisterleistungen auf irgend einem Spezialgebiete begründen die Kriegstüchtigkeit und den Ruhm einer Kavallerie, sondern ein möglichst verbreiteter, möglichst gleichmäßiger hoher Stand reiterlichen Könnens, wie er sich ausspricht in den Anforderungen moderner, kriegsmäßiger Reiterei.

Ein Blick in unsere Dienstvorschriften bestätigt indessen die Forderung, mehr, als bisher meist geschehen, Wert auf die praktische Reiterei, auf das Terrainreiten zu legen. Ein leider viel zu kurzer Abschnitt auf S. 205 des II. Teils der bisherigen Reitinstruktion handelt vom Reiten auf dem Exerzierplatz und im Gelände. Hier, wie auch an zwei Stellen der Zeiteinteilung (S. 14 u. 15, erstes und zweites Jahr) für Remonten ist von dem Reiten im Gelände, von dem Gewöhnen an alle dort vorkommenden Hindernisse die Rede. Und für die übrigen Pferde ist wiederum an anderer Stelle auf diese Zeiteinteilung Bezug genommen. Damit ist also ausgesprochen, daß bereits vom ersten Jahre ihrer Bearbeitung an der entsprechende Wert auf die Ausbildung unserer Dienstpferde im Gelände zu legen ist.

Auch aus den neueren Dienstvorschriften für die Kavallerie geht dies unzweifelhaft, wenn auch nur indirekt, hervor.

Zunächst spricht das neue Ex.-Reglt. in Z. 9 in seiner Einleitung von dem Gewinn, den das Betreten wechselnden und auch schwierigen Geländes bei den Übungen für die Ausbildung mitbrächte.

Wird hier das Überwinden schwieriger Terrainverhältnisse von der Truppe gefordert, so hat diese Forderung ohne Frage zur Voraussetzung, daß es Sache der Einzelausbildung sei, Mann wie Pferd das Überwinden solcher kriegsmäßigen Schwierigkeiten erst zu lehren und beizubringen.

Und die für alle Waffen gültige Felddienstordnung widmet den zweiten Teil der Ziffer 8 ihrer Einleitung dem Wert des Geländereitens für Offiziere aller Waffen und verweist sogar ausdrücklich auf das außerdienstliche Reiten, das von den Vorgesetzten in jeder Weise zu fördern sei, und setzt sogar in Klammern den Hinweis auf das Jagdreiten hinzu.

Mehr kann man wirklich hier nicht verlangen.

Was für den einzelnen Offizier, den Überbringer von Meldungen und Befehlen gilt, muß aber sinngemäß erhöhte Bedeutung auch bei einer Kavallerietruppe haben, wo jeder einzelne Reiter in die Lage kommen kann, allein oder zu zweien, in fremdem Lande, abseits vom Wege, vielleicht verfolgt von feindlichen Reitern, eine wichtige, vielleicht ausschlaggebende Meldung sicher und rasch über mancherlei Hindernisse hinweg zum Ziel zu tragen.

Mauer in Turin 1901.

Es ist dies wohl der wichtigste Dienst, für den Reiter überhaupt ausgebildet werden müssen.

Deshalb müßte sich auch in der neuzubearbeitenden Reitinstruktion ein entsprechend hervorgehobener Absatz mit dieser Ausbildung befassen und an nicht zu übersehender Stelle stets wieder darauf hingewiesen werden.

Ganz irrtümlich, ja, vielleicht verhängnisvoll wäre der Glaube, daß sich Geländereiten und Überwinden von Schwierigkeiten ohne weiteres und ganz von selbst aus einem durchgearbeiteten Pferde, einem bahnmäßig geschulten Reiter ergäbe. Weit gefehlt! Man lasse nur einmal eine meinetwegen wundervoll gehende Abteilung selbst älterer Pferde statt der gewohnten Springstange oder

Hürde mitten in der Bahn einzeln über — sagen wir einen Baumstamm, ein Gitter, eine Mauer, einen Wassergraben von fünf Fuß oder dergleichen setzen, und man kann Wunder erleben. Hand drauf! — Geht man nun aber an einen hübsch moddrigen Graben draußen in Gottes schönem freien Naturgelände, so wird's nun zum Entzücken gar! Die Leute benehmen sich auch oft recht ungeschickt, der dreigeteilte Zügel wird hier oft zum Ver=

Vom Concorso Ippico Internazionale di Torino.
Sprung über Koppelrick mit eng zusammengerückten Flaggen von rückwärts gesehen.

hängnis, und alle Theorien von Eckenpassieren, Bearbeitung in= wendiger Hinterfüße und Zügelnachgeben auf der steifen Seite nützen hier dem Teufel etwas! Stier, mit gegengestemmter Vor= hand, unempfindlich auf Maulreißen und Spornieren steht so die geängstigte Kreatur unbeweglich vor dem Hindernis. —

Die Sache geht also nicht so. Sie muß von Anfang an, und zwar, systematisch mit dem Leichten anfangend, eingeübt und dann bis zu dem schwierigsten Klettergraben, bis zur steilsten Rutschpartie weitergefördert werden. Übungsobjekte müssen ge=

funden oder angelegt werden. Gelder für eventuelle Flurschäden sind hier oft nutzbringender angelegt, als bei mancher Felddienst= übung. Die gewöhnlichen Feld=, Wald= und Wiesen=Exerzierplatz= hindernisse, möglichst unnatürlich angelegt, wie sie niemals im Gelände vorkommen, nützen hierzu gar nichts. Bald kennen sie die Pferde, wissen die Stelle wo sie sie anziehen müssen und setzen

Vom Internationalen Concorso Ippico di Torino 1901.
Koppelrick mit abstreifbarer Latte und innerer enger zusammen= geschobenen Flaggen.

im Gliede oder im Rudel anstandslos hinüber. Die Dimensionen sind ja naturgemäß auch nicht gerade schwindelnd. Eine ganz nette Übung. Aber erschöpft ist die Ausbildung der Pferde im Springen und im Gelände damit keineswegs.

„Haben sich die Remonten im Freien an alles gewöhnt, sich beruhigt und auch mäßige Hindernisse unter dem Reiter springen gelernt, so werden sie anfangs Juli auf Kandare gezäumt und damit im Gelände geritten." (Reitinstruktion II. Teil, S. 14.)

Dieser Satz enthält eigentlich alles; er setzt, wenn ihm entsprochen werden soll, so viel Übung, Anleitung, Geschicklichkeit voraus, wie leider in der Praxis sich selten beieinander vereinigt findet.

Nicht in allen Garnisonen läßt sich dies Ziel mühelos erreichen. Nicht überall liegen Gelände, Exerzierplatz, Wald, natürliche Übungshindernisse usw. in leicht erreichbarer Nähe der Kaserne. Oft sind die Schwierigkeiten schier unüberbrückbar. Allein dieser Dienstzweig ist zu wichtig, um vernachlässigt zu werden. Es muß hierin etwas getan werden, schlimmstenfalls auf Kosten anderen Dienstes. Vor allem müßte die Ausbildung im Terrain auch besichtigt werden. Dann fände sich schon Zeit und Gelegenheit zur Übung.

Man kann nicht fortwährend von der Kavallerie Neues und Intensiv-Vorbereitetes verlangen, wenn man nicht dafür an anderer Stelle wesentlich in den Anforderungen herabgeht. Das ist aber sehr wohl ohne Schaden möglich. Die Waffe ist schon nahezu überlastet mit allem möglichen. Jedenfalls muß die Dienstzeiteinteilung sehr tief durchdacht sein, wenn man ohne Überlastung des Materials und ohne Schaden für den Dienst alles zur Zufriedenheit leisten will. Erreichen läßt sich dies aber sehr wohl, selbst unter den ungünstigsten Umständen, wenn auch unter erheblichen Abweichungen von den üblichen, breit ausgetretenen Dienstgeleisen.

Im Sommer wird es oft sehr schwer sein, vor dem frühen Exerzieren oder nach dem Einrücken in die Mittagsglut die nötige Zeit zum Hinausreiten zu finden. Zeit muß man aber haben. Mit der Uhr in der Hand läßt sich das Ziel hier nicht erreichen.

Frühjahr und besonders Herbst bieten schon bessere Gelegenheit. Kleine Jagden mit alten Remonten haben sich bei verschiedenen süddeutschen Kavallerie-Regimentern vor vielen Jahren schon vorzüglich bewährt. Aber auch das Winterhalbjahr, das bei unserem weichen Klima, wenigstens im Westen, oft und viel Gelegenheit dazu gibt, muß herangezogen und ausgenutzt werden. Das tägliche Einerlei des Bahnreitens muß, wo es gerade mal geht, durch Hinausreiten unterbrochen werden. Natürlich ändert sich entsprechend der gesamte Dienst. Nachmittags brauchte grundsätzlich fast nie geritten zu werden. Mehrere Abteilungen müssen gleichzeitig gehen, sonst können die Pferde nachher nicht gehörig versorgt werden. Und dies Draußenreiten muß ausgenutzt werden. Nicht in geschlossener Abteilung, nein, einzeln abgebrochen mit weiten Abständen muß man die Reiter auf die Straße nehmen. Hilfslehrkräfte verteilen sich dabei auf kleine Unterabteilungen. Draußen müssen die Pferde im Leichttraben „geformt" werden. Abwechselnd wird rechts oder links getrabt. Die Pferde lassen sich so viel eher los, festgezogene Härten aus der Bahn schwinden. Naturgemäß kommt man bald zum Reiten mit langem Zügel, zum Rühren und zur Losgelassenheit. Ebenso ist's mit dem Galopp auf gerader Linie oder auf dem sauber gerittenen Zirkel, der hier — z. B. im Schnee — sehr lehrreich ist.

Einzeln lernen die Pferde unter Anweisung ihres Reitlehrers von der Straße abbiegen, Hohlwege, Böschungen, Chaussee- und andere Gräben, heute mit Regenwasser gefüllt, morgen trocken, überwinden, und mühelos lassen sich Einzelaufträge reiterlicher Natur damit verbinden. Pferde und Reiter werden ruhig, die Pferde schonen sich dabei und bleiben gut im Futter. Sie gewöhnen sich spielend an die Waffe. Schenkelweichen, zweiter Gang, Galoppchangements, ist das alles hier draußen nicht auch gelegentlich möglich? Natürlich darf auch das Draußenreiten nicht übertrieben werden und einen rationellen Dressurgang über den Haufen werfen. Noch weniger darf man dieses Reiten im Gelände mit großen taktischen Generalideen vermengen. Auch muß man die Pferde vor zugigem und nassem Wetter ängstlich hüten. Aber so mitunter ginge es doch eben sehr gut!

Das Springpferd.

Welches Pferd eignet sich zu Springprüfungen? — „They all jump!" — Jedes einigermaßen dafür talentierte Pferd von entsprechendem Bau, so muß die Antwort lauten, vom Irländer bis zum Vollblutpony. Daß der von frühester Jugend auf mit dem Sprungmetier vertraute ruhigere Irländer hier dem lediglich auf flaches Galoppieren seit Jahrhunderten gezogenen Vollblüter weit überlegen ist, kann gar nicht verwundern. Kann man doch auch unter den Rennpferden feststellen, daß zum Steepler schon etwas mehr Masse gehört, als zum Flachpferd; die Klasse allein vermag hier nicht einen Mangel an Masse aufzuwiegen, wie viele Fälle in der Geschichte des Hindernissports unstreitig beweisen.

Mr. W. Winans Marmion.
Hochsprungchampion Olympia 1909 mit 2,30 m Höhe.

Unter den edlen Halbblütern aller Länder, die dem Vollblut sehr nahe stehen, findet man aber andererseits oft vorzügliche Springpferde, unter denen das arabische Blut ebensowohl vertreten ist, als selbst reines Traberblut, z. B. die bekannte anglo-normännische Stute Abricot (gezogen im Departement la Marche) und Espoir.

Was die Haupt-Points anbetrifft, die ein Pferd zum Springen besonders befähigen, so möchte ich an erster Stelle die Schulter nennen. Sie muß lang und schräg, muskulös und kräftig sein, denn ihr fällt eine Hauptaufgabe sowohl beim Absprung als auch beim Landen zu. Man studiere die Bilder berühmter Hindernispferde und wird daraus mehr ersehen können, als sich mit

Lt. Trissino auf Pallanza.

Worten beschreiben läßt. Der an der Schulter angesetzte Vorarm muß stark, lang und muskulös, das Röhrbein kurz, kräftig und breit eingeschient sein. Die Fesseln seien nicht zu steil, lieber etwas lang und die Hufe breit und nicht zu klein. Kopf und Hals können nur insofern eine Rolle spielen, als es sich um ihren Ansatz handelt, der wiederum mit der Schulterlage eng zusammenhängt. Es ist indessen durchaus nicht gesagt, daß ein hoher Aufsatz Voraussetzung ist, obwohl er natürlich zum harmonischen Gebäude mit beiträgt, das schon der besseren Konservierung halber stets von Vorteil ist. Ein nicht zu schwerer Kopf mag der Belastung halber für die Vorderbeine zuträglicher sein, als ein langer und großer. Bezüglich des Rückens ist es im allgemeinen besser, wenn er nicht allzu lang ist. Während man vom modernen Steepler eine gewisse Länge verlangt, die ihn kleine Fehler im schnellen Sprung federnd wieder ausgleichen läßt, darf das Springpferd, das sich vor dem Sprung mehr aufnehmen, "setzen" soll, eher den strammen, karierten Typ des wie mit Keulen zusammengeschlagenen Athleten repräsentieren. Ausnahmen bestätigen auch hier die Regel. Besonders zum Hochsprung eignen sich zuweilen langrückige Pferde, wie auch Conspirateur sowohl als auch Heatherbloom zwar keine schwache, jedoch lange Rücken hatten. Auch bei uns haben Pferde mit langer Nierenpartie, wie z. B. die Guentherschen Springpferde Ozora,

Lt. de Oliviera (Argentinien) auf Vizcacha.

Junker und Pompadour, manches Hochspringen gewonnen. — Diese Art Pferde springen dann meist in der känguruhartigen Form, die der Franzose mit "faire la bascule" bezeichnet. Nur muß der "Schluß", die Verbindung der letzten Rippe mit der Nachhand ebenso wie beim Hindernisrennpferd gut geschlossen sein, d. h. kein großes Loch zwischen Mittel= und Hinterhand lassen. Schwachrückige Pferde mit dachförmiger Nierenpartie können natürlich hier wie dort kein Gewicht tragen und eignen sich zum Kriegspferd besonders schlecht. Die letzten Rippen sollen auch nicht zu kurz sein, also nicht "zu aufgezogen" und wespenleibartig wirken.

Pferde mit kräftiger Niere springen meist früher ab, als solche mit weichem Rücken.

Von größter Wichtigkeit ist ferner, daß das künftige Springpferd eine genügende Breite aufweist. Schmale Pferde besitzen meist auch nicht die kräftigen und widerstandsfähigen inneren Organe, die hier besonders nötig sind. Breite ist viel notwendiger als Größe.

Heatherbloom nach dem Weltrekordsprunge (2 m 46½ cm!).

Im Gegenteil haben sich kleine breite Pferde — man denke nur an die Poloponies — oft am allerbesten als Springer bewährt. Besonders die Brust des Pferdes muß breit und tief sein und zwar kann eine Dimension die andere zur Not ausgleichen. Hauptsache ist eine gehörige Gurtentiefe, die im Inneren eine kräftige Lunge vermuten läßt, die auch beim Springen eine nicht unwesentliche Rolle spielt. Doch auch hier gilt der Satz „Ohne Masse — keine Klasse!" Nie darf auch bei einem gutgemachten Pferde der Sattel nach vorn rutschen. Einen hohen langen

Widerrist schätze ich besonders beim Pferde, schon der angenehmeren Sattellage halber und weil dieser Teil des Pferdes zum Gewichttragen besonders kräftig gebaut und unterstützt sein muß. Andererseits hat z. B. der beste Steepler, den ich je besessen, so gut wie keinen Widerrist besessen, sondern war dort walzenartig rund. Von ganz besonderer Bedeutung ist aber die Winkelung und Beschaffenheit der Hinterhand. Das Springpferd, das sich hoch zu heben hat, bedarf ganz besonders einer kräftigen, gesunden Nachhand. Alle Linien, besonders die vom äußeren Darmbeinwinkel zur Hüfte und von dieser zum Knie müssen recht lang und möglichst spitzwinklig sein, damit die ganze Hinter-

Absprung vom Wall in Pau.

partie des Pferdes an Schwere und Breite gewinnt. Ich verweise hier wiederum auf das intensive Studium alter Steepler-Modelle, aus denen man viel lernen kann. Charakteristisch für manche hervorragende Springpferde ist auch die außerordentliche Stärke ihrer Schweifrübe. Die sog. „Hosen" oder Turned Quarters sollen möglichst breit, stramm und muskulös sein und in einem breiten, trockenen, scharfgemeißelten Sprunggelenk auslaufen. Da dieses Gelenk beim Sprungpferde naturgemäß besonders große Strapazen auszuhalten hat, ist es klar, daß sich Pferde mit schlechten, schwachen Sprunggelenken, Spatansatz oder verletzter Linie wenig zum Metier des Springens eignen. Das Schienbein, das wiederum im Gegensatz zum Oberschenkel möglichst kurz sein soll, muß breit eingeschient sein. Von Fesseln und Hufen gilt dasselbe, wie von den Vordergliedmaßen gesagte. Im allgemeinen können säbel= beinige Tiere als weniger geeignet erscheinen, nicht wegen eines schlechteren Sprungvermögens — im Gegenteil — sondern wegen ihrer meist mehr oder minder schlechten Einschienung am Sprung=

Vom Internationalen Concours Hippique
zu Turin 1901: Hochsprung.

gelenk, das dann leicht leidet. Meistens befinden sich aber auch unter den hinten auffallend gerade gestellten Pferden, Nachkommen bestimmter Vollblutväter, vielfach sehr gute Springpferde. Über= baute Pferde sind ebenfalls oft vorzügliche Springer. Ihre starke Richtung auf die Vorhand läßt indessen ihre Vorder= pedale meist frühzeitig leiden. Alle Formenlehre bleibt aber bei Springpferden dennoch mehr oder weniger graue Theorie. Gibt es doch auch berühmte Springpferde mit schlechter Schulter und steilen Fesseln. Nur die Hinterhand und die Sprung=

gelenke müssen unerläßlich stark sein, damit sich das Pferd gut heben kann.

Die Schäden, die sich Pferde durch Springen zuziehen, sind aber im allgemeinen gar nicht zu vergleichen mit denen, den Rennpferde durch ihren Beruf ausgesetzt sind. Besonders Sehnenleiden sind bei Springpferden eigentlich selten. Das Springen erschüttert mehr Knochen und Gelenke und höchstens der Fessel=

Lt. Graf Holck auf Cark Petrel.
(Graben vor Koppelrick in Hannover.)

beinbeuger leidet zuweilen mit der Zeit durch unglückliche Sprünge. Was müssen diese Tiere aber auch oft aushalten! Und wie oft wirft nicht ein ungeschickter Reiter seine ganze Last im falschen Moment auf die falsche Stelle! Daß es unter den alten Spring= pferden manche gibt, die auf den Fesseln verbraucht sind oder in den Knieen hängen, kann nicht Wunder nehmen — besonders bei Hochsprungpferden — doch läßt sich schwer sagen, ob dieselben Pferde nicht auch bei gewöhnlichem Gebrauch als Jagd= oder Dienstpferde ebenso geworden wären.

Pullende Pferde, solche mit schlechtem Maul — oft eine Begleiterscheinung einer schwachen Hinterhand — sind zum Springen ungeeigneter als faulere Tiere. Es ist schwer, ihnen genügend

Commandant de Féline, Reitlehrer in Saumur.

Zügelfreiheit im Sprung zu geben, auch überhasten sie sich oft. Was die Stellung der Füße endlich anbelangt, so ist die korrekte hier auch sicher die beste Stellung. Unangenehm sind solche Pferde, die sich leicht greifen, streichen, klopfen, weil das sowieso beim Springen alles schon leicht vorkommt. Nach außen — französisch — gestellte Pferde sind mir daher noch lieber als einwärts gedrehte, wenn es nicht in zu starkem Maße der Fall ist, und bei den

Hinterbeinen bevorzuge ich die kuhessige, X-förmige ganz entschieden vor der tonnenförmigen O-Stellung, die meist zum Drehen der Sprunggelenke nach außen führt und Streichen an den Fesselköpfen begünstigt.

Lt. R. Graf v. Schaesberg-Thannheim (5. Ul.) auf Lump.

Wallache endlich sind meist geeigneter zum Springen als Stuten, die oft nervös, kitzelig, heftig und zudem den Schwächen ihres Geschlechts unterworfen sind. Jedenfalls erfordern sie eine subtilere Behandlung, als ihre männlichen Kollegen. Ausnahmen bestätigen natürlich auch hier die Regel, wie z. B. bei der berühmten französischen Wunderstute Jubilee, die noch 27jährig 1910 in London, Brüssel, Paris und anderen Plätzen viele Hochsprungkonkurrenzen mit Sprüngen zwischen 2,20 und 2,30 m fester Höhe gewann und daher 1909 noch mit 6000 Frcs. verkauft werden konnte.

Sprung in Biarritz.

Ganz verkehrt aber ist die Ansicht, daß zum Springen etwa ein besonders gezüchtetes „Spezialpferd" gehöre, wie man das so oft hört. Davon ist gar keine Rede. Spezialpferde gibt es eben gar nicht. Sie müssen alle erst zum „Spezialisten" ausgebildet werden. Alle haben einmal anfangen müssen, ihre erste Hürde zu springen. Nur Fleiß, lange systematische Ausbildung neben einem gewissen naturgegebenen Talent können große Leistungen hervorbringen. Mittlere Leistungen sind bei viel Übung fast von allen normalgebauten Pferden zu erreichen. Eine große Rolle spielt aber auch der Begriff „Herz", Mut, Kaltblütigkeit, Überlegung und Ruhe, welche physischen Eigenschaften oft in der Dressur nicht genügend beachtet werden. Viel ist auch hier natürlich die Naturanlage, doch läßt sich ebensoviel fast durch ruhige, geduldige, sachgemäße Behandlung und Korrektur ausgleichen. Daß es keineswegs notwendig ist, Pferde von hoher Klasse, besonders teuere Luxusexemplare zu kaufen, das haben die italienischen, französischen und belgischen Offiziere, die meist ihre Pferde den Remontedepots entnommen haben, in London bewiesen, wo sie das ausgesuchteste, beste Pferdematerial der Welt mit ihren — allerdings sehr sorgfältig eingesprungenen und vorzüglich gerittenen Pferden des gewöhnlichen Dienstes geschlagen haben!

Eine nähere Beleuchtung verdient endlich noch die Frage nach der Blutzusammensetzung und Rasse des zukünftigen Sprungpferdes. Ich lasse dazu ein besonderes Kapitel folgen.

Vollblut oder Halbblut?

Das Vollblut, der Rennsport und die damit zusammenhängende sog. Anglomanie auch in der übrigen Reiterei sind in den dreißiger und vierziger Jahren des vergangenen Jahrhunderts aus dem Mutterlande des Sports zu uns herübergekommen und haben in den nun folgenden nächsten Dezennien ihren sieghaften Triumphzug über alle veralteten Maxime in Reiterei und Zucht gehalten. Vollblut hieß auf einmal die Losung allüberall, und die fabelhaftesten Wunderdinge wurden über diese vollkommenste Pferderasse verbreitet. Was Wunder, wenn man in Zucht und Reiterei plötzlich zu dem Saft, der Unerhörtes schuf, in abgöttischer Verehrung aufblickte und in ihm das unfehlbare Allheilmittel zu jedweder Besserung sah. Man schleppte das unglaublichste Zuchtmaterial zusammen, wenn es nur auf der Rennbahn irgend etwas geleistet hatte, und warf in der Schulreiterei

Whisky (Hunter).

alle alten gutbewährten Grundsätze jählings über Bord. Alles war ja jetzt einfacher, idealer geworden. Man brauchte nur mehr die Beine abzuspreizen und den lang sich streckenden edlen Renner laufen zu lassen, so schnell und solange er mochte und konnte, pharisäerhaft auf das altmodische Gewimmel herabsehen, das sich noch in staubigen Bahnen mit so lächerlichen Dingen, wie Seitengängen und Hufschlagfiguren abmühte. Hie Sport, hie Dressur, lautete bald der Fehderuf, und ähnlich ging es auch in der Zucht. Unsere Halbblutrassen wurden immer feiner in den Knochen, immer aufgeregter und heftiger im Temperament, ohne aber die hervorragenden Eigenschaften reinen Vollbluts zu zeigen. Allmählich mußte man indes von dem beschrittenen

Lt. Lancksweert (2. belg. Guides) Sieger der Military National 1909.

Wege umkehren und wieder mit soliden, doch im Blute jetzt nicht mehr fernstehenden Hengsten kreuzen. Doch diese vermochten jetzt nicht überall mehr durchzuschlagen, und die Schäden des alten Prinzips machen sich in unserer Halbblutzucht noch bis auf den heutigen Tag unangenehm bemerkbar. Kein Vollblut ohne Rennprüfung, kein Halbblut ohne den immer wieder sich ergänzenden Zustrom konsolidierten hochedlen frischen Halbbluts auf der Hengstseite — diese Grundsätze bilden sich hier immer deutlicher aus den Erfahrungen heraus. Nur in glücklicher Vereinigung beider Prinzipien liegt die Zukunft.

Ähnlich war es auch im Reitsport. Es war natürlich, daß sich die jugendfrischen, tatenlustigen Elemente, die Freude am

Wagen und Gewinnen hatten, dem neuen Sporte begeistert an=
schlossen und auf ihn allein schworen. Es konnte andererseits
auch nicht ausbleiben, daß die Gegenströmung, die bedächtigere,
pedantischere Männer des Buchstabens zu den Ihren zählte, sich
in ausgesprochenem Widerspruch zu den Gegnern setzte und daß

Lt. de Flavigny (franz. 3. Drag.) auf Général Jacquemont.
Sieger im Championat International 1909.

heftige Polemiken und Meinungsverschiedenheiten die Folge des
Kampfes waren. Nicht der eine, noch der andere wollte auch
nur um Haaresbreite nachgeben, und so schien es lange aus=
geschlossen, daß eine Partei von der anderen etwas annehmen,
beide sich verständigen konnten. Generationen mußten darüber
alt werden und ins Grab sinken.

Seit Rosenberg nun wissen wir, wie man ein Vollblutpferd
zureitet, gehorsam macht, durchbiegt und dabei Rennen mit ihm
gewinnt. Sehr wohl lassen sich die bewährten Grundsätze der

alten Schule mit dem schneidigen flotten Vorwärtsreiten vereinigen. Einseitigkeiten sind in jedem Falle zu verwerfen, Gehorsam und Dressur bleiben für das Soldatenpferd zu seinem kriegsmäßigen Gebrauch stets Vorbedingung, sind niemals andererseits aber der Selbstzweck. Es ist heute kein Grund mehr vorhanden, zu streiten. Über die Grundsätze könnte man sich wenigstens einig sein.

Capitaine Dutech (12. franz. Chasseurs à cheval)
championat militaire 1907.

Nun haben die Fortschritte in der Zucht heute ein Halbblut= pferd hervorgebracht, das dem älteren Vollblut zu Reitzwecken vollkommen gleichberechtigt, wenn nicht gar überlegen an die Seite gestellt werden kann. Vollblut ist heutzutage nicht mehr das einzige, womit man schnell reiten, sicher überall durchkommen, lange unterwegs sein kann. Noch der Berlin—Wiener Ritt zeigtige eine gewisse Überlegenheit des Vollbluts über das bei diesem Distanzritt vertretene Halbblut, obwohl der Sieger Athos nicht Vollblut, sondern Halbblut war — Halbblut allerdings, so blut= voll wie ich es meine.

Solches Halbblut ist, das gebe ich gern zu, auch heute noch nicht verbreitet genug. Die Kunst, es zu ziehen, wird bei uns noch nicht genügend gewürdigt und von den Konsumenten leider noch nicht genügend unterstützt. Es fehlt bei uns noch an Privat= gestüten, deren Zuchtziel ein solches hochedles Halbblut darstellt.

Lieutenant de Maupéou.

Der Staat, der in Trakehnen, Repitz und Beberbek, Zwion= Georgenburg und Neustadt a. Dosse solche Halbblutgestüte besitzt, die vorbildlich sein sollten, hat zum Teil dort schon ein derartiges Halbblut zu züchten vermocht. Nicht nur im Osten, sondern auch besonders in den Provinzen Hannover, Holstein, Brandenburg, Posen, Pommern, Schlesien, Hessen sowie in Bayern und Württem= berg wird bereits vielfach ein allen Anforderungen völlig ent= sprechendes Halbblutpferd gezogen. Rückschläge und Zuchtfehler blieben hier wie dort natürlich nicht aus. Erst seit kürzerer Zeit legt man den entsprechenden Wert auf diese Zuchten, die für unsere

Remontezucht und damit für die Kriegsbereitschaft der Armee von hervorragender Bedeutung sind. England und Irland, mit ihren allerdings ganz besonderen klimatischen und Bodenverhältnissen, haben seit langem ein ganz anderes Geschick in der Zucht eines den dortigen gesteigerten Ansprüchen entsprechenden Kampagnepferdes bewiesen. Ihre Hunterzucht ist weltberühmt. Die edelsten Exemplare, Bluthunter, finden leider nur allzu selten den Weg zu uns herüber.

Hunter (Broadwood).

Ihre Schnelligkeit und Leistungsfähigkeit, verbunden mit harten, praktischen Formen, beweisen augenfällig, wie gut sich diese Eigenschaften mit kräftigem Knochenbau verbinden lassen. Auch im Vollblut finden wir, in besonderem Maße in Irland, noch zuweilen die großen, kräftigen Gestalten, wie sie früher das Vollblut, als es durch Inzucht noch weniger geschwächt war, vorzugsweise aufzuweisen hatte, und wie wir es noch vielfach auf alten englischen Stichen finden. Solches Vollblut zu reiten und zu besitzen ist eine Freude. Auch Frankreich hat in seiner konsequenten Steherzucht derartige kräftiggebaute, frühreife Vollblüter hervorzubringen vermocht.

Die Größe und die Stärke ist es aber auch nicht allein, die solche Tiere zu Reitzwecken hervorragend geeignet machen; es gibt auch kleinere, aber dafür stramme, breite Pferde, die sich für leichte kleine Reiter oft ganz vorzüglich bewähren. Dies gilt sowohl im Halbblut, als auch beim Vollblut. Leider aber ist das Gros des

Oblt. v. Guenther (6. Ul.) auf Junker (ostpreußisches Halbblut) über dem Holzstoß in Frankfurt a. Main (Poloplatz).

Vollbluts, das zu mäßigem Preis auf den Markt kommt, weder groß noch stark, noch auch nur klein und breit, sondern schmal und fein. Das bringt die beim Vollblut immer wieder notwendige Blutzufuhr von besonders schnellen, im Rennen erprobten Tieren mit sich, die nicht ganz ausgeschaltet werden können, oder es treten eben Rückschläge aus einer Zeit ein, wo man auf Exterieur neben der Rennfähigkeit noch zu wenig Wert legte. Starke und dabei früh rennfähige Tiere, die sich auch sonst zur Zucht eignen, bleiben naturgemäß immer selten. Im Handel sind starke, gute Vollblüter ganz besonders teuer. Für den Offizier bleibt meist nur das übrig, was auf der Rennbahn schon verbraucht oder als zu minderwertig abgestoßen ist. Gang, Trabaktion, Rücken, Aufsatz, alles Dinge, die für ein Reit= und Gebrauchspferd von größter Wichtigkeit, haben diese sogen. Vollblutkatzen meist wenig oder gar nicht. Vollblut ist eben seit Jahrhunderten lediglich auf Schnelligkeit, flachen Galopp= sprung, Vermeidung jeder überflüssigen höheren Aktion und auf das zum Sichstrecken praktischste Gebäude hin gezogen.

Anders sind die Forderungen, die wir an ein Pferd fürs Gelände, für den Krieg stellen. Das soll kräftiger, härter, anspruchs= loser, widerstandsfähiger, breiter sein, soll höheren Aufsatz und Tritt, gutgeschlossenen, wenn auch nicht zu kurzen Rücken haben und im Temperament ruhig sein. Dabei soll es aber vom Vollblut den ihm nötigen Teil Schnelligkeit und Zähigkeit haben, um so seiner vielseitigen Verwendung im Kriege voll zu entsprechen. Wir sind nicht so reich wie der Engländer, der für die Jagd den Hunter, für die Promenade den Hack, das Reitpferd, für den alten Herrn den bequemen rundlichen Cob, für die Verwendung im eleganten Gefährt den idealen Hackney züchtet. Wir brauchen ein Universal= halbblutpferd, einen hochedlen Hunter ohne allzu hohe Knieaktion, doch mit viel Hals, Stärke, Breite, bravem Temperament und vor allem Galoppiervermögen.

In unserem vorzüglichen ostpreußischen Charger, in Halb= blütern wie Orange, Monarchist, Ready, sehen wir bereits einen derartigen Typ verkörpert. Der sehr gesunde, im Osten der Mo= narchie blühende Halbblutsport und der immer mehr Verbreitung findende Concours= und Distanzrittsport werden immer mehr, immer vollkommener solche Tiere schaffen. Die letzten großen französischen und österreichischen Distanzritte haben das Halbblut (Midas) vollwertig an die Seite des Vollbluts gestellt, und je kriegsmäßiger und schwieriger die heutigen Distanzritte und Raids werden, umsomehr muß die Überlegenheit des Halbbluts für diese Zwecke in die Augen springen. Daß es nicht das Blut allein tut, hat wiederum der Sieg der ostpreußischen Halbblutstute

Gretchen über die Vollbluttraberzucht in der jüngsten Distanz=
wagenfahrt Wien—Berlin bewiesen.

Was ist überhaupt Halbblut? Dieser Begriff ist außer=
ordentlich dehnbar. Alles, was nicht 16/16 nachweisbares Voll=
blut, aber auch nicht rein kaltblütig ist, kann auf die Bezeichnung
Halbblut Anspruch erheben. Nur ein nachweisbares Blutpferd

Espoir (franz. Halbblut).
Preisgekröntes „Cheval de guerre" (Champion der Poids lourds).
Vater Vollblut.

muß der Stammbaum enthalten. Steepler von höchster Klasse,
wie Handy Andy, Porridge, Balrath, waren nominell — und
auch ihrem Exterieur nach Halbblut. Gleichwohl war das in
ihnen enthaltene Blut doch so stark, ihre meisten rein vollblütigen
Konkurrenten auf der Steeplechasebahn überlegen zu schlagen.
Aber gerade der kleine Prozentsatz guten, kräftigen, kampagne=
mäßigen Halbbluts mag den Ausschlag zu ihren besonderen Ta=
lenten auf der Jagdbahn gegeben haben. Auf der Flachen hätten

sie sich wohl nicht so gut bewährt. Solche großen Steepler=
gestalten brauchen auch mehr Zeit zur Entwicklung und sind als

Transvaal.
Champion der Société du cheval de guerre 1907. (anglonormanne.)
Vater Vollblut.

Zwei= und Dreijährige meist noch „Schlackse", als Vierjährige
oft noch in der Entwicklung begriffen und daher noch nicht auf
der Höhe ihrer Leistungsfähigkeit.

Hinzu kommt noch die Temperaments= und Reiteignungsfrage.
Der Vollblüter wird oft, um nicht zu sagen meist, auf der Renn=
bahn für den Gebrauch als Reitpferd ziemlich verdorben. Neben
der oft künstlich erzeugten Hartmäuligkeit in den Rennställen, die
Oettingen als „Brutstätten harter Klauen" bezeichnet, sind aber
auch im allgemeinen die Zwecke zu verschieden, als daß eines mit
dem anderen Hand in Hand gehen könnte. Das Temperament
mancher Vollblüter ist ja vorzüglich, ihre Gehlust prachtvoll (oft
aber bei den sonst Kalten gerade nicht!), ihr natürlicher, durch
den Renngalopp erzeugte Schwung von hinten ideal und ihre
Genickschwierigkeiten meist gering. Das alles sollte sie eigentlich
zum Reitpferd stempeln. Viele Vollblüter sind ja auch schon

„vom Hengst geritten". Es hat auch schon eine Reihe bedeutender Vollblut=Springpferde gegeben; war doch selbst die amerikanische Wunderstute Heatherbloom eine Angehörige der Vollblutrasse. Aber trotzdem, wie wenige Vollblüter sind wirklich gute Reitpferde! Liegt die Schuld allein an der oft — zugegeben — mangelhaften Reiterei?

Ich glaube, nicht allein. Vielfach wird ja die Dressur mit solchen Pferden übereilt, es wird zu viel von ihnen verlangt, nicht die nötige Geduld auf sie verwendet. Aber auch ihre angeborene Empfindlichkeit, Kitzlichkeit, Heftigkeit und ihr zuweilen zu Reitzwecken sehr wenig günstiges Gebäude (hohe steife Hinterhand, langer Rücken, tiefer Halsansatz usw.) sowie ihre schleichende Aktion machen sie vielfach zu ihrem neuen Zwecke ungeeignet. Im Terrain, über schwere Hindernisse fehlt ihnen wiederum das durch Generationen vererbte Springvermögen, oft auch das Herz, ihre flache Aktion macht sich unangenehm fühlbar, sie stolpern, pullen, bohren leicht, und die zu schwachen Sprunggelenke vermögen nicht, den schweren Reiter entsprechend hoch über das Hindernis zu heben. Das „Wischen" wird hier zum Verhängnis. Der kleine Huf ver=

Rittm. Waydelin (4. Bayr. Chevauxlegers) auf Wegelagerer (deutsches Halbblut).

sinkt im tiefen Boden, und zu schnell verbrauchen sich die Kräfte des aufgeregten Tieres. Nach einem anstrengenden Jagdtage, der von morgens bis zum Abend dauert, fallen sie total ab, magern, wie auch im Manöver, skelettartig ab und sind dann nur noch der Schatten ihrer selbst, während der robustere, anspruchslosere Halbblüter selbst bei langem harten Dienst, schlechtem Stall und wenig Pflege immer noch munter ist, dick und rund aussieht, frißt und sich durch nichts aus seiner Gemütsruhe bringen läßt.

Welches Pferd, immer im allgemeinen gesprochen, für den Kriegsdienst brauchbarer ist, leuchtet ein. Eine Schwadron, auf Vollblütern beritten, möchte im Kriege nicht mit einer Schwadron auf ostpreußischen Halbblütern konkurrieren können. Ihre Haut ist empfindlicher, sie sind leichter gedrückt, verletzen sich eher im engen Stall und auf der Straße usw. Last not least, können Vollblüter — Hand aufs Herz — nur wenige reiten. Schwere Leute auf leichten Vollblütern sind ein häßliches Bild. Vollblut war Mode von vorgestern, ist es aber heute schon lange nicht mehr. Ausnahmen sind selbstverständlich stets besonders zu begrüßen.

Es fehlt nur noch bei uns, daß der junge Halbblüter beim Züchter schon so systematisch eingesprungen und eingejagt wird, wie beim irischen Farmer und früh genug Hafer erhält; das ist aber auch bei uns schon mehr und mehr durchgedrungen.

Reitsport und Zucht müssen zur Hebung des deutschen Halbbluts Hand in Hand gehen. Angabe der Abstammung bei Nennungen, Züchterprämien, Begünstigung des inländischen Materials, Provinzbrände usw. würden viel Nutzen bringen. Wir müssen dahin kommen, daß der deutsche Hunter, der jetzt oft genug noch als Engländer in den Handel kommt, sich seiner Abstammung getrost rühmen darf und daß das „made in Germany" auch hier zum Ehrennamen wird. Der deutsche Offizier auf deutschem Halbblüter beritten, das wird  wohl das Ideal einer nicht mehr allzufernen Zukunft sein. Dann werden auch genügend Gestüte entstehen, die ein unseren Erfordernissen entsprechendes Pferd liefern werden.

Das Training des Springpferdes.

Der Springsport ist für uns in Deutschland eine noch ziemlich neue Sache. Zwar hat sich das Niveau der Leistungen in der letzten Zeit ganz bedeutend gehoben, und wir verfügen bereits über einige Springpferde, die diesen Namen auch wirklich verdienen, allein zu einer allgemeinen Wertschätzung dieses interessanten Sports und seiner Bedeutung sind wir noch lange nicht gediehen. Die Sache sieht für den Beschauer so einfach aus, jeder glaubt eo ipso von dem Springen etwas zu verstehen, und tatsächlich sind auch die kleineren Springkonkurrenzen bisher häufig geeignet gewesen, ein falsches Bild von dem Wesen der Sache zu geben. Immerhin müßten die teilweise kläglichen Ergebnisse zum Nachdenken anregen, warum oft sonst gute und geschickte Reiter in diesem Sportzweig nicht zu besseren

Capitän Caprilli †
(Italienische Reitschule)
in der Campagna.

Resultaten gelangen konnten, obwohl sie sich mit Fleiß und Eifer der Sache angenommen hatten. Dieser Umstand hat die Ein=

sichtigen bald erkennen lehren, daß die Springwissenschaft durchaus nicht so einfach ist und der eiserne Bestand an springtechnischen Vorkenntnissen aus der eigenen Erfahrung oder Belehrung hier in keiner Weise ausreicht.

Wer Steeple-Chase oder selbst wirklich schwere Jagden geritten, wohl auch sonst einmal Pferde zu ähnlichen Zwecken eingesprungen und sogar alle sich ihm nah und fern bietenden Hindernisse mit seinen Pferden gesprungen hat, besitzt

Mr. W. Winans' St. Olaf
beim Training in Surrenden Park, Pluckley, Kent.

immer noch lange nicht die entsprechende Kenntnis von dem Wesen und den Schwierigkeiten einer wirklichen Vorbereitung von Springpferden zu Concours. Nur verschwindend wenige sind bisher tiefer in die Sache eingedrungen, und nur die, die selbst regelmäßig Pferde zu Springleistungen vorbereitet haben, dürften überhaupt diese Kunst voll zu würdigen wissen. Aber selbst die tappen meist noch mehr oder weniger im Dunkeln über die Wege, die sie einzuschlagen haben, um Erfolg zu erringen. Alles ist hier Erfahrungssache, und eben diese Erfahrung fehlt uns bisher.

Es bleibt daher nicht viel anderes übrig, wenn wir Umwege meiden wollen, als uns die Erfahrungen dort zu holen, wo man sie schon längst gesammelt hat, im Ausland. Dort ist man zu der Einsicht gelangt, daß nur systematische Schulung — die uns eben noch fehlt — aus den Pferden das zu machen versteht, was wir von einem zuverlässigem Springpferde verlangen, und daß diese Kunst äußerst schwierig und takterheischend ist. Hindernisse von 90 cm fest und 2 m Breite zu nehmen, womöglich im Jagdfelde, ist etwas ganz anderes. Auch gelegentliche Zufallssprünge von weit höheren oder breiteren Maßen beweisen noch nichts. Erst bei Sprüngen von einem Meter an aufwärts und von Gräben von $2^{1}/_{2}$ m an fängt die Schwierigkeit und Kunst an. Hunderte von Kilometern mit Pferden reisen, um in kurzen Augenblicken einige Hindernisse vor der Öffentlichkeit fehlerlos zu springen, erfordert peinlichste Vorbereitung. Über die Maße der Sprünge selbst herrschen im allgemeinen die willkürlichsten Annahmen. Wenn man manchen Reitersmann des Abends beim Biere hört, hat er wunder welche Höhen gesprungen! Und erst die fast fabelhafte Breite aller fliegend genommenen Gräben! — Nur der nüchterne Zollstock gibt dem damit Geübten den sicheren Anhalt für „Sein oder Nichtsein". Auch die Ansicht, daß diese Springausbildung eine etwas brotlose Kunst sei, wird von manchem unserer älteren Semester noch vielfach mit einer Sicherheit geäußert, die den Uneingeweihten leicht auf irgend eine autoritative Sachkenntnis schließen lassen könnte. Das Gefühl aber, das ein wirklich gut eingesprungenes Pferd seinem Reiter gibt, den ganz anderen Maßstab, den die Sicherheit in jedem Terrain dem Reiter verleiht, die Keckheit, mit der man der Verfolgung durch feindliche Reiter entgehen kann und sich daher ganz anders der Gefahr aussetzen darf — von dem allem hat der Theoretiker eben keinen Schimmer!

Lehrreicher aber noch wie die Anwendung der fertigen Kunst insbesondere für den Kavalleristen ist das Springtraining, die systematische Vorbereitung des Pferdes zu solchen Leistungen. Im wahrsten Sinne ein ritterlicher, kavalleristischer Sport! Schneid

Capitän Caprilli †, Reitlehrer in Tor di Quinto auf der Trainierbahn.

und Kaltblütigkeit, Ruhe und blitzschnellen Entschluß fördernd und belebend, bringt diese Beschäftigung den Ausübenden in unmittelbarste belehrendste Verbindung mit der Psyche des Pferdes, wie keine andere, und lehrt das individuelle Eingehen auf die Eigentümlichkeiten unserer lebendigen vornehmsten Waffe, des Pferdes.

Über die Art des Einspringens, das Wieviel und wie hoch, das Wie häufig und wie fest, gehen nun die Ansichten so

Grabenrick in Spa.

weit auseinander, daß der junge Offizier sich schwer seinen Vers daraus machen kann und so schließlich auf seine eigenen Erfahrungen und voraussichtlichen Mißerfolge angewiesen bleibt.

Soll man nun an der Hand oder Longe oder gleich unter dem Reiter einspringen? Das Springen an der Longe bietet bereits bei einigermaßen hohen Hindernissen bedeutende technische Schwierigkeiten. Es ist sehr gut geschultes Personal dazu erforderlich. Zu Anfang wird das Freispringen ohne Reiter unzweifelhaft von großem Nutzen sein. In vorgeschrittenen Perioden läßt sich auch darüber streiten. Herr von Guenther ist z. B. kein großer Freund davon. Es läßt sich nicht leugnen, daß man das freispringende Pferd nicht so in der Gewalt hat, und daß es sich

Oberstleutnant von Pongràcz beim Sprung über den Frankfurter Wall 1910. (Das Pferd springt etwas zu früh ab.)

möglicherweise hier Fehler und Ungezogenheiten angewöhnen kann, die nachher unnütze Arbeit machen, bis man sie wieder herausgebracht hat, auch muß sich das Pferd später unter dem Mann doch wieder ganz anders sein Gleichgewicht und seine Kräfte einteilen lernen. Der Reiter selbst wird endlich, wenn er zuviel an der Hand springen läßt, sein Pferd nicht so genau kennen lernen und nicht die so notwendige persönliche Übung erhalten, als wenn er selbst im Sattel sitzt. Dagegen hat wieder das Freispringen den außerordentlichen Vorteil, daß das Pferd — besonders wenn ein geeigneter Sprunggarten (couloir) zur Verfügung steht — ganz unbehindert, hier mehr Vertrauen faßt und Fehler weniger verhängnisvoll wirken, als unter dem Reiter. Heftige Pferde werden dadurch auch wesentlich beruhigt. Daher eignet es sich für solche auch mehr, als für faule, laucrige Tiere. Man wird dieser Art kaum ganz entraten wollen. Im Ausland spielt Longe und Kappzaum eine bedeutende Rolle beim Einspringen. Es ist dies alles aber ganz individuell, und allgemein feststehende Regeln lassen sich überhaupt nicht geben. Daher ist dieses Training eine Kunst, so schwer, wie die des Renntrainings, ja sie erfordert wohl noch mehr Fleiß und Geschick, als jene. Hier wie dort sind die Gaben natürlich verschieden verteilt. Es gibt überlegene Renn= wie Springpferde. Bei ersteren

Herr Aug. Andreae auf Union.
(Muster eines geschickten Wallabsprungs).

bleibt Trainer wie Reiter aber wohl weniger Arbeit zu einem Erfolge, als beim klippenreicheren Springsport.

Zunächst muß das angehende Springpferd sicher taxieren und seinen Absprung bemessen lernen. Dazu dient am besten eine nicht zu dicke umwickelte harte weißgestrichene Springstange oder deren zwei übereinander, am besten auf einem Gestell, ähnlich unseren Schnursprunggestellen, aufliegend. Man kann so an der Hand schon die Manier des Sprunges eines Pferdes erkennen und oft schon korrigieren, ohne daß das Pferd das Vertrauen verliert. Es ist eine Hauptsache, das Pferd weder zu ermüden und zu überanstrengen, noch auch ihm die Lust an der

Sache zu nehmen. Wenn ein Pferd das Herz verliert, so ist meistens fehlerhaft mit ihm verfahren worden. Es gibt unter

Graf v. Schlitz gen. v. Goertz u. Wrisberg mit Tantieme auf dem Frankfurter Wall.

den Springpferden ebensoviel Rogues, wie bei den Rennpferden. Das Springen ohne Reiter hat endlich den Vorteil, daß es gestattet, das Pferd mit einem Mindestmaß von Kräften und Verbrauch seiner Beine ein Maximum an Höhe springen zu lassen.

Wenn das ja auch nicht dasselbe ist wie unter dem Reiter, so ist es doch eine vorzügliche Vorbereitung, die die Arbeit unter dem Reiter wesentlich erleichtert und abkürzt. Belgier, Franzosen und Italiener bedienen sich zum Freisprung in der Reitbahn stets der Longe, die richtig zu handhaben indessen gar nicht so leicht ist. Fast unumgänglich ist vor allem für Pferde, die sich zu wenig „setzen" und sich zuviel vor dem Hindernis „fliegen lassen", das Freispringen aus dem Halten. Derartige „Schlußsprünge auf der Stelle" können bis zu einem Meter Höhe ruhig verlangt werden. Sie erfordern allerdings viel Geschick von seiten des Pferdes. Auch unter dem Reiter lernen die Pferde bald niedrige Hürden aus Stand geschickt nehmen. — Geschickt gemacht, wirkt diese Schulung fast wie Pilarenarbeit.

Eine weitere Frage ist die des Gewichts. Natürlich spielt das auch hier seine gewisse Rolle. Wie aber beim Rennen ein schlechtes Pferd selbst unter einer Briefmarke kein Handicap gewinnen wird, so kann ein unsicheres oder schlechtes Springpferd ebenfalls unter Federgewicht sein absolutes Springvermögen und seine Geschicklichkeit nicht verbessern.

Da bei wenigen Sprüngen und kurzen Entfernungen und Tempos die Ermüdung auch nicht so fühlbar wird, so spielt hier das Gewicht eine verhältnismäßig geringere Rolle als etwa bei den Jagdrennen. Sehr leichte Reiter verfügen zudem oft nicht über die nötigen Körperkräfte, um ein Pferd genügend zu unterstützen. Dagegen wächst die Bedeutung des Gewichts beim Hochsprung und besonders langen und schwierigen Konkurrenzen. Hier wird der Reiter von 70 kg dem von 80 kg gegenüber im Vorteil sein, wenn dies auch lange nicht allein ausschlaggebend ist. Das sollen natürlich keine Grenzen, sondern nur Mittel sein. 2 Zentner-Jockeys werden wohl kaum in Hochsprung-Konkurrenzen reiten. Es fragt sich ferner, ob man viel oder wenig, oft oder nur selten springen soll? Diese Fragen haben schon viele Köpfe beschäftigt, und ihre Beantwortung kann nur dieselbe sein, wie wenn man in gleich allgemeiner Form einen Trainer fragen wollte, wieviel Canter und Galopps man einem Pferde geben müsse, um Rennen zu gewinnen! Das richtet sich ganz nach dem Pferd und dem Gefühl. Darin besteht eben die Kunst, das Richtige zu treffen! Im allgemeinen, soweit sich überhaupt allgemein sprechen läßt, darf man sagen, daß bei uns eher zu wenig, als zu viel geübt wird. Übung macht eben auch hier den Meister. Auch hapert es meist an dem nötigen technischen Apparat usw. Zum Einspringen gehört eine regelrecht angelegte Springbahn (Piste) oder ein entsprechender Sprunggarten (Couloir) mit den verschiedenen Arten von Hindernissen, die je nach dem Stadium der Springausbildung des Pferdes höher oder niedriger, breiter oder schmaler

Herr H. Heil auf Black=Swell.

gestellt werden können. Man wird zu dem eine jährliche Ruhepause einlegen, wo die Pferde gar kein Hindernis zu sehen bekommen, man wird sonst mehrmals in jeder Woche vor Concours leichtere Springarbeit verrichten und etwa ein= bis zweimal wöchentlich ernstere Prüfungen nach der Art des bevorstehenden Concours vornehmen, dabei mit den Hindernisarten entsprechend wechselnd. Es empfiehlt sich, nicht immer dieselben Hindernisse zu springen. In dieser Art arbeiten auch alle erfolgreichen Concoursspringer. Pferde, die auf der Höhe sind und schon auf verschiedenen Concours erfolgreich gegangen sind, brauchen entsprechend weniger Arbeit als solche, denen noch Routine und Erfahrung fehlt. Je schlechter Pferde noch springen, desto mehr Übung brauchen sie. Am schwierigsten ist es mit Pferden, die unsicher springen, viele Arbeit aber doch übelnehmen, oder solchen, die schon gründlich verdorben sind. Da befindet man sich, wie so oft bei derartigem Training, ähnlich wie beim Renntraining eines schweren Hengstes, der viel Arbeit braucht, dessen „mulmige" Beine indessen zu äußerster Vorsicht zwingen im Dilemma, aus dem nur reiche Erfahrung und feines Gefühl einem den richtigen Mittelweg zeigen können. Schlimm ist auch die Sorte älterer routinierter Springpferde, die alles so genau kennen, daß sie wissen, daß die oberste Stange meist nicht fest und die Gräben meist seicht sind, und nun einfach durchgaloppieren und gegenspringen. Nicht leicht ist ebenfalls die Korrektur des verpönten Anstreifens. Es fragt sich da, ob man zum Niedrigeren zurückkehren oder, wenn der Wischfehler auch hier mehr aus Unachtsamkeit oder Leichtsinn geschah, zum Erhöhen schreiten soll, was auch zuweilen von Erfolg sein kann, ob man überhaupt die in der Konkurrenz erforderte volle Höhe springen, gar darüber hinausgehen oder darunter bleiben soll? Wenn man seiner Sache sicher sein will, dürfte wohl die geforderte volle Höhe das Mindeste sein. Hat man aber ein jüngeres Pferd, das erst einmal mitlaufen soll, um die nötige Ruhe und Routine zu erlangen, so wird man in der Arbeit nicht ganz die Concourshöhe verlangen. Schließlich wird man auch nicht ohne das Hilfsmittel der „Barre", einer dünnen Holzlatte oder Eisenröhre auskommen können, die mit Vorsicht und Schonung unmittelbar vor dem Concours gebraucht, die Pferde heilsam an die bittere Notwendigkeit des Anziehens ihrer Beine erinnert. Ich komme auf die Anwendung dieser und ähnlicher Hilfsmittel noch an anderer Stelle zurück. Zu Hochsprung-Konkurrenzen über eine gewisse Höhe hinaus einzuüben (sagen wir für unsere deutschen Verhältnisse etwa 1,50—1,60 m) halte ich für direkt verkehrt. Zu häufiges Abfordern der höchsten Leistung regt die Pferde auf, überanstrengt ihre Organe und verdirbt sicher den Charakter. Alles ist Gefühls- und Erfahrungssache.

Jedenfalls ist mit gezeigten Arbeitsleistungen noch gar nichts bewiesen. Im Concours treten noch ganz besondere in der Arbeit fehlende psychologische Imponderabilien hinzu. Die Nerven der Pferde spielen hier allzuoft der fleißigsten Vorbereitung einen üblen Streich. Aber sie sind nun einmal da; genau wie beim Menschen, der gewöhnlich öffentlich auch weit schlechter reitet, als

Herr H. Hasperg jr. auf Cleric.

allein bei sich zu Hause. Aber auch Pferde sind nun eben keine Maschinen und gehen nicht das eine Mal wie das andere. Eine „Papierform" zu konstruieren wäre im Springsport noch trügerischer, als beim Rennen!

Wie man sieht, erfordert die Schulung eines Pferdes zum veritablen Gelände- und Concours-Pferd sehr viel Passion, Mühe, Fleiß und auch Zeit. In wenigen Wochen ist es nicht getan, und ein Fehler, eine einzige falsch angebrachte Hilfe oder Heftigkeit des Lehrers kann leicht den Erfolg von monatelanger Arbeit vernichten. Die Italiener und Franzosen rechnen zur Vorbereitung eines Pferdes zum Coucoursspringen zwei Jahre, zum Hochsprung vier Jahre. Geduld, Ruhe und noch einmal Geduld, das ist aller Weisheit letzter Schluß!

Es ist vielleicht nicht ganz überflüssig, dem Training des Pferdes einige Worte über die Vorbereitungen des Reitersmanns folgen zu lassen. Auch die gehört nämlich zum Erfolge. Ganz so einfach, wie die Sache aussieht, ist sie doch nicht.

Rittm. d. Ref. A. Andreae (13. Huf.), Potsdam.

Vor allem muß der Reiter vorher genügend viel gesprungen haben, und zwar möglichst ähnliche Höhen, wie die Hindernisse der betreffenden Konkurrenz. Alles im Leben ist Übungssache und Übung macht auch hier den Meister. Es gilt jetzt nicht nur, die genügende körperliche Geschmeidigkeit zu besitzen, dazu genug in Atem zu sein, um nicht bei vielleicht wiederholtem und langem Ritt (z. B. bei Springprüfungen auf einem größeren Platz) zu ermüden, auch die Aufregung, das Lampenfieber, von dem niemand wenigstens für die ersten Momente des öffentlichen Auftretens nach längerer Pause gänzlich frei ist, läßt zuweilen die Kräfte früher abnehmen, als man für möglich halten sollte. Die Folge ist mangelhafte Unterstützung des Pferdes, die sich durch Fehler bemerkbar macht. Auch ein zu gutes Frühstück, womöglich mit reichlichem Alkohol vermeide man vor der Konkurrenz. Endlich taugt das viele Zigarettenrauchen auch nichts für Magen und Nerven. Und die spielen nun einmal bei allem öffentlichen Auf=

treten eine gewisse Rolle. Vor Springkonkurrenzen ist ja gottlob ein Training, wie vor dem Rennen, wo sich schwerere Leute morgens vorher noch kiloweise den Schweiß im römisch-irischen Bade abzapfen lassen müssen, nicht nötig. Immerhin ist auch hier der in körperlich besserer Kondition Befindliche erheblich im Vorteil.

Wer schwer ist, dem rate ich — aus eigenster, reichhaltigster Erfahrung — mehr zum Schwitzgehen, besser noch Tennisspielen, Golf, Tanzen und jeder anderen Bewegung, als zu den auf die Dauer wenigstens schädlichen und unwirksamen künstlichen Schwitzsitzungen und Laxirpillen. Baden dagegen in jeder Form, vor allem auch in der Luft, ist ganz vorzüglich. Massage und Bitterwasser leisten meist ebenfalls gute Dienste. Viel Schlafen endlich und viel Trinken macht schwer. Man esse und trinke mit Mäßigkeit, ohne sich aber durch qualvolles Versagen aller Lieblingsspeisen auf die Dauer nervös zu machen.

Ein glänzendes Beispiel für solides, mäßiges Leben bildet der deutsche Spring-Champion, Herr von Guenther, der weder Alkohol noch Nikotin zu sich nimmt und infolgedessen stets gleichmäßig ruhig, liebenswürdig und geduldig bleibt, auch mit seinen Pferden. Und diesem Umstande möchte ich nicht zum wenigsten die enormen Erfolge zusprechen, die dieser hervorragende Pferdemann seit vielen Jahren mit seinem gesamten, zum Teil aus Chargenpferden bestehenden Material in allen Springkonkurrenzen Deutschlands erzielte.

Das Einspringen.

Wenn zunächst einige Skizzen von den Schwierigkeiten entworfen werden, die sich oft dem Einspringen entgegenstellen, so sei von vornherein bemerkt, daß ein Anspruch auf erschöpfende Lückenlosigkeit dieser Ausführungen nicht gestellt wird. Der Abarten und Verschiedenheiten in der kriminalistischen Pferdewelt sind so mannigfache und vielseitige, daß es den Rahmen dieser Zeilen bedeutend überschreiten würde, auf alle Details und auf alle Korrekturen einzugehen. Die Grenze, wo das Verbrechen anfängt, wo einfache Ungezogenheit aufhört, ist schwer zu ziehen. Kriminelle Anlagen haben viele Pferde. In des einen Hand entwickeln sie sich zum Verbrecher par excellence, während sie bei einem anderen korrigiert und ganz brauchbar werden. Es handelt sich bei der Korrektur zunächst um psychische Faktoren. Man unterschätzt im allgemeinen den Intellekt des Pferdes ganz bedeutend. Besonders Gedächtnis und Ortssinn findet man auf das wunderbarste ausgeprägt. Ferner muß man sich in die der Rasse eigentümliche Kampfesweise einleben. Pferde entziehen sich drohender Gefahr durch die Flucht (Durchgehen, Kehrtmachen, Ausbrechen, Scheuen), sie greifen offensiv an mit den Vorderhufen, den Zähnen, gewöhnlich dem Schlag des Hinterhufs, endlich suchen sie sich durch An-die-Wand-Drängen, Bocken, Steigen oder Rückwärtslaufen, seltener durch Hinwerfen und Wälzen einer ihnen unbequemen Last (Sporn, Schenkel oder gar Reiter selbst) zu entziehen oder zu entledigen.

In allen Fällen muß man zunächst dem Grund des Ungehorsams auf die Spur zu kommen suchen und dann das Übel bei der Wurzel ergreifen und ausrotten. Vorbeugungsmaßregeln werden also auch auf diesem Gebiete am meisten Erfolge haben. Es gilt ferner, den Moment des Ungehorsams schon vorauszufühlen, und ehe es erst dazu gekommen ist, mit seinen Gegenmaßregeln einzusetzen. Kommt man damit eine Sekunde nur zu spät, so ist oft der Erfolg bereits in Frage gestellt. Die Ungezogenheit des Pferdes nimmt dann leicht dem Reiter den Sitz oder die Hand oder beides; er hat genug zu tun, sich oben zu halten, das Pferd wieder zu wenden usw. und keine Hand frei. Ist das Pferd einmal aus der Vorwärtsbewegung (in der am wenigsten passieren kann) heraus und zum Stehen gekommen, so ist die Situation für den Dresseur zu Pferde schon unangenehmer. Zu Fuß aber Ungehorsam bezwingen zu wollen, gar mit rohen

Herr O. Koch auf Kilmore
beim Internationalen Concours hippique zu Luzern 1909.

Mitteln, würde ganz und gar den Zweck verfehlen. Dieses unfaire Spiel wird das Pferd niemals anerkennen und dem Reiter, sobald er wieder aufgesessen ist, beweisen, daß es sich noch keineswegs besiegt fühlt, im Gegenteil meist bösartiger werden.

Die meisten Pferde werden erst vom Menschen verdorben. Unverständige Behandlung, Schläge, Zuvielverlangen (mehr, als das Pferd leisten kann), Strafen statt beruhigender Belehrung bei Ängstlichkeit des Pferdes sind die häufigsten Ursachen, daß Pferde zu „Verbrechern" werden.

Je nach ihrem Temperament und ihren Anlagen und Nerven wird das in höherem oder geringeren Grade der Fall sein. Im

allgemeinen aber ist das Pferd, je edler es im Blut, desto leichter
verdorben; bei richtiger, ruhiger Behandlung aber dafür auch um
so gelehriger, treuer, zäher und dankbarer. Das ideale Springpferd
ist daher ein hochedles, doch im Temperament ruhiges Tier. Von
stätischen Pferden und solchen, die an Dummkoller leiden, spreche ich
hier nicht. Die Diagnose dafür zu stellen, ist oft nicht einfach. Das
fällt auch mehr ins Gebiet des Veterinärs, als in das des prak=
tischen Reiters. Reden wir also von noch korrigierbaren Tieren.

Es gibt zwei Methoden der Korrektur: eine durch Milde und
eine durch Strenge. Letztere ist durchaus nicht immer die bessere.
Auch beim Pferde gilt der Satz vom überspannten Bogen und
der von den gestrengen Herren, die nicht lange regieren. In der
Mehrzahl der Fälle eines Kampfes zwischen Roß und Reiter, aus
deren Permanenz eigentlich die ganze Reiterei sich zusammensetzt,
bleibt das Pferd Sieger. Meistens sogar, ohne daß der Reiter
sich dessen bewußt ist. Nur bei eklatantem Nichtnachgeben und
Ungehorsam regt sich der Zorn des Reiters, der nun dem Pferde
„doch mal zeigen will, wer eigentlich der Herr ist". — (Schon
manchen sah ich kläglich enden . . . . .!) Man ist nur zu sehr
geneigt, das Pferd als Maschine und nicht als Lebewesen mit
selbständigen Gehirnfunktionen zu betrachten. Erst Alexander der
Große drehte bekanntlich den braven Bucephalus herum, der vor
seinem Schatten scheute und sich nicht besteigen ließ, nachdem
sämtliche Stallmeister mit dem Hengst nicht hatten fertig werden
können. Im Zeitalter des Rades, des Autos und des Aeroplans
wird die Neigung, das Pferd jenen leblosen Gebilden aus Menschen=
hand fälschlich gleichzuachten, zweifelsohne noch zunehmen.

Wer mit Milde zum Ziele gelangen will, dreht — um die
Sache an einem Beispiel schnell klar zu machen — sein refü=
sierendes Pferd vor dem Hindernisse einfach um und versucht sein
Glück in der größten Gemütsruhe nun nochmal von der anderen
Seite. Vielleicht springt dann sein Pferd, und er hat Erfolg.
Sicher ist das aber keineswegs.

Wer den Kampf nicht mit sicherer Siegeszuversicht aufnehmen
kann, der tut klüger, dann sich gar nicht erst auf einen solchen
einzulassen. Es braucht dies nicht einmal ein schwacher Reiter zu
sein. Im Gegenteil, wir finden die schlechten meist kampflustiger

gestimmt, als den erfahrenen guten Reiter und Pferdemann. Auf einem jungen rohen Pferde, beispielsweise, oder auf einem Rennpferde, das nicht den unbedingten Gehorsam, nicht einmal die Hilfen kennt, die man zur Korrektur mit Schenkeln und Zügeln geben müßte, tut man weiser daran, mit Ruhe und Geduld und Nachgiebigkeit vorzugehen und die Geister nicht erst zu beschwören,

Herr O. Koch auf Nevermind (deutschgezogener Hackney, Züchter Herr G. von Langen-Zieverich) springt die Triplebarre beim Internationalen Concours hippique zu Frankfurt a. Main 1910.

die man nachher doch nicht wieder bannen kann. Man läßt das Pferd durch einen behilflichen Mann wieder anführen, beruhigt es, irritiert es auf keine Weise und greift zum — überhaupt stets empfehlenswerten — Mittel des Vorspanns durch ein Führpferd, selbst zum Absitzen und Belehren des Pferdes an der Hand. Meist ist es ja auch bei solchen rohen, ungerittenen Pferden gar nicht böser Wille, sondern Angst, Unkenntnis usw. Das muß man stets wohl zu unterscheiden wissen. Bei älteren, schlecht zugerittenen Pferden kommt oft auch beides zusammen. Empfehlenswert bleibt immer, ein Springpferd erst gehörig schulmäßig durchzuarbeiten und dadurch in Gehorsam zu setzen. Ein solches Pferd wird dem rohen ungeschickten Puller stets — bei gleicher Springanlage und Springausbildung — weit überlegen sein. — Häufig ist auch der Reiter selbst schuld an Widersetzlichkeiten, indem er dem Pferde mehr zumutete, Schwereres verlangte, als es zu leisten imstande war. Unzeitgemäße Prügel sind häufig auch die Ursache des Ungehorsams. Wollte ein Pferd z. B. nicht beim ersten Anlauf gleich springen, tat es dann schließlich aber doch und erhält nun, als Belohnung für seine Nachgiebigkeit und den bewiesenen guten Willen, von seinem Reiter hinterher, d. h. sobald dieser etwa die rechte Hand frei hat, dennoch Schläge, so sieht das Pferd nicht ein, wofür, bildet sich (ganz logisch) ein, daß es gerade für den Sprung Strafe erhalten hat, und das nächste Mal wird es sicher nicht wieder springen. (Der Sprung war ja eben das, was es anscheinend gerade nicht sollte!) Nun bekommt es vermehrte Hiebe. Was soll das Tier da nun in seinem armen Pferdegehirn denken? (Wir Pferde sind doch logischere Menschen, höchstens!) Man sieht also, es handelt sich oft nur um Sekunden. Und gerade die richtige Handhabung der Reitgerte ist unendlich schwer; deswegen wagen sich gerade die besten Reiter am wenigsten daran, während man Stümper meist damit herumfuchteln sieht. Mit den Sporen ist's gerade so. Die Strafe muß der Tat eben unmittelbar auf dem Fuße folgen. Bis man erst mit den Beinen ausgeholt hat zum Spornstoß, ist der richtige Moment zur Strafe schon verpaßt. Dann lasse man lieber das Strafen ganz sein. Ärgern soll man sich zu Pferde überhaupt nicht. Das ist immer schon verkehrt. Der Reiterdresseur muß ein liebevoll geduldiger Pädagoge sein, kein Prügelpädagoge, wenn er Erfolge haben will. In dieser Beziehung kann man viel von den wirklich guten Zirkusdresseuren lernen. Nur mit einer engelsgleichen Ruhe und Geduld sind z. B. Freiheitsdressuren möglich, wie wir sie im Zirkus bewundern.

Man hüte sich auch vor zu großer Strenge, selbst wenn man den Kampf erfolgreich durchzuführen sicher ist. Hat man ein- oder zweimal seinen Willen erreicht, so ist's ja gut. Dann höre man für diesen Tag auf; man wird mehr Erfolg haben — und das Pferd wird die Lektion besser verdauen und geistig ver=

arbeiten —, als wenn man es zu erneuten Kämpfen, gar auch zu Schäden für das Pferd kommen läßt. Vielleicht bliebe man das nächste Mal doch nicht Sieger über das in der Verzweiflung zu allem bereite Pferd.

Herr H. Heil auf Pandour
beim Internationalen Concours hippique in Frankfurt a. Main 1910.

Wenn ich also das Resümee ziehen soll, so ist das Ideal: Strenge, gepaart mit Milde; Zucker und Peitsche abwechselnd, je nach Bedarf; rechtzeitiges Aufhören und Beloben des Pferdes, sowie es nachgegeben hat — immer aber unmittelbar auf dem Fuße folgend. James Fillis erzählt in seinen „Grundlagen der Dressur und Reitkunst" von verschiedenen Verbrechern, die er allein zu reiten und zu besiegen fertigbrachte. Stets gipfelt seine Kunst darin, den Pferden (darunter ein sog. buckinghorse, das dressiert war, seine Reiter stets abzuwerfen) zuvorzukommen, sie durch Schläge vorwärtszutreiben, ehe sie stehen zu bleiben vermochten, bis sie schließlich ganz willig gingen. Fillis schlug dabei mit dem Reitstock vielfach den Kopf der Tiere, so geschickt aber auf den Nasenriemen, daß er niemals auch nur eins mit einer Schramme verletzte. Ein Mann zu Fuß kann zuweilen unschätzbare Dienste leisten. Das Pferd gewöhnt sich oft nur auf Drohen der Hilfsstellung zu Fuß mit der Peitsche seinen Starrsinn ab, und geht später auch ohne diese Hilfe willig alles, was es soll.

Wenn ich in meinen bisherigen Ausführungen im Kampfe zwischen Roß und Reiter zuweilen dem Grundsatze „Der Klügere gibt nach" das Wort geredet habe, oder es wenigstens ähnlich aufgefaßt werden konnte, so möchte ich doch ausdrücklich hervorheben, daß es dann eben noch nicht zum eigentlichen Kampfe gekommen sein darf, daß in der Vermeidung des Kampfes, in der Erhaltung politisch korrekter und freundschaftlicher diplomatischer Beziehungen, gar eines herzlichen Einvernehmens oft das Geheimnis des Erfolges zum reiterlichen Zweibund liegt. Durchaus nicht immer. Hat man sich erst zum Kampf engagiert, so muß er auch durchgeführt werden, und zwar mit einer Energie, die dem Pferde sagt, daß der Reiter das Äußerste zu riskieren entschlossen ist. Bleibt dennoch das Pferd Sieger, so ist es nur um einen weiteren Grad verdorben. Darum von vornherein allergrößte Energie. Keine Vorreden und Präliminarien, sondern — medias in res —: Auf in den Kampf, Torero, — Mut in der Brust — siegesbewußt! —

Dazu muß man allerdings Zeit haben. Oft gelingt es nicht anders, als durch Zähigkeit und Langeweile dem Pferd seinen Willen aufzuzwingen. Man muß stundenlang vor einem Graben stehen und kämpfen, bis zum Dunkelwerden einen einmal begonnenen Kampf durchführen können, oft aber auch, erst mit leichteren Aufgaben und an der Hand beginnend, das Vertrauen des Pferdes wiederherzustellen suchen, wobei unter Umständen Hilfskräfte sehr von Nutzen sein können.

Das Gefühl dafür, wo Ungeübtheit und Ängstlichkeit aufhört und wo die Ungezogenheit anfängt, ist nicht leicht zu erwerben. Die Behandlung des Falles richtet sich ganz danach. Oft geht eins ins andere über. Das ist eben Sache des Reitertakts und der Erfahrung. Jedenfalls muß man auf alle Fälle die denkbar größte Ruhe und Gelassenheit bewahren und sich niemals persönlich ärgern, selbst wenn man noch so energisch straft. Nur dann behält man gegenüber dem dafür sehr richtig empfindenden Pferde die Überlegenheit der Objektivität.

Das wird sich besonders in den feineren Abstufungen und Modulationen der Strafen und Belohnungen aussprechen, die, wie schon gesagt, stets auf dem Fuße folgen müssen. Das ist eine Hauptkunst dabei. Man unterscheidet z. B.:

flaches vermahnendes Anlegen des Sporns,

Sporndruck,

Spornstich und

Spornattacke.

Mit der Peitsche kann man ebensowohl Hilfen als Strafen geben, und auch in der Belohnung gibt es eine Unmenge von Nuancierungen.

Oblt. Streesemann (Kgl. Sächs. 18. Ulanen).

Von dem Öffnen der Finger und Nachlassen der Zügel bis zum Absitzen und Zuckergeben. Man scheue sich nicht, oft und viel zu belohnen. Das erhält das Pferd dankbar und aufmerksam auf den Reiter. Immer wieder muß man sich von dem Gedanken losmachen, daß das Pferd eine Maschine oder auch ein renitenter Untergebener sei. Das Pferd muß behandelt werden wie ein Kind, es muß erzogen, belehrt, bestraft, belohnt werden. Darin liegt das ganze Geheimnis, warum einige mit allen Pferden und selbst mit Verbrechern fertig werden, andere diese Kunst niemals lernen.

Da sind zunächst die Durchgänger. Allerdings immer noch viel leichter zu behandeln, als die, die rückwärts laufen, denn man hat nur eins zu denken und zu tun: das Pferd zu halten.

Das aber weich und durchlässig zu tun, ist eben die Kunst. In der Kraft liegt die Weichheit. Wir sehen die feinsten Jockeys die schwersten, ungebärdigsten Hengste nach einem falschen Start gewandt ausbalancieren. Diese Leute haben eben eine weiche Hand und sind daraufhin trainiert. Man kann sehr viel von ihnen lernen. Einem guten Reiter geht kaum je ein Pferd auf länger als ein paar Sprünge durch, nimmt ihm höchstens vorübergehend die Hand, wie der Fachausdruck lautet. Solange solche Durchgänger nicht eben Koller haben, sind sie durch systematisches Zureiten einigermaßen zu kurieren. Manche allerdings werden nie bequem. Unangenehmer sind schon Tiere, die stehenbleiben und steigen, sich dabei womöglich heftig drehen und dann nach hinten auskeilen usw. Der Grund des Steigens ist stets der, sich vom Zügel losmachen zu wollen. Man darf daher den Zügel nicht nachgeben, nicht „Luft" geben, wie der so vielfach verkehrt angewandte Ausdruck lautet. Andererseits darf man natürlich sich noch viel weniger etwa an die Kandare klammern und sich in den Zügel verankern. Damit würde man das Pferd leicht um- und auf sich reißen. Man fasse lieber mit der rechten Hand ein Stück Mähne oder Sattelzeug mit, wenn man sonst nicht genug Halt im Schluß findet. Andauernd gebe man aber vordrängende Hilfen. Gibt man in der Luft ein paar tüchtige Sporen, so macht das Pferd wahrscheinlich eine Lançade nach vorwärts, und alles ist gut. Auch mit seiner Gewichtswirkung muß man das Pferd nach unten ziehen; eventuell am Zügel nach unten rucken. Fillis schlug ein Pferd, das stieg, mit der Peitsche über den Kopf. Ich möchte indessen weniger großen Künstlern nicht dazu raten, es kann auch sehr gefährlich werden. Umreißen des Pferdes und dann tüchtig verhauen lassen, wird auch mehrfach empfohlen; sogar die Reitinstruktion spricht davon. Ich habe dieses Mittel selbst mehrfach angewendet, bei sehr renitenten Patienten aber trotzdem wieder Rückfälle erlebt. Sehr gefährlich ist das Experiment nicht einmal, denn man hat immer noch viel Zeit, selbst vom Sattel herunterzukommen, wenn man einiger=

maßen geschickt ist. Das beste, aber vielleicht auch schwierigste und unter Umständen gefährlichste Korrekturmittel scheint mir das scharfe Abbrechen des steigenden Pferdes nach einer Seite in der Luft. Eine forcierte Genickbiegung seitwärts läßt dem Pferde sein Experiment selbst so gefährlich für den Fall des Überschlagens erscheinen, daß es bald nicht mehr wagt, wirklich hochzugehen. Man kann dabei allerdings auch mal böse umfallen. Aber auf ein paar Knochen darf es einem eben nicht ankommen, wenn man ernstlich gewillt ist — zu siegen.

Oblt. v. Steuben (Königs-Ulanen) auf Scott's-Grey in Hannover.

Die allerekligste Sorte ist die, die rückwärts läuft oder seitwärts drängelt, womöglich an rollendes Fuhrwerk heran. Ich habe Tiere gehabt, die so raffiniert waren, an Eisenspitzengittern zu steigen und schnellfahrende Wagen glatt anzunehmen, oder den Reiter abzustreifen versuchten. Ich habe dann mit gutem Glück auf der freien Seite die Peitsche und den Sporn gebraucht, meist mit dem Erfolge, daß es wenigstens vorwärts ging. Man muß dazu allerdings solide Knochen haben. Viel ist da nicht zu machen. Diese Spezies grenzt bereits ans Pathologische. Immerhin vermag ein geschickter und energischer Reiter manchmal einem Pferde solche Unebenheiten abzugewöhnen und hat dann gute Dienste davon. Im allgemeinen kann ich aber nur abraten, sich mit solchen Tieren abzugeben. Man verliert dabei nur Zeit, Geld und

Renommee. Auch Tiere, die so liebenswürdig sind sich hinzu=
werfen, müssen feste „Schacht" haben, ehe sie sich wälzen können. —

Oblt. v. Mitzlaff (3. Garde=Ulanen) auf Mulatte (Ostpr. Halbblut).

Ich schließe mit dem Hinweis auf das Schillersche Wort von der glücklichen Mischung des Starken, Strengen mit dem Milden, Zarten, das dann einen guten Klang abgeben soll. Theorie und Praxis müssen hier Hand in Hand gehen.

Es ist klar, daß zudem das Landen nach hohen und schweren Sprüngen stark auf die Knochen geht, und daß daher — besonders unter schwererem Gewicht im Sattel — solide Pedale, vor allem kräftige, breite Sprung= gelenke dazu gehören, um solche Strapazen ohne Nachteile (Über= beine, Schale, Gallen usw.) aus= halten zu können.

Der Jagd= und Hochsprung erfordert infolgedessen, wenn sie dem Pferde nicht schaden sollen, ein Sichaufnehmen und „Setzen" vor dem Hindernis, und dies wiederum eine spezielle Vorbereitung, wie sie ganz besonders der irische Farmer seinen jungen Pfleglingen angedeihen läßt.

„Was Hänschen nicht lernt, lernt Hans nimmermehr" ist das Geheimnis dieser Methode, und früh schon muß der junge Ire, wenn er zum Fressen, zur Tränke, zum Stall gelangen will, Wälle und Ricks, Gräben und Tore überwinden lernen. Natürlich sind die Anlagen, teils vererbt, teils besonders glücklichem Gebäude entspringend, sehr verschieden verteilt, und Hand in Hand damit geht dann die Passion der vierbeinigen Hindernisseleven. Ganz gewiß gibt es auch unter unseren inländischen Halbblutzuchten — das beweisen die Namen von Pompadour, Qual Nevermind usw. — ganz hervorragend begabte und veranlagte Springpferde, aber nur wenigen davon wird eine Ausbildung zuteil, die sie be=

fähigt, mit gutem ausländischen Material erfolgreich zu kon=
kurrieren. Unsere Jagden in Deutschland sind ja nirgends auch
nur im entferntesten mit denen von Englands und Irlands be=
rühmten Grafschaften zu vergleichen, was Schwierigkeit des
Terrains und Anforderungen an das Jagdpferd betrifft. Das
liegt nun einmal in der kulturellen und historischen Entwicklung
der Dinge bei unseren Vettern jenseits des Kanals und bei uns.
Ich verweise nur auf die berühmten White Mellvilleschen Jagd=
erinnerungen sowie auf die in der „Sport=Welt" im Winter 1910/11
erschienene hervorragend interessante Artikelserie „Jagdbilder aus
England" von Crighton=Hamilton. Auch das englische Werk der
Badminton=Library „Hunting" mag besonderen Interessenten wert=
volle Aufschlüsse geben.

Infolgedessen sind wir in Deutschland mit dem Einspringen
von Pferden gegen das Ausland noch sehr weit zurück und be=
gnügen uns meistens damit, wenn das junge Pferd eine Hürde

Saumur: Doublebarre.
(Phot. Blauchaud.)

oder Stange in 80 cm Höhe und ein Gräbchen von 2 m an=
standslos springt. Das genügt als Vorbereitung für die meisten

deutschen Jagden ja auch zur Not, und wofür Knochen und Sehnen noch größeren unnützen Anforderungen aussetzen!

Ein systematisches Einspringen zu großen Leistungen aber erfordert mehr Arbeit und Überlegung. Da wären zunächst einige Kardinalregeln vorauszuschicken, die wohl manchem nichts Neues sagen werden, gegen die man aber doch immer wieder in der Praxis verstoßen sieht. Ich fasse sie, der Kürze halber, in numerierten Sätzen zusammen.

1. Vor dem Springen gehörig abtraben und abgaloppieren, damit nicht Ungezogenheiten aus Übermut vorkommen. Also nicht, womöglich nach einem Ruhetag, gleich mit Springen beginnen.

2. Nicht auf einem Platz oder an einer Stelle üben, die zum Kleben verleitet. Kleben ist eine große Gefahr.

3. Keine unfair aussehenden Improvisationen von Hindernissen, sondern vernünftige, massive „Gegenstände".

4. Möglichst im Terrain, natürlich sich ergebende und auch so erscheinende Hindernisse spielend zu überwinden beibringen.

5. Stets nach einem Erfolg aufhören und beloben, auch nach dem kleinsten Erfolge! (Zucker usw.)

6. Mit dem Leichten beginnen. Nicht zu schnell voranschreiten. Nichts Plötzliches verlangen. Allmähliche Steigerung! Eingeprägtes immer wiederholen. Das Schwere, Neue zuletzt. Danach möglichst Zügel lang, Absitzen. Stets wieder zum Einfachen, Leichten zurückkehren!

7. Alles Neue zuerst stets dem Pferd zeigen und beschnüffeln lassen.

8. Nie ganz an die Grenze des Möglichen herangehen, sondern aufhören, solange es dem Pferde noch Spaß macht. Nie das Pferd übermüden!

9. Stets darauf achten, dem Pferde nicht das Herz zu nehmen, sondern ihm Passion an der Sache zu erhalten. (Dazu gehört auch, daß man sich vor dem Springen überzeugt, ob alles in Ordnung ist, das Pferd sich nicht verletzen kann usw.)

10. Mit unendlicher Geduld, Ruhe und Liebe vorgehen. Sich Zeit lassen, nichts übereilen, Gräben, Wälle, Hochsprünge usw. erst viel an der Hand oder Longe (zwei Longen) einüben. Ohne

Reitergewicht und Reiterbehinderung erlernt der Anfänger alles besser und schneller. Oft leistet der Kappzaum hier gute Dienste.

Lt. Streefemann (Kgl. Sächs. 18. Ulanen) den Scharfpferd beim Berliner Concours hippique springend.

11. Die Peitsche oder die Peitschen recht schonend und mäßig gebrauchen. Sich nicht ärgern! Korrektur, nicht Strafe. Nie=

mals Peitsche von Leuten zu Fuß gebrauchen lassen, wenn man selbst auf dem Pferde sitzt. Wohl aber sollte ein Mann (mit Peitsche) als „Hilfsstellung" in der Nähe nie fehlen. Nie ein Pferd über ein Hindernis hinüberpeitschen. Es muß dazu gebracht werden (mit leichten Peitschenhilfen meinetwegen), selbstständig den Entschluß zum Absprung zu fassen! Kein unwillkürliches Spornieren! Lieber ohne Sporen oder mit stumpfen Rädern reiten. Kein unnötiger Peitschenhieb.

12. Viel Abwechslung in den Hindernissen. Die Pferde oft und viel beloben und mit Leckerbissen belohnen!

13. Mehrfache Sprünge (mit mindestens 4 m Zwischenraum; zuerst weiter und niedrig beginnend) erhöhen die Geschicklichkeit und lehren das Sichaufnehmen.

14. Zwei bis fünf dicht hintereinandergestellte Hindernisse erproben das Herz, schmale Hindernisse (später ohne Fänge) den Gehorsam.

15. Nicht gegen die Sonne, nicht in zu tiefem Boden gegen schwere Hindernisse anreiten. (Augenfehler sind auch zuweilen der Grund, weshalb Pferde nicht gern springen wollen!)

16. Nicht gegen die Hindernisse jagen. Im ruhigen Galopp herangehen und das Pferd die letzten zwei Pferdelängen „anziehen" lassen. (Oft sieht man umgekehrt den Reiter von weitem wie toll drauflosbürsten und im letzten Moment dann kürzer werden — da merkt sofort das Pferd die Ängstlichkeit und Unsicherheit des Steuermanns, zu dessen Führung es doch gerade Vertrauen haben soll!)

17. Zuerst sein Herz über ein Hindernis werfen: das Pferd springt nach!

18. Leichte Zäumung, nicht festhalten, leicht am Zügel. Vor dem Sprung „am Maul" mitgehen. Nicht zu früh die Zügel ganz „wegwerfen". Im Sprung aus den Schultern heraus mit Armen und Oberkörper folgen. Nicht hintenüberwerfen! Bügelaustreten — Gewicht denkbarst erleichtern. Beine am Pferd behalten. Gleichsam in das Pferd hineinknieen und weich mit der Bewegung mitgehen.

19. Das Pferd muß die Ohren nach dem Sprung richten, sie nicht legen. Die Aufmerksamkeit muß nach vorn gerichtet sein

(nicht also nach dem Peitschenführer, der — fast immer zu spät — von hinten schlägt!)

20. Je mehr das Pferd zum Refüsieren neigt, desto fester muß man es am Kreuz und Zügel haben, bis es tatsächlich abgesprungen ist, dann erst kommt das gänzliche „Mitgehen" nach vorn.

Lt. Frhr. v. Lersner
(1. Garde-Drag.) auf Stella.

21. Nicht unnütz, aus Nervosität usw. das Pferd beim Anreiten gegen einen Sprung spornieren. Die Unterschenkel haben da nichts zu tun, als still zu liegen oder den Schwung zu erhalten. Zuweilen empfiehlt sich aber eine Schenkel- oder Spornhilfe bei Pferden, die den Absprung nicht finden können.

22. Nicht zu viel aus dem Trabe springen. Eine halbe Maßregel! Die Pferde müssen im Galopp ruhig bleiben. Das ist viel schwerer! Trab vor ganz schweren Hindernissen ist doch unmöglich! Dagegen empfiehlt sich Springen aus dem Schritt bis etwa 1 m Höhe, damit das Pferd sich „setzen" und heben lernt. Eine gute Korrektur für Pferde, die vor dem Hindernis wegstürmen. Immer wieder auch aus dem Halten niedrige Sachen springen lassen.

23. Das Pferd dahin „stellen", wohin es ausbrechen will. Ein wenig traversieren also, wenn das in der Schnelligkeit überhaupt ausführbar.

24. Will das Pferd rechts ausbrechen, so reite Rechtsgalopp.

25. Die meisten Pferde brechen nach links weg. Das machen sie mit dem meist steifen linken Hinterfuß. Dieser muß also gut gebogen und untergeschoben werden. Das erreicht man am besten durch scharfes Gegenhalten (ev. Sporn) des rechten (auswendigen)

Schenkels. Ist man aber auf der rechten Hand im Rechtsgalopp, und das Pferd will nach links ausbrechen, so gebe man den rechten Zügel ganz nach, damit das Pferd im Maul keine Stütze finde, auf der es ausbrechen kann, und gebrauche beide Schenkel, auf das energischste vorwärts treibend. (Sporen.)

26. Will das Pferd nach einer Seite ausbrechen, so ziehe nie auf der anderen mit dem Zügel. Das würde nur zu leicht das Gegenteil von der gewünschten Wirkung erzielen. Eventuell Kappzaum mit Zügeln vom Sattel aus anwenden.

27. Nicht zu oft hintereinander springen. Vor allem nicht dasselbe Hindernis. Alle Tage etwas, später alle paar Tage einmal. Nie einen schweren Sprung verlangen, wenn das Pferd schon müde ist und es nicht mehr leisten kann. (Herz.) Das Springen darf nichts „Besonderes" sein.

28. Feigen Pferden muß der Reiter energisch etwas Mut machen, sonst bleiben sie vor schweren Sprüngen einfach stehen. Das ist das Schlimmste und am schwersten zu korrigieren. Man muß wieder von vorn anfangen, bis sie das Herz wiedergefunden haben, was meist wieder der Fall ist. Mit solchen Pferden wenig, aber energisch springen.

29. Man muß selbst viel springen, um in „Form" zu bleiben. Ähnlich geht es den Pferden. Nur die Übung macht den Meister. Wenn die Pferde dabei nicht vom Reiter mit Sitz oder der Hand gestört, sporniert und geschlagen werden, behalten sie auch die Lust daran. (Belohnungen.)

30. Kämpfe oft absichtlich herausfordern, um sie dann siegreich zu bestehen (aber zu Pferde und ohne fremde Hilfe). Dann erst ist man im entscheidenden Moment des Gehorsams gewiß. Ausnahmen: etwa Pflaster usw. (siehe Rosenberg: Zusammengewürfelte Gedanken).

Diese Reihe ließe sich gewiß noch recht weit ausdehnen. Begnügen wir uns hiermit. Bei ganz renitenten ergrauten Verbrechern empfehle ich besonders den Kappzaum, an dem eine Longe oder besser auf jeder Seite eine befestigt wird: das wirkt Wunder. Aversionen gegen einzelne Arten von Hindernissen, z. B. offene Wassergräben, müssen allmählich, ebenso wie bei Herzlosigkeit (das Vertrauen wiederzugewinnen suchend) beseitigt werden. Man fängt dabei mit einem schmalen, etwa 2 m Graben wieder an. Im übrigen lautet das größte Geheimnis auch hier: vorwärts! Deswegen lernen Pferde am schnellsten und besten im Jagdfelde, womöglich hinter Hunden. Da kommt die Passion hinzu. Über

Quitt unter Lt. Graf v. Lehndorff (Garde du Corps), Sieger im Kaiserpreis (Hannover 1910).

die Methoden des Einspringens an der Hand und an Longen sagt die Reitinstruktion Vorzügliches. Auch das Mittel eines Führpferdes über Sprünge verachte man keineswegs. Hürden verführen sehr zum Wischen. Erst durch Hochheben einer besondern Stange (Gasröhre) im Moment, in dem sich die Hinterbeine des Pferdes über dem Sprung befinden, lernt das Pferd das geschickte Anziehen der Hinterbeine, um nicht zu streifen. Empfehlenswert für ältere Routiniers ist auch die sog. „Donnerbüchse", eine durch eine Blech=Ofenröhre gesteckte Eisenstange. Anfangs dazu stets Kniekappen und bandagieren, selbst hinten. Stets sollte man Zucker, Hafer, Rüben usw. zur Belohnung zur Hand haben.

Einspringen erfordert viel Verständnis und Geschick. Wer es gut versteht, ist ein Künstler.

Die französische Springschule.

Wie man die französische klassische Manier zu reiten mit ein paar Worten charakterisieren kann: "Wenig Hand und viel Schenkel", so darf man dieses Prinzip getrost auch auf die französische Manier zu springen übertragen.

Tatsächlich überraschen die guten französischen Reiter durch eine Weichheit ihres Sitzes im Sprung, wie er nur aus einer absoluten Unabhängigkeit von der Zügelfaust resultieren kann. Weit entfernt von aller Steifigkeit, die man leicht einem militärischen Sitz vorzuwerfen geneigt ist, hat das geschmeidige Mitgehen des Oberkörpers des Reiters dennoch nichts an den typischen englisch-amerikanischen Rennsitz Gemahnendes. Der Stützpunkt für die Oberpositur findet sich in den mit möglichst vielen Punkten den Pferdeleib umschließenden, im Knie scharf gewinkelten Schenkeln und vor allem in der mit dem Spalt den Sattel kaum merklich verlassenden Mittelpositur. Schwer und tief im Sattel sitzen zu bleiben, während das Pferd einen größeren Sprung macht, hält man aber z. B. an der französischen Reitschule von Saumur für mehr oder weniger unmöglich: das Gesäß verließe stets in einem gewissen Grade den Sattel.

Die Arme bleiben gewinkelt, geben aber dabei weich in der Richtung des Sprunges nach, während die Finger sich öffnen und die Zügel nach Bedarf durchschießen lassen. Eine eigentliche "Spannung" vor dem Sprung erfolgt nicht. Sie wird im Gegenteil für fehlerhaft gehalten, dagegen der Absprung durch Schenkeldruck markiert. Dem Pferde soll aber die äußerste Freiheit zum Gebrauche seines Halses, gleichsam als Balancierstange und zum Strecken seines Kopfes gelassen werden. Die geringste, Spannung, ich möchte fast sagen schon Zügelanlehnung läßt das, völlige Halsfreiheit gewohnte Pferd beim Springen Fehler machen.

Ob der Gehorsam allerdings so unbedingt ist, z. B. bei schmalen Toren zwischen Drahtzäunen oder anderen schmalen Gehorsamssprüngen, ist eine andere Frage. Es gibt auch Pferde, die in dieser Weise geritten, vor dem Hindernis einfach stehen bleiben würden. Unser deutscher Springchampion, Herr v. Guenther, weiß seine Pferde im Gegensatz dazu vor dem Sprunge zu spannen, gibt sogar im Moment des Absprunges noch einen kleinen, die beizäumende Halsbewegung des Pferdes vor dem Absprung unterstützenden Fingerdruck, bevor er mit einer wunderbaren Nachgiebigkeit der Hand die Zügel nachläßt. Die Franzosen betrachten im Gegenteil gerade beim Absprung Hals und Kopf des Pferdes als Federn, die, ähnlich wie beim Mensch, der springt, die Arme, Schwung und Balance verleihen sollen. Sie argumentieren nicht mit Unrecht, daß ein Mensch mit auf den Rücken gebundenen Händen niemals die gleiche Sprunghöhe erreichen wird, wie im vollen Gebrauch seiner Arme. Andererseits meinen sie, daß auch ein Mensch, wenn er mit Peitsche und Sporn „recht freundlich aufgefordert" würde, selbst mit gebundenen Händen gewisse Höhen springen könne. Dies als Beweis anzuführen dafür, daß man mit gebundenen Händen springen müsse, wird niemand einfallen. — Im Sprung selbst und ebenso im Moment des Landens haben die Zügel wiederum keine andere Tätigkeit, als nachzugeben, immer wieder nachzugeben. Die Mehrzahl der Fehler beim Springen kommt lediglich von der schlechten Hand des Reiters, wie der aufmerksame Beobachter genau verfolgen kann, und manche Pferde springen in einer harten Hand überhaupt nicht mehr, während sie, mit Ruhe und nachgebendem Zügel geritten, bald wieder ihr „Herz" wiederfinden. Sicherlich wird den Pferden hierin vom Reiter sehr viel unrecht getan: es wird gestraft, geschunden, abgehetzt, nur weil der Reiter es nicht loszulassen vermag, sondern den Hauptstützpunkt seines Sitzes im Zügel, d. h. im Maule des Pferdes sucht. Die Franzosen lieben und empfehlen daher auch sehr das Springen mit einer Hand als eines vorzüglichen Mittels, weich nachzugeben.

Fast bei allen bedeutenden Hochsprungphotographien von diesseits wie jenseits der Vogesen sieht man tatsächlich auch die rechte Hand des Reiters losgelassen, sei es, um gewissermaßen

Schwung zu holen in der Luft, sei es, um die Peitsche zu führen, sei es endlich, um am Halse, am Sattel oder in der Mähne für die Hand einen Stützpunkt zu suchen.

Franzosen wie Italiener üben daher auch viel, um eben die Unabhängigkeit des Sitzes zur Gewohnheit werden zu lassen, das Springen ohne Bügel und Zügel, selbst auf ungesatteltem Pferde.

Sprung auf der Kavallerieschule von Saumur.   Höhe 1,90 m, Breite 3,50 m.
(Phot. Blanchaud.)

Die französische Schule verdient indessen, obwohl im eigentlichen Springfach die Italiener die Weltmeisterschaft halten, sicherlich deswegen den Vorzug, weil sie eben ihre Springpferde in einer tadellosen Form reiten und sie, was die Voraussetzung dazu ist, vorher gründlich schulmäßig dressieren läßt.

Bei den französischen Offizieren, die in Internationalen Concours hippiques auftraten, sah man keine Bilder roher, undurchlässig dahinschrammender Jagdpferde. Im Gegenteil stützten sich ihre enormen Erfolge vor allem eben auf die Rittigkeit, Wendigkeit, Durchlässigkeit des von ihnen gerittenen Materials.

In Italien sahen wir das Beispiel eines Landes, wo die Springpassion den nützlichen und notwendigen Höhegrad bereits überschritten hat. Mehrere hervorragende Reiter-Offiziere (Capt. Caprilli) haben sich schon das Genick bei dem übertriebenen Sport gebrochen und die Passion droht fast zum Springwahnsinn auszuarten. Das hat man wohl auch dort selbst schon erkannt und schränkt nun die Beteiligung der Offiziere an den internationalen Concours wieder etwas ein. Die berühmten Springchampions der italienischen Armee waren auch tatsächlich oft auf monatelangen Gastspielreisen nach St. Sebastian, London, ja Buenos-Aires mit ihren Pferden herumgezogen, während die anderen für diese kleine, stets gleichbleibende Gruppe zu Hause den Dienst tun mußten. „Nos officiers deviennent des saltimbanques", meinte einmal grollend der greise kommandierende General del Maino. —

Bei uns sind nun derartige Zustände längst noch nicht zu befürchten, kann im Gegenteil keineswegs von einer die Grenzen überschreitenden Springpassion gesprochen werden. Ich wollte nur zeigen, wohin im Gegensatz zu dem auch schulreiterlich hochstehenden Frankreich allzu große Einseitigkeit in jenem Sportzweige führen kann. Was nun das Prinzip anlangt, nach dem die Franzosen ihre Pferde zu den großen Springleistungen vorbereiten, so kann man gerade hier aus der jahrzehntelangen Erfahrung dieser Sportsmen enorm viel lernen.

Die Zeiten, da man im Alten Palais de l'Industrie in Paris eine kleine Triplebarre, ein paar Blumenhecken und einen 3 m-Graben sprang, sind längst überwunden. Auch die manche gute Anregung enthaltende kleine Broschüre des Cte. de Gontaud-Biron „Travail à la longe et dressage à l'obstacle" gilt bereits mehr oder weniger als veraltet.

Das hier empfohlene Einspringsystem an der Longe läßt sich bei den modernen Sprüngen von enormen Dimensionen aus verschiedenen Gründen doch nicht mehr so leicht durchführen, obwohl es zweifellos seine großen Vorzüge hat und sich zum ersten Einspringen junger Anfänger über leichte Jagdsprünge immer wieder empfiehlt. Es erfordert aber sehr gewandte Longenführer, enorm lange Longen und ist, gerade in den heutigen Pisten, schwerlich mehr ohne „Verwicklungen" anzuwenden.

Interessant ist bei Gontaud-Biron aber, wie er immer wieder zu Anfang und zum Schluß einer Springlektion das Pferd über eine auf dem Boden liegende Stange treten läßt, um es zu beruhigen, wie er allmählich steigernd immer erst zu höheren Leistungen

Saumur: Droschkensprung.
(Phot. Blauchaud.)

gelangt und auf diese Weise auch Rogues und Verbrechern wieder Lust am Metier beibringt. Ebenso benutzt er beim Weitsprung zunächst einen 2 m schmalen Wassergraben, den er dann durch Abrücken der Absprunghürde auf 3 m verbreitert, ehe er zur Überwindung von breiteren Gräben schreitet. Den Weitsprung hält dieser Autor, was bemerkenswert ist, für unumgänglich zur Förderung des Hochsprungs. Er will also keine Einseitigkeit entstehen lassen und glaubt, daß sich das eine mit dem anderen ergänzt und vervollkommnet. Auch aus der französischen Reitinstruktion, vielmehr dem „Règlement sur les exercises de la cavalerie" von 1905, sowie aus den beiden offiziösen Broschüren:

„Notes d'équitation répondant au questionnaire de l'école de cavalerie" und „Guide du dressage de cheval de troupe suivi à l'École d'application de la cavalerie" läßt sich eine ganze Fülle interessanter Lehren für das Springen schöpfen.

Vorangestellt ist auch in diesen Broschüren aus Saumur wiederum die „Légèreté", die feine Leichtheit der Hand, die das französische Reitsystem, wie wir es am besten in den bei der romanischen Reiterwelt so bekannten hinterlassenen Schriften des Generals L'Hotte, des einstigen Schülers von Baucher und d'Aure, des ehemaligen Ecuyer en Chef der Reitschule von Saumur beschrieben finden, stets in charakteristischer Weise kennzeichnet.

Man trifft hier den Gontaud-Bironschen Satz wieder: „Nichts lastet schwerer auf dem Rücken des Pferdes, als die Hand seines Reiters!"

Als interessantes Beispiel wird angeführt: Wenn ein Pferd geübt ist, eine gewisse Höhe ohne Reiter zu springen, — z. B. 1,30 m —, so kann man ein totes Gewicht, sagen wir einen 75 kg-Sandsack auf seinen Rücken legen und das Pferd springt die gleiche Höhe. Ersetzt man das Gewicht nun aber selbst durch einen leichteren Reiter, nota bene natürlich einen geübten und guten Springer, so wird das Pferd die Höhe von 1,30 m nicht mehr fehlerlos springen.

Der Versuch ist interessant genug, um wiederholt zu werden.

Aus allem geht unzweifelhaft hervor, daß das Einspringen an der Hand in Frankreich sich als die absolut richtige und beste Methode erwiesen und bewährt hat.

Ganz besonderen Wert legen die französischen Vorschriften auf das Studium und die Kenntnis der Fußsetzung des Pferdes beim Sprung. Zu diesem Zwecke ist die Momentphotographie in ausgedehntem Maße herangezogen.

Es ist dies ein ganzes Studium für sich, und es würde hier zu weit führen, näher darauf eingehen zu wollen.

Immerhin ist der Gedanke durchaus beachtenswert, vom guten Hindernisreiter die genaue Kenntnis der Fußsetzung seines Pferdes zu verlangen, damit er es nicht durch unzeitige oder unausführbare Forderungen hindere und nicht Bewegungen verlange, die das Gleichgewicht des Pferdes nicht erlaubt und seine Kräfte mißbrauchend es ruinieren würden.

Lt. Ripet (2. belg. Chasseurs à cheval) in San Sebastian auf Speranza.

Ein Beispiel dafür ist die Gewohnheit mancher Reiter, das Pferd stets auf demselben Fuß landen zu lassen, der dann natürlich übermüdet wird.

Folgende Hauptregeln, deren Unumstößlichkeit durch die chronophotographischen Zergliederungen nach dem System des

Dr. Marey bewiesen werden, möchte ich nur kurz anführen, um zum Nachdenken über dieses Gebiet anzuregen:

1. „Beim Absprung verläßt das Pferd zuerst den Boden mit dem Vorderfuß, auf dem es galoppiert."

2. „Wenn der Vorderfuß, auf dem das Pferd galoppiert, nach dem Hindernis als erster Fuß landet, so ergibt sich der Galopp hinter dem Hindernis auf dem entgegengesetzten Fuße. Ist dies nicht der Fall, so tritt der Galopp wieder auf dem gleichen Fuße, wie vorher ein."

Es wird hier also die allgemein verbreitete Annahme widerlegt, daß der Galopp nach dem Sprunge der gleiche bleiben müsse.

Der Sprung ist also eine von der Gangart völlig gesonderte Tätigkeit. Dies gilt sowohl vom Galopp, als auch vom Schritt und Trabe. Als Beweis darf das häufige Ausschlagen mit den Hinterbeinen im Sprung angeführt werden. Dieser Lehrsatz beweist von neuem schlagend die Notwendigkeit völligster Zügelfreiheit und daher Nachgiebigkeit der Hand.

Das Pferd kann sich auch einrichten, auf demselben Fuß weiter zu galoppieren, bei Weitsprüngen kann aber diese Regel durch Gleichgewichtsverschiebung zuweilen gestört werden.

Interessant sind auch die Zeitmessungen bei den Sprüngen. Sie vollziehen sich im allgemeinen in weit kürzerer Zeit, als man gemeinhin annimmt oder auch im Gefühl zu haben glaubt.

Doppelsprünge dauern z. B. oft nur $1\frac{1}{2}$ Sekunden! Ein neuer Beweis, daß man in dieser Zeit mit irgendwelchen Oberkörper- oder Zügelhilfen höchstens störend wirken würde. Von der Oberkörperhaltung verlangt die französische Vorschrift, daß sie stets senkrecht zum Pferderücken, besonders beim Landen, bleiben soll. Ein übertriebenes Vornüberlegen, gerade beim Landen, wird als fehlerhaft bezeichnet. Die Zügel werden erst nach dem Landen wieder aufgenommen; denn gerade dieser Moment erfordert für Hals- und Rückenwirbel keinerlei Störung, die bei verfrühtem Zügelaufnehmen durch Vermittelung des Pferdemauls leicht eintreten könnte.

Von dem „Nichtfesthalten" am Zügel, der völligen Nachgiebigkeit vor dem Sprung wird eine vermehrte Ruhe des Pferdes nicht mit Unrecht erwartet. Galoppchangements kurz vor dem Hindernis, die zu gefährlichen Stürzen, mindestens zum Kreuz=galopp nach dem Landen führen, haben oft als Ursache das zu feste Zügelhalten der Reiterfaust. Es spricht sich auch in dem Abchangieren vor dem Sprung stets eine gewisse Unsicherheit des des Pferdes aus. —

Auch das Klettern wird als Gewandtheitsprobe für Spring=pferde geschätzt. Die Pferde sollen dabei eine Geschicklichkeit an den Tag legen, „die eine Gemse eifersüchtig machen könnte".

Außer den genannten Werken, die sich nur teilweise mit dem Springen befassen, ist kürzlich eine Broschüre des Cte. Louis d'Havrincourt, „Dressage en liberté du cheval d'obstacle", erschienen, die unsere Aufmerksamkeit erfordert. Cte. d'Havrincourt, einer der ältesten und erfolgreichsten Concoursreiter der Republik, der seit einigen Jahren aber infolge eines schweren Sturzes mit dem Pferde das Selbst=im=Sattel=Springen hat aufgeben müssen, veröffentlicht hier seine reichen Erfahrungen auf dem Gebiete des Einspringens.

Der Graf ist ein warmer Befürworter des Einspringens in Freiheit, ohne Reiter und ohne Longe. Diese Methode, die außer ihm, wie er schreibt, nur noch der verstorbene italienische Capitano Caprilli ausgeübt hätte, hat jedenfalls das für sich, das sie dem Pferde am meisten natürliche Ungezwungenheit verleiht und es auch den Absprung aus eigenem freien Entschluß fassen läßt. Das halte ich für besonders wichtig. Vorweg möchte ich gleich nehmen, daß hier im weitesten Maße die Methode der Belohnungen für das Pferd im Gegensatz zu allen möglichen Schindereien in den Vordergrund gestellt wird. Voraussetzung ist zu dieser Art des Einspringens eine Art von Sprunggarten, vielmehr eine in ihrer Elypsenform und den mehrfach gewundenen Gängen an einen Irrgarten gemahnende Art von Couloir. Mit der Anlage und der Ausstattung dieser Sprunggärten beschäftigt sich ein größerer Abschnitt des Buches. Auch in der Manege kann man, natürlich mit einiger Mühe und einer Reihe von transportablen Hindernissen wenigstens das eine oder andere Hindernis in dieser Art springen lassen. Für Anfänger, die zu=nächst doch an der Longe springen, werden auch hier bescheidenere

Hindernisse und ein 2 m-Graben empfohlen. Sicher ist, wie der Kommandant Dumas bereits in seinem Buche über Reitkunst sagt, daß selbst ein rohes, uneingesprungenes Pferd kleine Hindernisse willig nehmen wird, wenn es sie auch zum ersten Male sieht, falls sie nur seinen Weg wirklich sperren! — Auf diesem Grundsatz beruhen auch die Erfolge aller Sprunggärten. Cte. d'Havrincourt bringt seine Pferde durch Ruhe, vieles und häufiges Füttern mit Zucker und Mohrrüben, Hafer und Grasenlassen im Sprunggarten selbst, also durch Gewöhnung an die schweren Hindernisse dazu, daß sie, in den Sprunggarten gelassen, freiwillig und ohne daß er, in der Mitte sitzend, auch nur mit der Jagdpeitsche zu knallen brauchte, von selbst ihren Parcours über alle Sprünge fehlerlos und in größter Gemütsruhe absolvieren, nur um den gewohnten Zucker zu erhalten!

Wirklich scheint dieses Prinzip das nachahmenswerteste von allen zu sein. Auch der Grundsatz wird hier vertreten, die Pferde in der Arbeit nicht zu viel, nicht zu lange und vor allem nie das beim Concours verlangte Höhenmaß springen zu lassen. Erhaltung der Frische und guten Laune des Springpferdes ist also eine große Hauptsache. Wie viele Pferde werden nicht noch in den allerletzten Vorübungen vor der Springkonkurrenz am Concoursplatze selbst schließlich verdorben!

Hier wird empfohlen, den Pferden die letzten 8 Tage vor einer schweren Konkurrenz völlige Ruhe (Führen, Longieren) zu lassen. Vor jedem „Übertrainieren" wird nachdrücklichst gewarnt.

Auch der Stallpflege, speziell der Fütterung der Pferde wird ein besonderes Kapitel gewidmet, das allerdings auch für andere gutgehaltene Luxuspferde ebensowohl Gültigkeit haben könnte und nicht gerade etwas Neues bringt!

Die Kapitel, die dem eigentlichen Springen gewidmet sind und aus denen wir manche gute Lehren ziehen können, sind überhaupt in dem Werke sehr dünn gesät. Eine ganze Reihe von Kapiteln beschäftigt sich mit Propositionen und Kritiken der Anordnungen der Société Hippique Française, dem Modus der Fehlerberechnung usw., Dingen, die alle mehr organisatorischer Natur, jedoch in erster Linie beachtenswert für die Vereine usw. sind.

Weiter befassen sich ganze Abschnitte des 158 Seiten starken, mit etwa 70 Photographien ausgestatteten Bandes mit Reminiszenzen an berühmte französische Springpferde und Champions des Concoursringes. Für uns haben diese, rein französische und belgische Verhältnisse berührenden Beschreibungen weniger Interesse.

Weitsprung von 7 m auf der Ecole d'équitation in Ypres.

Lehrreicher hingegen ist die Besprechung der verschiedenen Triks beim Einspringen, deren Zahl Legion ist. Cte. d'Havrincourt hat auch hier sein eigenes Prinzip. Er bevorzugt einerseits eine Art von Flaschenzügen, die, von unsichtbarer Hand getrieben, im Moment des Sprunges ein Brett oder eine dünne Stange über dem Hindernis etwa 20 cm hochschnellen lassen. Die Kunst, mit diesem Apparat zu operieren, ist allerdings nicht einfach. Sehr leicht kann man ein Pferd damit zu Fall bringen und verderben.

Das sicherste Mittel, schreibt der Graf ironisch, sich eines gefährlichen, stets siegreichen Konkurrenten mühelos zu entledigen, sei, dessen Besitzer das Hilfsmittel der Flaschenzüge zu empfehlen! (Äußerung des Monf. G. van de Poele.)

Daher läßt Cte. d'Havrincourt dieses Instrument in seiner Piste auch niemand anderes bedienen, als sich selbst!

Ferner hat der französische Sportsman, der auch jetzt noch, wenigstens zu Fuß, seine Springpferde weiter ausbildet, wenn er sie selbst auch nicht mehr reiten kann, Eisengitter mit verstellbaren Stäben erfunden, die, zu beiden Seiten des Hindernisses angebracht, dazu dienen, elastische Holzstangen vor oder nach dem Hindernis auf bestimmte Entfernung (25—30 cm) fest anzubringen, um die Pferde früh abspringen und nicht zu dicht über dem Hindernis die Hinterbeine niedersetzen zu lehren!

Nirgends darf das Pferd die Hand des Menschen wittern oder gar sehen. Es muß, speziell durch die Flaschenzüge, überrascht werden und diese für ein aus der 4. Dimension stammendes Attribut einzelner Hindernisse ansehen.

Man läßt die Pferde auch nicht gleich an den ersten Hindernissen „barren", wie der Kunstausdruck lautet, denn sonst machen sie am Ende eines Hindernis-Parcours die gröbsten Fehler, sondern im Gegenteil immer erst, nachdem sie eine Reihe von Hindernissen bereits gesprungen haben. — Auch in gewissen festen Grenzen beweglich eingelegte „Eisenstäbe" (Stangen) empfiehlt der Autor. Doppel- und dreifache Sprünge werden besonders empfohlen. Als die klassische Distanz zwischen den Hindernissen gelten 6 m. — Es soll zwischen den Sprüngen je ein Galoppsprung gemacht werden. Für Verbrecher und „arrêtards", Pferde, die vor dem Sprung stehen bleiben, wird Longe und Kappzaum anempfohlen. Pferde, die in Gräben hineinspringen, erhalten diagonal über diesen zwei Eisenröhren gelegt. Bitte, nun hineinzutreten!! —

Das Gegen-die-Beine-Werfen von Eisenröhren, wie ich es in Paris öfters gesehen habe, exekutiert d'Havrincourt nicht. Er ersetzt es eben durch seine fast automatisch wirkenden Flaschenzüge. Für Anfänger genügen auch schon besenumwickelte Stäbe, die von einem Mann bedient werden. Dagegen werden Marterinstrumente, wie nägelbeschlagene Latten usw., aufs schärfste verurteilt und wiederholt der Schonung des Materials ausdrücklichst das Wort geredet. Daß zum Einspringen Bandagen vorn und hinten, am besten Gamaschen mit Fesselschutz, bei Anfängern auch Kniekappen und Gummifesselschoner angewendet gehören, versteht sich beinahe von selbst. —

Obwohl die Pferde über eine gewisse Lungenfreiheit ver= fügen, also leichte Kanterarbeit verrichtet haben müssen, ehe sie im

Hochweitsprung in Saumur. Höhe 1,70 m, Breite 5,50 m.
(Phot. Blanchaud.)

Concours springen, warnt der Verfasser vor abgejagten, mageren und daher meist müden Tieren. Springpferde sollten im Gegen= teil stets rund und frisch sein. Stürze des Pferdes, die manche für das beste Erziehungsmittel für das junge Pferd halten, sind nach seiner Überzeugung, der wir uns völlig anschließen, nach

Möglichkeit ganz zu vermeiden. Eine sehr lange Erfahrung und ein gutgeschultes Auge sind nötig, schreibt der Graf, um schnell erkennen zu können, wo die schwache Seite, wo der Ursprung und der innere Grund eines Widerstandes beim Pferde sitzt. Neun von zehn Malen liegt der Fehler beim Sprung am zu nahen Heranlaufen des Pferdes an das Hindernis. Es muß also auf frühes Abspringen erzogen werden. Die Stange auf den Boden gelegt, liebt d'Havrincourt im Gegensatz zu Gontaud-Biron nicht, damit das Pferd nicht „den Respekt vor diesem stets in seiner Laufbahn als Springpferd als oberster fester Teil von Hindernissen wiederkehrenden Requisit verliere". — Die ersten Hindernisse für Anfänger sollen nicht gerade, sondern schräg gebaut sein, damit eben die Pferde früh abspringen lernen. —

Daß Belohnungen, Zuckergeben usw. die Pferde ungezogen mache, diese Behauptung wird hier vollständig widerlegt. Im Gegenteil werden die Pferde dadurch vertraut gemacht und verlieren ihre Nervosität und Heftigkeit, wenn sie schließlich mehr an den Zucker, als an die Hindernisse denken. Für Verbrecher, Pferde, die ausbrechen, zu stark in die Hand gehen usw., wird die Anwendung des Kappzaums mit besonderem Zügel selbst unter dem Reiter angeraten. —

Zum Schluß sei noch eine interessante Episode wiedergegeben, die sich bei einem Concours in Paris ereignete. Conspirateur, das berühmte Hochsprungpferd, hatte die enorme Höhe von 2,35 m glatt gesprungen. Da gelüstete es seinen couragierten Reiter, den Capitaine Crousse, den Weltrekord des amerikanischen Springpferdes Heatherbloom von 2,465 m zu brechen. Der Hochsprungapparat wurde auf 2,50 m gestellt! Und wirklich kam der brave Wallach mit den Vorderbeinen glatt über die 2½ m hinüber, während die Hinterbeine die Bambusröhre berührten, die leider — wohl mit infolge früherer Anpralle — mitten durchbrach. Wäre diese Stange neu gewesen, so hätte sie sicher nur gefedert, ohne durchzubrechen, und der Weltrekord wäre um 3½ cm erhöht worden. — Eine später entrierte hohe Wette zwischen dem europäischen und dem amerikanischen Rekordspringpferd, die an beider Tiere Heimatsstandort vor Zeugen zur selben Stunde ausgetragen werden sollte, kam leider nicht zustande. Conspirateur, der übrigens vorübergehend auch in deutschem Besitz war und in Frankfurt a. M. vor vielen Jahren unter seinem damaligen Besitzer, Herrn v. Mumm, eine Hochsprungkonkurrenz gewann, mußte später wegen allzu starken Roarens getötet werden. Heatherbloom ging bald danach im Besitz des Antwerpener Sportmannes Monſ. Vionnois ein. Momentan hält die jetzt 28jährige, noch 1910 in London, Brüssel und in Frankreich selbst mehrfach siegreiche Stute Jubilee den europäischen Weltrekord. Sprünge von über 2 m bis etwa 2,20 und 2,30 m sind heute im Ausland nicht mehr selten. —

Der Sitz im Sprunge und das Fallen.

Daß die Ansichten über dieses Thema außerordentlich weit auseinandergehen, beweisen alljährlich von neuem die sich oft diametral entgegenstehenden Noten der Preisrichter bei Springkonkurrenzen.

Der eine will jedes Hindernis mit Bedacht und größter Ruhe gesprungen sehen, die sich auch im Stil und Tempo des Pferdes ausdrücken soll. Ein Geländepferd soll ja nicht stürmisch

Lt. Daufresne de la Chevalerie (Belg. 3. Lanciers) in Spa auf Miß im Sprung über eine 2 m hohe feste Holzmauer.

drauflosgehen, wie ein hurdle-racer, sondern sich die Sache erst mal in aller Gemütsruhe ansehen und dann entscheiden, ob das

Sturz in Saumur (Douves du Chardonnet). (Phot. Blanchaud.)

Sturz am Chauffewall (Italien).

Ding zu springen oder zu klettern, zum Aufsetzen oder in einem zu springen ist. So reitet der Engländer. Auch wo er flying springt, geschieht das fast aus dem Stand, und sein Hunter besitzt in dieser Art Sprung eine erstaunliche Meisterschaft, die sich auch bei einigen der besten Hochsprungpferde (Conspirateur) wiederfindet. Diese Art hat in unsicherem Terrain entschieden etwas für sich und wird ganz sicherlich im Ernstfalle gerade von denen angewendet werden, die vom hohen Koturn preisrichterlicher Unfehlbarkeit jedes „Stutzen" vor dem Hindernis mit einem Fehler für den Stil ahnden.

Monf. Barreau auf All-Fours beim Hochsprung über 2 m.

Ich komme damit zu der entgegengesetzten Richtung, die alles nicht „fliegend" genug gesprungen haben kann und diese Art des Sprunges am höchsten wertet.

Ich gebe gern zu, daß diese Manier die elegantere, schneidigere ist und möchte nicht gern einen gewissen erfrischenden élan auch bei unseren schweren Springkonkurrenzen vermissen; indessen schätze ich das Jagdpferd qualitativ höher, das nicht an alle Hindernisse in dieser Weise heranjagt, sondern sich die Sache überlegt und eine übersichtliche Hürde oder Mauer anders anzieht, als die etwas mehr Vorsicht erheischenden Koppelricks, Barrieren, Tore und Doppelsprünge.

Jedenfalls muß Ruhe und Überlegtheit des Springens, im Gegensatz zu wildem Heranjagen, auch im fließendsten Jagdgalopptempo und Springen immer noch wohltuend bemerkbar bleiben.

Capt. Comdt. Meyer (franz. 26. Drag.) in Olympia, London.

Also, cum grano salis betrieben, dürfte auch hier etwa in der Mitte für uns das Richtige liegen. Anders beim Rennen.

Wer die jüngsten Phasen der Entwicklung unseres Hindernissports aktiv miterlebt hat, der konnte es längst schon hören, daß die Rennen immer schneller würden. Längst sind die Zeiten vergangen, wo ein Heyden=Linden Zeit hatte, über die Tribünensprünge die Zügel durch die Finger gleiten zu lassen und in wundervollem unveränderten Sitz wiederaufzunehmen, wo ein Eynard 100 Längen hinter dem Felde liegend zum Schluß doch noch gewinnen konnte. Heutzutage haben die modernen Steeplechases einen Schnelligkeitsgrad erreicht, der kaum noch zu überbieten ist. Das beweist neben dem Augenschein vor allem die gemessene Zeit dieser Rennen. Es ist auffallend, daß diese Beobachtung nicht sowohl für die größten Rennen über unsere

Lt. Chevalier Carlos de Selliers de Moranville auf Cake=Walk.

schwereren Bahnen gilt, obwohl auch z. B. in Karlshorst — wenigstens streckenweise — eine Höllenfahrt geritten wird, sondern sich vor allem auf die kleineren, zum Teil leichteren Bahnen, speziell des Westens und Südens bezieht.

In Frankfurt a. M., Köln, Mannheim usw. kann man Jagdrennen im Tempo eines Beinahe=Flachrennens laufen sehen. Die Pferde heben sich nur noch mit der Schulter und lassen sich

Lt. Chevalier Daufresne de la Chevalerie (3. belg. Lanciers)
beim Internationalen Concours hippique in Frankfurt a. M. 1910
über dem Tor im Drahtzaun.

fliegen. Von „Sichaufnehmen", „Setzen" und wie dergleichen mehr oder weniger veraltete Begriffe lauteten, ist bei alledem gar keine Rede, gar keine Zeit mehr. Es ist ein nervenaufregender steter Kampf um den Zoll geworden. Das äußert sich schon beim Start. Vor einer 4000 m=Steeplechase wird heute ein Zirkus vollführt, als handle es sich um ein 900 m=Flachrennen für Zwei= jährige. Jeder sucht sich schon hier einen Vorteil durch fliegenden Start oder frühes Abspringen zu sichern. Vom Fleck weg wird in der Regel — die natürlich auch Ausnahmen gelegentlich be=

stätigen — eine stramme Fahrt vorgelegt, und dahin geht es über Hürden und Hecken, Wälle und Ricks, als käme der Tod hinterdrein.

Nur sehr geschickte Reiter wissen in diesem Tempo noch „auf Warten" zu reiten oder „Pulls" zu geben, um die Pferde einen Moment wenigstens verschnaufen und neue Kräfte sammeln

Vom Concours hippique in Pau.

zu lassen. Oft genügt dazu schon eine scharfe Ecke, die die lange Galoppierlinie einmal unterbricht.

Amerikanisch, so heißt heute die Losung.

Früher waren es nur einige wenige Reiter, wie Graf W. Königsmarck, v. Bachmayr, F. A. v. Goßler u. a. m., die etwas amerikanisierten, d. h. mit ziemlich kurzen Bügeln ritten, manchmal indessen die Zügel ziemlich lang gefaßt hielten. Sie waren besonders gesucht für junge, subtile Tiere, die einen völlig passiven Reiter benötigten.

8*

Heutzutage sind die Herren, die nach der alten Schule reiten, in der Ausnahme. Ich sehe natürlich von kleineren Provinzplätzen ab, wo sich zum Teil ungeübtere "Größen" produzieren, sondern

Mr. Howard-Willet's Heatherbloom beim Hochsprung.

rede mehr von dem Reiten unserer professionellen modernen Herrenreiter. Von Zusammenhalten, Versammeln, Rückenaufwölbenlassen usw. ist heutzutage im Rennen keine Rede mehr; es geht einfach zu schnell. Nicht nur das Bügelmaß ist heute um mehrere Loch kürzer gegen früher geworden, sondern auch die Zügel werden jetzt viel weiter vorn — fast am halben Halse — angefaßt, als ehedem, wo man die Fäuste schön manierlich seitwärts des Widerrists („handsdown") hielt und manchmal noch nachgreifen mußte.

Monf. Philippot (Brüssel) auf Matador in Frankfurt a. M.

Der moderne Rennreiter liegt ganz vornübergebeugt über dem Pferdehals, das Gesäß berührt auch nicht momentweise den Sattel, und die Fäuste geben unweit der Pferdeohren dem Körper die nötige Vorderstütze. So geht es auch über die Hindernisse.

Aber es geht, geht sogar recht gut. Die Rennen sind, wie gesagt, so schnell geworden, daß dieser Sitz wohl angebracht erscheinen mag. Die Pferde springen sogar recht willig und sicher, und die eingebildete Mehrbelastung der Vorhand beim Landen ist in dieser Schnelligkeit nicht einmal so schlimm. Jedenfalls haben die Pferde völlige Freiheit des Abschwungs der Hinterhand, können diese beliebig anziehen und dürfen sich kaum mehr über Störungen im Rücken zu beklagen haben. Unsere modernen Gentlemenriders wissen auch ihre teilweise nicht zu kurzen Pedale und Oberkörper recht geschickt zu plazieren. Beine und Arme sind gewinkelter, als früher Mode war, und nicht mehr so weit abgestreckt. In der schärferen Biegung liegt auch eine gewisse Weichheit.

Kehren wir nach dieser kleinen Abschweifung auf den grünen Rasen zum Concoursplatz zurück, auf den die amerikanische Kultur, die alle Welt beleckt, sich sintemalen auch erstreckt. —

Capt. Crousse auf Conspirateur.

Hier handelt es sich um den Sitz und die Hilfen des Reiters.

Oberkörperhaltung, Verhalten der Fäuste, Arm- und Beinhaltung sind sämtlich strittige Punkte.

Dem einen erscheint ein martialisch gerader, aufrecht bleibender Sitz bei herangenommenen Unterschenkeln und unbeweglich stehenden, die Zügel durch die Finger rutschen lassenden Fäusten die militärische Norm. Andere wieder finden diesen Sitz steif und unzweckmäßig und verlangen vielmehr, soviel wie möglich mit dem

Lt. Daufresne de la Chevalerie (belg. 3. Lanciers) auf Bill.

Oberkörper der Bewegung des Sprunges nach vorn zu folgen und völlige Entlastung der Hinterhand, auch beim Landen, Mitgehen aus Armen und Schultern und möglichst weniges Durchschießenlassen der Zügel, die man in der nächsten Sekunde vielleicht wieder notwendig gebraucht, Absperren der Unterschenkel, um möglichst viel Gewicht auf die Bügel zu verteilen und das Pferd im Sprung durch nichts zu irritieren, und natürlich Durchstecken des Fußes durch den Bügel. Letztere Bügelhaltung dürfte auch wohl die allein sachgemäße beim Springen sein, da die andere eine unpraktische Steifheit im Fußgelenk während des Sprunges hervorrufen muß.

Auch hier wird wohl das Richtige in der Mitte liegen. Ein weiches Mitgehen des Oberkörpers mit der Bewegung im Sprunge ist unbedingt nötig. Der Reiter darf sich dabei katzenbuckelartig vornüberneigen. Das ist absolut richtig und auch bei schwereren

Sturz auf der Ecole de Cavalerie von Saumur.
(Phot. Blauchaud.)

Sprüngen zur Erzielung völliger Harmonie mit dem Pferde durchaus angebracht. Im Falle eines Rumplers müssen allerdings Kreuz und Gesäß sofort zum Gegenhalten bei der Hand sein. Hierzu ist bei biegsamen, elastischen Reitern durchaus kein Präservativsitz, wie ihn die englischen Herrenreiter belieben, erforderlich. Ein übertriebenes Hintenübersitzen belastet unnütz die Hinterhand in einem Moment, wo sie stark angezogen werden muß und daher nicht mehr als nötig belastet werden darf. Daß ein Vornübersitzen beim Landen auf die Vorderbeine gehe, ist ein Irrtum. Allerdings ist Vornübersitzen und Vornübersitzen zweierlei. Im allerletzten Moment des Landens, des Auffußens also, richten sich schwerere, geschickte Reiter auch meist wieder etwas auf. Bei Gräben ist ein Hintenübersitzen weder motiviert, noch überhaupt angebracht. Im Falle eines Sturzes kann es zu Kreuzbrüchen führen. Beim Landen nach schweren Hochsprüngen wird man sich von selbst schon mehr im Sattel aufrichten müssen. Hier ist der Winkel, in dem das Pferd zur Erde springt, auch bedeutend größer als bei gewöhnlichen Jagdsprüngen. Wie tief das Gesäß

Lt. Chevalier C. de Selliers de Moranville (belg. 2. Guides) auf Cake-Walk in Frankfurt a. M. (Sport-Ausstellung.)

beim Sprung im Sattel bleibt, ist Sache des Gefühls, des individuellen Reitens, der Figur des Reiters usw. Regeln lassen sich hierfür nicht geben. Jagdreiterlich falsch dagegen ist ein an den Rennsitz amerikanischer Jockeys erinnernder Sitz im Sprunge. Unter guten Reitern dieser Art springen die Pferde allerdings gut, sie würden es aber bei weniger übertriebenem Rennsitz ebenso gut machen. Auf wirklichen Jagden wird es keinem Menschen einfallen, so zu reiten — es ist also nur Pose.

Ähnlich verhält es sich auch mit der Arm- und Beinhaltung. Einzelheiten sind von Fall zu Fall anders. Alles muß individuell angepaßt, nichts schematisch sein. Jedenfalls wird für Jagdsprungkonkurrenzen auch ein jagdmäßiger Sitz und eine entsprechende

Führung das Richtige sein. Wir beobachten bei den besten Reitern der französischen Schule den besonders im Sprung fest am Pferde liegenden, im Knie gewinkelten Schenkel. Er gibt dem Pferde gewissermaßen den Impuls sowohl zum Absprung, als auch zum Anziehen der Hinterbeine über dem Hindernis.

Saumur (Verrie). Sturz am Openditch.

Ein weiches Mitgehen aus Arm- und Schultergelenken dürfte durchaus am Platze sein. Die Zügel sollten sehr weich anstehend, dem Pferde völlige Halsfreiheit gewähren, die es sich dann nach Belieben nehmen kann. Völliges Nachgeben der Zügel, so daß diese dann girlandenartig hängen, halte ich für den geringeren Fehler, als ein zu scharfes Festhalten. Dieses völlige Zügelnachgeben darf allerdings auch nicht unvermittelt und plötzlich nach scharfem Anstehen der Zügel erfolgen. Die Bügel dürfen nicht zu lang geschnallt sein, wenn der Reiter den Bewegungen weich folgen will. Harmonische Übereinstimmung von Reiter und Pferd äußert sich am untrüglichsten durch ein gleichmäßig gutes Resultat über alle Sprünge. Also auch hier keine verknöcherte Theorie, sondern: was praktisch ist, ist auch richtig.

Einige Worte seien auch dem Fallen gewidmet. Es ist klar, daß der gute und gewandte Reiter weniger leicht sich vom Pferde trennen wird, als der weniger sichere, vielleicht ungewandtere.

Heatherbloom, das beste Springpferd der Welt (Amerika).

Ganz ohne Stürze geht es aber meistens beim Concoursspringen auf die Dauer doch nicht ab. Ich habe schon recht gute Reiter bei dieser Gelegenheit einfach herunterfallen sehen. Die Bewegungen des Pferdes unmittelbar vor dem Hindernis oder bei einem starken Rumpler können so überraschend und heftig erfolgen, daß der beste Reiter zuweilen aus der Balance geraten kann. Bei den größten internationalen Concours sogar ist das Fallen von Reitern gar keine Seltenheit. Eigentlich dürfte es nicht passieren bei plötzlichem Stehenbleiben oder Kehrtmachen des Pferdes vor dem Hindernis. Dieser Moment kann indessen auch recht kritisch werden und so sah ich schon manchen dabei auf den Pferdeohren enden! —

Etwas anderes ist es mit wirklichen Stürzen von Reiter und Pferd oder solchen schweren Rumplern, etwa beim Hochsprung, daß eine Trennung von Reiter und Pferd unvermeidlich wird. Allein durch die Erschütterung eines solchen durch die Wucht des Anlaufs noch gefährlicheren Falls von $1\frac{1}{2}-2\frac{1}{2}$ m Höhe herab bleiben die meisten Reiter im ersten Moment mehr oder weniger besinnungslos liegen, erholen sich aber meist sehr schnell wieder, wie denn zum Glück in der Regel alle Stürze meist ungefährlicher verlaufen, als sie aussehen. Auf der italienischen Reitschule haben sich aber immerhin in letzter Zeit drei Reitlehrer hintereinander beim Hochsprung und forciertem Geländereiten das Genick gebrochen. Meist werden eben Komplikationen schuld sein, wenn der Sturz schlimmere Folgen nimmt. Das Gefährlichste ist, unter das Pferd liegen zu kommen und gar von ihm getreten zu werden. Es muß also das Bestreben des fallenden Reiters sein, sich möglichst schnell vom Pferde zu trennen und soweit wegzukugeln wie möglich, wenn er den Sturz für unvermeidlich hält. Es ist dazu meist auch genug Zeit vorhanden, da der Fall immerhin langsamer erfolgt, als beim Rennen. Die Chance aber, weit vom Pferde weggeschleudert zu werden, ist hier andererseits geringer, so

daß es unter Umständen gefährlich werden kann, zu lange einen unaufhaltsamen Sturz aussitzen zu wollen.

Hilfsmittel bei der Spring=Arbeit.

Es verlohnt endlich, noch in kurzen Zügen auf die Hilfs=mittel einzugehen, die bei der Arbeit des Einspringens zur Verfügung stehen. Vorausgeschickt sei, daß ein großer Teil aller Schuld, daß die Springwissenschaft, wenn ich so sagen soll, bei uns nicht recht vorwärts kommt, meines Erachtens einzig an dem Fehlen der geeigneten Hilfsmittel und Springgelegenheiten in den meisten Kavalleriegarnisonen liegt. In

Übungssprung ohne Bügel und ohne Zügel.

Brüssel z. B. besitzen die Offizierkorps beider dort garnisonierenden Guidenregimenter je eine sog. „Piste", einen Sprungplatz mit allen nötigen Requisiten in unmittelbarer Nähe ihrer Kasernements.

Auch Paris hat mehrere solcher Pistes, im „Bois" in St. Anne usw., während sie bei uns in Deutschland noch außerordentlich selten sind. Wie wenig kaum dazu gehört, eine solche Sprungbahn sich anzulegen, beweist die Piste des Brüsseler Pferdehändlers Philippot (Firma Mathieu & Philippot), die auf kleinstem Raume zwischen ein paar Häusern alles Notwendige enthält. Hier hat M. Philippot seine berühmten Springpferde zu dem gemacht, was sie geworden sind. Man sieht, daß also gar kein so immenser Apparat dazu gehört, und es sehr wohl in dem Bereich der Möglichkeit liegt, überall, wo ein paar sportfreudige Reiter sich dazu vereinigen, für nicht allzuviel Geld mit billigen Arbeitskräften das Notwendige zu schaffen. In Hannover hat man auf der Reitschule von dem ersten großen Spring-Concours her die Hindernisse wohl stehen gelassen und es fehlt dort auch nicht an Springgelegenheiten, doch mangelt auch hier noch eine ganz moderne vollendete „Piste".

In Potsdam hat sich Herr Aug. Andreae soeben eine solche gebaut, während Herrn Heinr. Andreae in Frankfurt a. M., wo außerdem im Stadtwald eine schöne Sprungbahn angelegt ist, ebenfalls ein guter Sprunggarten zur Verfügung steht.

Die größte und mit allem „Komfort der Neuzeit" ausgestattete Piste in der sportfreudigen Mainstadt besitzen indessen die Herren P. Heil und V. Koch, deren zahlreiche Springpferde hier eine vorzügliche Ausbildung erfahren.

Es ist zu einem vollkommenen Sprungplatz erforderlich, daß man die Pferde in einem rundgebauten „Couloir" über sehr feste Hindernisse frei springen lassen und außerhalb dieses Springgartens über die gebräuchlichsten schwierigen Hindernisse schulen kann. Ein Teil der Hindernisse muß zum Gebrauch für Anfänger und verdorbene Pferde niedriger stellbar sein. Daß der Platz fest umzäumt und diebessicher sein soll, einen oder mehrere Stände für unbeschäftigte Pferde enthalten und einen Raum für Aufnahme von Longen, Peitschen, Barren usw. aufweisen soll, ist eigentlich selbstverständlich.

Von Hindernissen müßte etwa vorhanden sein:
1. ein Wall, $1^1/_2$ m hoch, 2 m breit, mit fest gemauerter Basis, schmale Gräben davor und dahinter,

2. ein tiefer, schräg geböschter Graben mit verrückbarer Absprunghürde, etwa 3 m breit,
3. ein Triplebarre 0,70 : 0,90 : 1,20 m hoch auf 1,50 m Tiefe,
4. ein ausgehöhlter Fußweg mit zwei 0,90 m hohen, voneinander um 2 m entfernten Einfassungen (Ricks),
5. ein Koppelrick von 1 bis 1,20 m Höhe mit Gräbchen von 1 m Breite davor und dahinter,

Korrekturmittel der Caprilli'schen Schule:
Hochsprung mit auf den Hals geworfenen Zügeln und mit „Barre".

6. ein dreifacher, recht massiver Sprung (auch als Doppelsprung benutzbar) mit 6 m-Intervallen,
7. zwei 1 m-Sprünge, die beliebig aneinander genähert werden können,
8. Koppelrick 1 m hoch mit Graben von 2,5 m Breite dahinter,
9. Graben von 1,5 m Breite mit 1 m hohem Koppelrick dahinter,
10. Hochsprungapparat mit hoher und dichter Absprunghürde.

Alle Hindernisse müssen hohe und lange Fänge haben. Alle anderen Arten von Hindernissen, Gehorsamssprünge, schmale Gräben, Hecken, Böschungen, Absprünge usw. findet man anderweitig im Gelände oder auf Reitplätzen genügend Gelegenheit zu springen.

Um die Pferde zu „barren", d. h. mit einer mehr oder weniger festen Stange (es gibt sogar solche mit Holznägeln daran, Tapin genannt, im Sprung gegen die bandagierten Beine zu schlagen, müssen die Fänge teilweise aus Türfüllungen, hohem dichten Strauchwerk, Kokosmatten oder dergleichen bestehen, damit das Pferd nicht gleich sehen kann, ob eine schlagbereite Hilfsstellung am Hindernis steht oder nicht; denn sonst verfehlt die Sache auf die Dauer bei routinierteren Pferden im Concours selbst, wo man keine Hilfsstellung mit der Barre haben kann, ihren Zweck und artet erst recht in Nachlässigkeit gegen die Hindernisse aus.

Beim Gebrauch dieser Barren, die entweder von einem Mann dem Pferde im Moment, wo es mit dem betreffenden Beinpaare, das ans bessere Heben erinnert werden soll, über dem Hindernis erscheint, gegen die Pferdebeine leicht geschlagen oder, wenn man zwei gewandte Leute zur Verfügung hat, geworfen werden (Eisenröhren), sei zur größten Enthaltsamkeit und Vorsicht gemahnt. Wenn man das immer wieder tun wollte, würden die Pferde schnell den Appetit am Springen verlernen. Aber zuweilen, besonders kurz vor einem Concours ist dieses Mittel, besonders bei Pferden, die aus Nachlässigkeit leicht streifen, sehr heilsam. Das Schlagen oder Werfen soll so gehandhabt werden, daß die Pferde gar nicht sehen und merken, woher der Schmerz an ihren Beinen kommt und ihn in ihrem Gedächtnis mit dem Hindernis selbst in Verbindung stehend bewahren.

Ganz ohne solche Hilfsmittel wird man nie auskommen können, wenn auch Belohnungen anstatt Strafen die Hauptrolle beim Einspringen spielen sollen. Besonders kann man die Peitschenhilfen schließlich bei gut eingesprungenen Pferden fast ganz entbehren und oft mit einfachem Peitschenknall ebenso wirksam ersetzen. Sporn und Reitgerte lasse man lieber ganz weg. Erstens ist es sehr schwer, besonders die Peitsche vom Sattel aus im richtigen Moment zu gebrauchen und zweitens ist der Erfolg, abgesehen von Pferden, die zu spät und unsicher abspringen, meist doch höchst negativ. Solange man die Peitsche gebrauchen muß, ist man von Sicherheit im Sprung noch weit entfernt. **Das leichte Anschlagen mit der Barre gegen das bandagierte Schienbein des Pferdes ist übrigens höchst unschädlich, wenn es nicht übertrieben wird.**

Manche alte Springpferde weisen dagegen Überbeine und Verdickungen vom allzu starken Gebrauch der Eisenstange auf.

Jedenfalls spart sich das Pferd manchen Schmerz des Anschlagens gegen das meist viel schwerere und gefährlichere Hindernis, wenn es durch den richtigen Gebrauch der Barre rechtzeitig gelernt hat, seine Beine anzuziehen. Die Barre spart also Zeit und Kräfte und schützt Pferd und Reiter schließlich auch vor unnötigen Stürzen.

Auch dünne, vom Pferde schwer zu erkennende Eisenstangen, mit Klammern vor, über oder hinter dem Hindernis angebracht, lehren das Pferd, den Sprung nicht zu knapp zu bemessen.

Moderner Hochsprungapparat mit Bambusröhren.

Ganz ohne Zwangsmaßnahmen wird man im Verlauf der Springdressur auch bei den wenigsten Pferden auskommen können. Stets wird wohl, höchstens mit Ausnahme der seltensten, allerbegabtesten Tiere, einmal früher oder später der Moment des Widerstandes, des Refusierens, Ausbrechens und Nicht-mehr-Wollens eintreten.

Diesen Moment siegreich zu überwinden, das ist die größte Kunst, das Kriterium für den wirklichen Springmann, den Künstler in seinem Fach. Zuweilen allerdings, wird bei einem ergrauten Sünder, einem schon seit Jahren verdorbenen Verbrecher trotz aller Kunst Hopfen und Malz verloren, alle Kunst und Mühe umsonst und das Tier nicht mehr zu einer zuverlässigen Sicherheit im Sprung zu bringen sein. Das ist schon den größten und erfahrenften Springkünftlern begegnet. Hat man ein junges Pferd allerdings von Jugend auf dreffiert und nie anders als felbft gesprungen und im Stall gehabt, dann darf es andererfeits bei richtiger Methode und wirklichem Können nie foweit damit kommen.

Erft die Überwindung des Schwierigkeitspunktes, der fich im Verlauf der Dreffur auch oft mehrmals wiederholt, verleiht volle Sicherheit.

Monf. Barreau, ein ganz hervorragend guter Hindernisreiter und früherer Sous-maitre an der Reitschule zu Saumur, beim Probespringen in London.

Vorausfetzung bleiben aber immer gute, ausreichende, maffive Hinderniffe. Wieviel Pferde find nicht fchon durch fchwache Improvifationen von Hinderniffen verdorben worden! Sie lernen zu leicht das Herunterwerfen der oberften Teile, verletzen fich leicht und erlangen niemals Refpekt und Sicherheit an den Sprüngen. Zudem erfordert das Improvifieren und Zufammenftellen von Hinderniffen viel Zeit und Mühe. Zuweilen aber, befonders im Winter, folange es draußen auf dem Sprungplatz gefroren ift, wird man fich vorübergehend durch Kombinationen aller Arten von Hinderniffen in der Bahn gut behelfen können und müffen.

Als Maß für die Arbeit über Jagdfprünge follte als Höchftes 1,30 bis 1,35 m gelten. Niedriger als 1 bis 1,10 m zu fpringen hat dagegen wenig Zweck, es feien denn Gehorfamshürden oder Hinderniffe, die man aus dem Halten, dem Schritt oder Trabe fpringen will, um fein Pferd ruhiger und gefchickter zu machen. Ganz besonders hierbei sei an weiches leichtes Mitgehen im Sprung und Nachgeben der Zügel erinnert. Nie springe man zu oft und nicht zu viel ohne Pausen. Anfänger müssen nur „gelegentlich" mitten aus ihrer anderen Arbeit heraus mal springen. Erst wenn sie das mit größter Ruhe machen, darf man zur Überwindung einer größeren Zahl von Sprüngen im fließenden Galopp schreiten. Zuviel und zu früh gesprungen, würde das junge Pferd heftig und mutlos machen. Oft verbirgt sich nämlich gerade Angst in wahnsinnigem Herangehen an das Hindernis oder in nutzlosem und gefahrbringendem Stürmen zwischen den Sprüngen.

Immer wieder muß auf die Geradheit des Pferdes geachtet werden. Man dulde kein schiefes Herangehen oder an anderer Stelle und Schrägerspringen, als man beabsichtigt hatte. Etwas anders ist es mit dem gewollten Schiefspringen. Ist das Pferd z. B. zu nah ans Hindernis herangelaufen, so wird der Reiter von feinem Takt versuchen, es zum Schief= springen zu veranlassen. Selbst im Rennen habe ich diese Praxis schon von her= vorragenden Reitern, z. B. von Heyden=Linden, mit Er= folg ausführen sehen. Oft auch helfen sich die Pferde von selbst auf diese Weise, um, wenn sie zu nahe an das Hindernis herangelaufen waren, nun noch mehr Platz zum Abspringen zu gewinnen. Es ist dies ein großes Hilfs= mittel, das z. B. Herr von Guenther mit größter Meisterschaft anzuwenden versteht.

Springen ohne Bügel.

Auf die Gefahr hin, mich zu wiederholen, muß ich noch einmal auf die Nachgiebigkeit der Hand im Sprung und die daraus resultierenden Wirkungen näher eingehen. Es ist dies, möchte ich sagen, das Alpha und Omega der ganzen Springkunst. Im Galopp ist diese Nachgiebigkeit der Hand weniger notwendig, als in den kürzeren Gangarten. Aus je schnellerem Tempo das Pferd springt, desto weniger Halsbewegungen macht es. Im

Gebrauch der Eisenbarre.
(Vicomte F. de Malherbe, 14. franz. Hussards.)

Renntempo springt man sogar mit scharfer Zügelspannung. Allerdings sind es dort auch keine festen Concourshindernisse, und wo ähnliche Höhen in der Steeplechase zu springen sind, wie z. B. vielfach in Australien oder auch bei der Liverpooler „Grand National", da sieht man die Jockeys gut in den Sattel einsitzen und die Zügel, zuweilen bis ans Ende, durch die Finger gleiten lassen.

Dieses Durchschießenlassen der Zügel durch die im Sprung sich automatisch öffnenden Finger ist durchaus notwendig, um Fehler zu vermeiden. Man kann genau beobachten, wie alle Pferde, die im Sprung festgehalten werden und die, wie man dies so sehr häufig sieht, sogar das Maul dabei aufsperren, stets auch anstreifen und Fehler machen. Es ist dies stets das sicherste Zeichen einer schlechten Hand. Reiter, die die Rennpraxis in die Bahn, den engen Concoursplatz übertragen, sehen wir häufig mit

Oberstleutnant A. v. Pongrácz (f. u. f. 1. Hus.) auf Clarion v. Küzdö—Ceres II beim Training zum Hochsprung.

ihren Pferden scheitern, Fehler machen, wenn sie nicht gerade ein exorbitant gutes Pferd unter sich haben, oder auch in den scharfen Wendungen der Concoursbahn mitsamt ihrem Pferde umfallen.

Das Pferd kann ohne völligste Hals- und Kopffreiheit nicht oder doch nur mangelhaft springen. Auch der Mensch, der springen soll, wird besonders beim Schlußsprung aus dem Stand des Schwunges der Arme nicht entbehren können. Genau so geht es dem Pferde, für das Hals und Kopf an Stelle der Arme des zu Fuß springenden Menschen treten. Beim Herannahen an ein Hindernis kann man beobachten, wie das Pferd seinen Hals lang ausstreckt, sich dann beizäumend aufrichtet, um die Erhebung der Vorhand zu erleichtern und sich endlich im Sprung wiederum lang macht und streckt, beim Landen aber schließlich durch ein gewisses Nach=hinten=Werfen des Halses und Sich=Aufrichten das Gewicht wieder mehr auf die Hinterhand verteilt, um die den Stoß auffangende einen Augenblick allein belastete Vorhand zu erleichtern.

Dieses natürlichsten aller Hilfsmittel beim Sprunge darf der Reiter das Pferd unter keinen Umständen berauben. Und doch, wie oft sieht man es in der Praxis. Viele Reiter sogar wollen es nicht zugeben, sondern sind so sehr in den veralteten längst überholten Begriffen des „Am=Zügel=Springens" gebunden, so sehr an die bequeme Stütze für ihren ganzen Sitz an dem gespannten Zügel gewöhnt, daß sie ihre gewohnte Praxis weder aufgeben wollen noch können. —

Junge Pferde lernen am besten zunächst im Gelände, womöglich mit anderen Pferden zusammen, am allerbesten hinter den Hunden, die Anfangsgründe des Springens. Erst wenn sie soweit sind, sollte man sie einer gründlicheren Springdressur für Concours unterziehen.

Fehler werden zu Anfang natürlich unvermeidlich sein. Der gröbste Fehler, aus dem sich leicht schlimmere entwickeln können, ist zu spätes Abspringen. — Hier darf man nicht im einseitigen Steigern des Hochsprunges weiter gehen, sondern muß zum Weitsprung greifen, bis kein Stutzen mehr stattfindet. Erst also muß der Weitsprung gesteigert werden, ehe man zu größeren Höhen im Hochsprung übergehen sollte. Bei schwierigen Geländehindernissen, hohen und schmalen Wällen mit Gräben dahinter und ähnlichen, oft selbst dem im Gelände geschulten Pferden völlig überraschend neuen Hindernissen greife man stets wieder zu dem Hilfsmittel der Longe, auch des vertrauten Führpferdes, um den Schüler erst an das Ungewohnte und Neue des gefürchteten

Hindernisses ohne die Belastung und Erschwerung des Reiter=
gewichts zu gewöhnen. Auch ein anderes wichtiges reiterliches
Hilfsmittel beim Sprung habe ich bereits gestreift, es ist die
Schenkelhilfe beim Absprung. Man muß im Schwung der
Galoppsprünge mit taktmäßig sich ansaugender Wade bei ruhig=
liegendem Schenkel gewissermaßen die Galoppsprünge vor dem
Hindernis mit dem Pferde zählend und die Absprungsstelle mit
taxierend an das Hindernis heranreiten. Ist dann der richtige

Lt. Horment (14. franz. Huf.) in London.

Moment zum Absprung — lieber zu früh, als zu spät da, so
bestimmt ein kräftiger Schenkeldruck das Pferd zum Absprung.
Man wird bald herausfinden, daß die Pferde mit dieser Hilfe

des Reiters, gewissermaßen unter seiner Suggestion weit besser und sicherer ans Hindernis herangehen und beherzter den Absprung finden, als wenn man ihnen, wie es im Rennen wohl die Regel bildet, alles selbständig überläßt.

Es bleiben nun noch die Hilfsmittel zu erwähnen, die bei den beiden hauptsächlichsten Abarten von Springpferden, den zu hitzigen und den zu kalten, anzuwenden sind, obwohl es ja von diesen charakteristischen Eigenschaften tausenderlei Modulationen gibt, die stets individuell zu behandeln sind.

Man muß da immer den inneren Gründen nachgehen, die diese Eigenschaften hervorrufen. Zu hitzige, heftige Pferde zeigen diese Eigenschaft nicht etwa immer aus übertriebener Passion zur Sache. Im Gegenteil ist das stets nur ein Zeichen von Angst und gewöhnlich den sog. hartmäuligen Pferden eigentümlich.

Diese Tiere haben oft nämlich sogar ein sehr empfindliches Maul. Sie sind nur früh verdorben worden. Aus Angst vor der bösen „Klaue" des Reiters haben sie sich — um eben ihr empfindliches Maul zu schützen — Abwehrmaßregeln erfunden und eingeübt, wie Festbeißen aufs Gebiß oder so stark drauflegen, daß sie nicht mehr jeden geringen Anzug usw. spüren. Oft glaubt man von solchen Pferden irrtümlich, sie hätten eine schwache Niere oder dergl., weil sie so stürmen. Der Grund und damit die Abhilfe liegt aber fast immer im Pferdemaul.

Im Hofe der Olympia-Hall.

Durch die ständige Veredlung der Rassen sind die Mäuler mit der Zeit auch empfindlicher und feinnerviger geworden, während die „Klauen" der Reiter heute wohl noch ebenso hart geblieben sind, wie im Mittelalter oder im Altertum! —

Aus demselben Grunde findet man häufig, daß gerade stark pullende Rennpferde, nachdem sie auf den fürchterlichsten Kandaren=

Rittm. Frhr. v. Stein (7. Huf.) springt ein Gehorsamshindernis.

und Marterwerkzeugen aller Art nicht zu halten gewesen sind, auf einfacher dicker Trense meistens am ruhigsten gehen. General von Heyden=Linden wußte allerdings noch ein anderes, kunstvolleres Mittel, solchen Pferden besonders, die das Pullen benutzten, um auszubrechen, auf die Schliche zu kommen. Er gab ihnen eben, wie er sich auszudrücken pflegte, „nichts, worauf sie hätten pullen können".

Auch bei diesem bedeutendsten unserer Herrenreiter war die hervorragendste Eigenschaft die Weichheit seiner Hand, die besonders auch beim Sprunge zur Geltung kam. Das Durchgleiten= lassen der Zügel hatte dieser größte Schüler Rosenbergs ebenfalls zu der höchsten Vollendung gebracht. Solche Puller müssen erst schulmäßig durchgeritten werden, um ihre Springfähigkeiten im Dienste des Reiters voll entfalten zu können. Sie müssen eben erst „gesetzt" werden. Eine einfache Springstange ist immer wieder das beste Hilfsmittel zum Einspringen solcher Pferde, um sicher dieses schwierigste aller Hindernisse taxieren und ruhig überwinden zu lehren. Auch Arbeit an der Hand und viel Springen aus dem Halten empfiehlt sich hier.

Endlich noch ein Wort über das sogenannte Simulieren von Pferden, eine Eigenschaft, gegen die oft die merkwürdigsten, nicht immer humansten Hilfsmittel angewandt zu werden pflegen. Ich glaube nicht an ein Simulieren des Pferdes! Seine Gutmütigkeit, seine Willigkeit, mit der es sich immer wieder

"Mortimer-Hürde".

schweigend den ungerechtfertigsten Forderungen des Menschen unterwirft, sind so groß, daß man wohl nicht zuletzt dieser edlen Charakterzüge halber das Pferd zu Unrecht vielfach für ein sehr dummes Geschöpf hält.

Eine Eigenschaft herrscht dagegen beim Pferde vor; das ist das Gedächtnis. Und in diesem haftet natürlich auch die Angst vor der zu oft schon erfahrenen schlechten Behandlung beim Springen, den Schlägen und grausamen Sporenstichen, die es erhielt, als es willig sein Bestes hergab, und den Rissen in seinem Maul, die regelmäßig seinen Mut und seine Willigkeit übel belohnten.

Zuweilen sind allerdings auch wohl schlechte Augen (gerade diese beim Pferde so häufig vorkommende Erscheinung), schlechte Sprunggelenke, kaputte Beine, die es schmerzen, ja zuweilen Herz- oder andere versteckte innere Fehler die Ursachen, weshalb manches Pferd nicht mehr springen will, zum „Verbrecher" wird, wie der gedankenlose Ausdruck meist lautet. Diese Gründe liegen allerdings am Pferde. Es kann aber dann nichts dafür. Sie sind nicht seine Schuld. Sie sind auch nicht allzuhäufig.

Alle anderen Gründe, aus denen Pferde nicht mehr springen wollen, liegen am Reiter, sind einzig und allein seine Schuld. — Vor allem die Empfindlichkeit des Pferdemauls, dieses feinen, weichen, nervenreichen Organs, wird immer nur durch die schlechte Hand oder die Angst des Reiters verursacht, die sich in empfindlichen Störungen im Pferdemaul bemerkbar macht.

Das einzige Hilfsmittel dagegen ist Selbsterkenntnis und Anleitung, zunächst wieder über kleinere Hindernisse im geradelinigen Sprunggarten und Übung im weichen Mitgehen von Oberkörper und Hand, zunächst ohne Zügel und oft ohne Bügel. Dies gilt auch meist für die sog. kalten, oft nur lauerigen Pferde, denen das Vertrauen zum flotten Herangehen fehlt. So sehr schätzenswert eine durch nichts zu beirrende Ruhe beim Springpferde ist, so muß vom guten Springer doch ein flottes Herangehen, ein williges Anziehen des Hindernisses verlangt werden. Zurückgehen zu kleineren, leichteren Sprüngen, vor allem zum Weitsprung, Springen in Gesellschaft oder hinter den Hunden im Gelände gibt faulen und schwunglosen Pferden am besten ihre verlorene Passion zurück.

Adjustement von Reiter und Pferd.

as den Anzug des Reiters oder der Reiterin be=
trifft, die sich an öffentlichen Prüfungen beteiligen
wollen, so kann ich mich getrost auf wenige kurze
Hinweise beschränken. Die meisten werden da schon
das Richtige zu finden wissen.

Den Offizieren, die bei uns ja stets in Uniform reiten, ist
der Anzug überdies meist vorgeschrieben. Vielleicht würde sich

Landung nach dem Wassergraben.

hier indessen empfehlen, ebenso wie das beim Rennreiten der Fall
ist, statt der festangeschraubten Sporen die praktischeren Anschnall=
sporen zu wählen, die ja auch bereits für Gamaschen überall ein=

geführt sind. Im Falle des Sturzes und des möglichen Hängen=
bleibens, ist die Gefahr, geschleift zu werden nicht so groß; überdies
kann man Art und Schärfegrad der Sporen besser dem Pferde

Englischer Sprung in Pau.

akkommodieren. Handschuhe kann man praktischerweise, ebenso wie
beim Rennen, auch hier weglassen. Jedenfalls müssen Handschuhe
sehr weit und bequem sein, um nicht zu genieren.

In Offizier=Springkonkurrenzen, zu denen auch Reserve=
offiziere zugelassen werden sollten, wenn sie ihre Pferde selbst
reiten, wäre auch für sie die Uniform obligatorisch zu machen.
Sie gibt dem Ganzen ein patriotisches Gepräge, das ihm mit
Recht zukommt.

Herren vom Zivil wählen meist den kleidsamen roten Jagd=
anzug, der auch im Ausland bei den Springkonkurrenzen mit
Ausnahme der nur Offizieren ausschließlich reservierten Kon=
kurrenzen (Ausnahme seit 1910 England, wo die Offiziere zum
erstenmal stets und überall in Uniform reiten) gang und gäbe ist.
Damen reiten ebenfalls so, wie sie zum Meet der Jagd erscheinen

würden. Ihnen besonders brauche ich kaum Ratschläge zu geben. Der offene Reitrock hat sich bei Stürzen gut bewährt. Damen im Herrensitz und Mädchen wählen meist eine Art Promenaden=reitanzug.

Er sei vor allem bequem und leicht. Die Kopfbedeckung muß unbedingt fest sitzen. Nichts wirkt störender, als eine sich

Aufsprung auf Irischem Wall.

lösende Kopfbedeckung. Besonders mag dies für Damen gelten, die es nicht so ganz einfach haben, den Hut sicher zu befestigen.

Mit Sporen sei man äußerst vorsichtig. Unbeabsichtigte mehr oder wenige große und tiefe Risse in der Pferdehaut sind nicht selten. Wer seiner Sache nicht ganz sicher ist und wer mit dem betreffenden Pferde ohne scharfe Sporen auskommen kann, lasse sie lieber ganz weg oder wähle wenigstens stumpfe. Viele Fehler werden vor dem Sprung oft nur durch unnötiges irri=tierendes Sporenbewegen verursacht.

Noch gefährlicher ist die Peitsche. Sie richtig zu führen, ist außerordentlich schwer. Damen brauchen sie wohl, um den rechts mangelnden Schenkel zu ersetzen. Wer sie aber sonst irgend entbehren kann, lasse sie lieber weg. Es sind nicht nur genug Pferde damit verdorben worden, sondern oft genug verursacht der Reiter allein durch eine unsachgemäße Peitschenhilfe einen Fehler des

Natursprung in Pau.

Pferdes und damit den Verlust der Konkurrenz oder gar einen Sturz. Die Peitsche soll nur aufgenommen werden, solange man sie gebraucht. Nichts aber sieht unsportlicher und häßlicher aus, als Prügelszenen auf dem Concours. Hier ist es zu spät, Pferde zu korrigieren.

Etwas Rücksicht mit keilenden Pferden gegen seine lieben Mitkonkurrenten darf ich endlich manchem ans Herz legen. Es ist oft rührend damit, und steht doch schon im Knigge. Hier darf ich auch wohl erwähnen, wie wohltuend es wirkte, daß man z. B.

in Olympia-London trotz der begreiflichen Aufregung aller Konkurrenten nie auch nur ein lautes oder heftiges Wort zu Angestellten, Burschen usw. in den Stallungen und Korridoren hörte. Musterhaft war auch der stoische Gleichmut, mit dem sich alle Konkurrenten, voran die Engländer, jedem Richterspruch unterwarfen.

Etwas ausführlicher muß ich schon werden, wenn ich auf das Adjustement der Pferde eingehe. Denn hier wird mehr gesündigt.

Vom Sattel ist wenig zu sagen. Jeder wählt den, der ihm am bequemsten ist. Ob mit, ob ohne Pauschen, ob groß, ob klein, in Hirsch- oder Schweinsleder, bleibt ganz der persönlichen Bequemlichkeit, Gewohnheit und Sicherheit überlassen. Man sieht zwar zuweilen in Hochsprungkonkurrenzen der Gewichtsersparnis halber, die hier etwas ausmacht, kleine Steeple Chase-Sättel bei schwereren Herren, doch sollte für Jagdsprungkonkurrenzen der große, bequeme, flache Jagdsattel, nach englischem Modell nicht mit außen aufgenähten Pauschen die Regel bilden. Damen wählen zweckmäßig ebenfalls einen weiten, bequemen englischen Sattel, je nach Gewohnheit und Geschmack mit oder ohne Hirschlederbezug, der indessen von vielen guten Reiterinnen der sicheren Anschmiegsamkeit halber bevorzugt wird. Die Gabeln können nicht breit genug und müssen nicht zu kurz und ein wenig der Beinform angepaßt, geschwungen sein. Als Gurt ist der dunkle breite Jagdgurt (3 teilig) am vorteilhaftesten. Alles Sattelzeug soll beim Springen, wie bei der Jagd nicht zu neu und hell sein, nicht zu sehr nach frischem Kauf aus dem Sattlerladen aussehen, sondern schon mehr die ehrfurchterregende Patina fleißigen Gebrauchs zeigen, ebenso wie der rote Rock des Jagdreiters nicht zu neu aussehen darf. Beim Sattelzeug, besonders aber Zügeln, Gurten, Schnallen und Strippen überzeuge man sich vorher recht genau, ob alles auch noch fest und haltbar genug und nicht aus Altersschwäche morsch geworden ist und gar beim Concours reißen kann. Das führt zu unliebsamen Stürzen und kostet unnütz viel Ärger und — Geld.

Neue glatte Zügel kann man erst recht nicht beim Jagdspringen gebrauchen. Empfehlenswerter als sog. Pullerknötchen an den Zügeln sind geflochtene Zügel, die sich besser halten lassen und häufiges Nachgreifen ersparen. Bei Prüfungen im Freien, bei Kälte und Regen versehe man sich unter Umständen mit wollenen Handschuhen, in denen man dann die Zügel am besten halten kann und nicht so an den Fingern friert, daß man die Zügel nicht weich und doch fest halten kann.

Bei dieser Gelegenheit fallen mir auch noch die Gummischuhe ein, die man auf feuchtem Rasenboden praktischerweise bis

Herr S. M. Baer auf Debutante.

unmittelbar vor dem Aufsitzen trägt, um nicht bei glatten Sohlen die Bügel leicht zu verlieren. Kleine Gummistrippen, wie sie zuweilen von Rennreitern um das Fußgelenk und den Bügelriemen getragen werden, und wie sie zum Zuschnüren von Paketen in den Geschäften gebraucht werden, sind auch nicht unpraktisch. Zwar hat man beim Springen besser Gelegenheit, mit einer Hand herunter zu fassen, als auf pullendem Rennpferde um einen verlorenen Bügel wieder aufzunehmen, doch kann dieser Moment gerade in Spring=Bahnen, wo die Hindernisse sich schnell auf=

einander folgen, genügen, durch mangelnde Unterstützung des Pferdes oder schlechte Regulierung der Pace einen Fehler oder gar Sturz zu verschulden. Der Erfolg hängt auch hier oft an Kleinigkeiten. Gute Reiter verlieren zwar selten die Bügel, doch können schwere Rumpler und dergleichen, bei Springkonkurrenzen immerhin leicht mögliche unvorhergesehene Zwischenfälle, auch den sichersten Reiter einmal in kritische Situation bringen.

Rittm. Rauinhar (Oestr. 4. Ul.) auf Hans.

Zum Schutze der Pferdebeine dienen Bandagen oder Gamaschen, die aber gut sitzen müssen und nicht etwa unterwegs aufgehen dürfen. Unangenehme Stürze könnten die Folge sein. Auch Bandagieren der Hinterbeine kann sich empfehlen, wo man nicht ganz sicher ist, daß nicht eine splitternde Stange oder dergl. das Pferd verletzen kann. Besonders für Anfänger im Metier und zum Einspringen sollte man stets alle diese Vorsichtsmaßregeln, unter Umständen selbst Kniekappen anwenden, die allerdings auf den Concours selbst nicht mehr gehören. Dagegen kann man sehr wohl Kronenschützer aus Gummi selbst zum Concours anlegen, die die Pferde vor den besonders bei Grabensprüngen häufigen Ballen- und Kronentritten wirksam schützen.

Ob man ein Vorderzeug wählen will, oder nicht, ist gänzlich Ansichtssache. Unter Umständen kann ein solches in kritischem Moment, besonders bei Pferden, die keine Mähne haben, von Vorteil sein, besonders auch für Damen.

Martingales können hier, langgeschnallt, auch kaum schaden, dagegen die Dame vor eventuellem Kopfschlagen des Pferdes wirksam schützen. Einige, nicht ganz fertig gerittene Pferde gehen damit auch gerader und besser. Hier ist alles erlaubt, was dem Zwecke dient. Ein zu kurz geschnalltes Martingale, womöglich durch den einzigen Kandarenzügel (im Ausland reitet man viel ganz ohne Unterlegtrense) geschlauft, dürfte eher in die Marterinstrumentenkammer einer Ausstellung des Mittelalters, als auf den

Oblt. Paldt auf Porthos (1,80 m!)
Phot. E. Seebald, Wien.

Concours gehören. Gleichwohl sah ich, besonders in Paris, derlei Adjustements oft — sogar mit Erfolg — in schweren Springkonkurrenzen angewendet. Die Pferde gingen übrigens trotzdem mit ganz hoher Nase, was auch gar nicht verhindert werden sollte, und wurden vor und in dem Sprung mit wunderbarem Geschick losgelassen. Ich möchte diese unschöne Aushilfe aber niemand empfehlen.

Praktischer und besser, als das etwas veraltete Ring-Martingale ist das moderne sog. „Standing-Martingale", das wohl aus den Poloställen seinen Eingang in den Jagdstall gefunden hat. Es ist dies ein langer, durch den Vorderzeughalsriemen geschlaufter Zügel, der unter dem Pferdebauch am Gurt befestigt ist und im Nasenriemen des (Brüsseler) Halfters endigt. Er verhindert ebenfalls und wirksamer, als das Ring=Martingal das Nasenschlagen und läßt das Maul des Pferdes unbehelligt. Seine Wirkung erstreckt sich auf das Nasenbein, einen äußerst empfindlichen Teil des Pferdes. Lang genug geschnallt, hat das Standing=Martingale seine entschiedenen Vorzüge. Für tadellos gehorsame, zugerittene, in angenehmer weicher Anlehnung und Haltung gehende Pferde ist alles das gänzlich überflüssig. Es gibt wohl auch solche, die beim Springen heftiger als sonst werden, wie die meisten Pferde, doch hilft dagegen meist eher weiche Nachgiebigkeit der Hand bei sonst kräftig treibenden Hilfen, als solche mechanische Behelfsmittel, die immer nur „faule Knechte" bleiben. —

Wenn ich zum Schluß auf die Zäumungsfrage selbst komme, so muß ich vorausschicken, daß auch hier keine Regel ohne Ausnahme bleibt.

Im allgemeinen dürfte eine weiche Kandarenzäumung das richtige sein.

Die Kinnkette, ohne Gummi, recht weich gelegt, darf dem Pferde kein Unbehagen verursachen. Pferde, die nur durch den Druck der Kandare gehalten werden können, werden selten gut springen. Die größte Weichheit und Nachgiebigkeit ist hier am Platze. Es gibt natürlich auch Pferde, die unter hervorragenden Reitern trotz scharfer Zäumung im Sprung nicht im Maul inkommodiert werden, so z. B. die bekannte „Hojotohoh" des Herrn v. Guenther, die ziemlich tief und scharf gezäumt, auf einer handfesten Kandare lange Jahre hindurch Springkonkurrenzen gewann. Allerdings zeigte sie vor wie nachher gewisse verbrecherische Neigungen. Die Länge der Kandarenanzüge ist ganz individuell. Man kann mit langen Anzügen ein Pferd sehr weich reiten und mit ganz kurzen (sog. Saumur=Kandare) sehr hart festhalten. Viele Pferde versuchen, wohl um sich der Einwirkung der Reiterfaust zu entziehen, die Scheerbäume mit den Zähnen zu fassen.

Sie brechen dann leicht nach einer Seite fort und müssen daher einen Fangriemen bekommen.

Das Gebißstück selbst muß in Dicke, Breite und Schärfe ganz dem individuellen Erfordernis angepaßt sein. Im allgemeinen ist

Lt. Graf v. Holck (3. G.-Ul.) in „In and out" beim Concours hippique zu Ruhleben.

zu weich gezäumt der kleinere Fehler, als zu scharf; denn es wird weit mehr durch Festhalten gesündigt, als durch zu nachgiebiges Loslassen. Ein gewisses „Luft-Geben" ist beim Jagd- und Hochsprung eher am Platz als beim Rennen, wo man das Pferd, um keine Zeit zu verlieren, im Schnellsprung gut am Zügel halten muß.

Die Trense hat sich im allgemeinen beim Jagdspringen weniger gut bewährt. Man sieht sie in professionellen Springställen fast gar nicht. Die Pferde neigen darauf eher zum Pullen, sind nicht so sehr in der Hand des Reiters und gehen nicht so aufmerksam, als auf einer weich geführten Kandare. Es ist aber keineswegs ausgeschlossen, ein gutgerittenes, gehorsames Pferd ebenso weich und sicher auf der Trense zu führen. Es entspricht nur eben nicht ganz dem Charakter der Jagd und des fertig gerittenen Gebrauchspferdes. Meist sind die Pferde, die damit auf Concours erscheinen, auch rohe Schrammer. Reithalfter und Kehlriemen müssen endlich weit genug geschnallt sein, um das Pferd nicht zu behindern.

Hinderniſſe.

Nicht nur auf den entlegenſten Provinzbahnen, die dem kleinſten Herrenſport dienen, ſondern auch vielfach auf den großen Rennplätzen hört man immer wieder berechtigte Klagen über unfaire Hinderniſſe. Des Vergleichs mit den Concourshinderniſſen halber wollen wir ſie einmal näher betrachten.

Wenn wir uns von vornherein auf den modernen Standpunkt ſtellen, der bei den Jagdrennen die Hauptbetonung auf die beiden Endſilben legt, ſo fallen für einen ſolchen fairen Hinderniskurs von vornherein alle die Hinderniſſe fort, die mehr den Charakter der Geländejagd tragen, wie ſie heute nur noch vereinzelt im großen Rennbetriebe als hiſtoriſche Reminiszenzen erhalten ſind. So die Horner Wälle, die Iffezheimer Felder, einzelnes vom Caſtroper Kurs, vor allem jegliche Bodenunebenheiten (Schanzen u. dergl.) und Kletterpartien. Weiter wären in dieſe Rubrik noch alle iriſchen Bänke, Doppelſprünge, Bretterwände, Barrieren, Balkenſtapel und dergl. widerſtandsfähige Obſtakles zu rechnen, die Anlaß zu einer verlangſamten Fahrt bieten könnten. Fred Schmidt-Benecke, der einſtige Champion-Herrenreiter, will in ſeinem Buch über den Hindernisſport auch mehr oder weniger alle Gräben verbannt wiſſen, weil wenige Pferde ſie in voller Fahrt gut ſprängen.

Zugegeben alſo, daß für große Hindernisprüfungen nur Sprünge am Platze ſind, die aus voller Pace geſprungen werden können und die nicht allzu große Anſprüche an die Erfahrung und Geſchicklichkeit des jungen Steeplers ſtellen, ſo iſt damit nicht auch geſagt, daß man auf das Springvermögen überhaupt verzichten und uneingeſprungenen Hürdenpferden das Tor zum Siege öffnen ſoll. Nein, im Gegenteil, man darf von einer reellen Prüfung über Hinderniſſe Sprünge fordern, welche die Leiſtungsfähigkeit der Pferde auf dieſem Gebiete erhärten.

Die diversen Hecken, Hürden, englischen Sprünge, Wall=
hecken, Steinrasenwälle usw., die allein für eine ultramoderne
Bahn übrig bleiben, und die alle im oberen Teil gewischt werden
können, sollten wenigstens in ihrer absoluten festen Höhe und in
ihrer Tiefenbasis derartige Dimensionen haben, daß kein Pferd,
ohne reell eingesprungen zu sein, über die Bahn kommt. Dazu
ist weiter Voraussetzung, daß die Sprünge dem Gelände angepaßt,
auf langen geraden Linien, nicht gerade in Kurven liegen und die
Gräben rechtzeitig zu sehen sind.

Vor senkrechten Hecken wäre, wo passend, ein Absprungrail
anzubringen. Gräben könnten am besten mit niedriger durchsichtiger.
Absprung=Bürste angelegt sein. Verdeckende Hecken oder Hürden
davor erfüllen auch meist den Zweck (Koppelricks sind auch nicht
mehr modern und springen sich tatsächlich wenig gut in der Fahrt),
sind aber als „fauler Knecht" nicht unbedingt zu verneinen. Sie
werden bei zu frühem Absprung des Pferdes, mit dem immerhin
gerade heute gerechnet werden muß, allerdings leicht zur verhängnis=
vollen „Mausefalle", wenn der dahinterliegende Graben besonders
breit ist.

Der englische Sprung besteht aus einem niedrigen Absprung=
rail und einer dahinterliegenden Wallhecke, die durch einen nicht
zu breiten Graben getrennt sind. In Deutschland ist es auch oft
nur eine Rinne, und statt des heckenbepflanzten Walles benutzt man
oft eine gewöhnliche Hecke. In England liegt der Graben aber
oft h i n t e r dem Hochhindernis, nur ist dann die Sache bedeutend
komplizierter und schwieriger. Buchsbaum, Ginster, Tuja, Liguster,
Taxus, Flieder, Spiraen, Jasmin, Weißdorn, Hollunder, Fichten,
Koniferen usw. geben einigermaßen Abwechslung in den Hecken
und Wallarten.

Die Steinwälle (sich nach oben verjüngende Mauern) sind
mit einer Rasenplattenschicht bedeckt, die nötigenfalls nachgibt.

In England (Grand National zu Liverpool) findet man
auch oft die Gräben (ohne Ricks) vor den Hecken, was für unsere
Bahnen ein etwas unsympathischer Sprung sein würde.

Voraussetzung ist weiter noch, daß die Sprünge nicht zu
schmal, also selbst für kleine Bahnen mindestens 10 m lang sind,
damit bei großen Feldern und im Staub keine Drängelei entsteht

und daß sämtliche Hindernisse von reellen Fängen flankiert sind, die schräg zum Sprung stehen und das Hindernis möglichst dem Gelände angelehnt erscheinen lassen. Baumgruppen oder Büsche sollten also möglichst auch noch die Sprünge einsäumen.

Ganz anders liegt die Sache bei Springkonkurrenzen. Die haben mit Steeple Chases nichts zu tun, und man muß sich frei

Lt. Carlos Chevalier de Selliers de Moranville
(2. belg. Guides) nimmt die Triplebarre in Frankfurt.
(Phot. E Zinsel, Darmstadt.)

von Gedanken machen, die aus jenem Gebiete entnommen sind, wenn man eine Parcours=Bahn kritisiert.

Immerhin wird auch hier sehr viel gesündigt.

Springpferde, die diesen Namen verdienen (und das sollten alle Jagdpferde sein), werden nun bald so gerissen und lernen die einzelnen Sprungarten so gut zu unterscheiden und sich danach zu schonen und zu drücken, daß man solchen Pferden nicht mit so lächerlichen und wackligen Improvisationshindernissen kommen darf, die wie Kartenhäuser umfallen oder so seicht wie ein Milchtopf sind; da lacht einen der allzu routinierte Springer einfach aus und wirft das Hindernis um und galoppiert drüber oder durch. Das ist ihm kaum übelzunehmen. (Muß man doch immer wieder an die Jagd in Wirklichkeit denken.) Man soll eben die Hindernisse so massiv bauen, daß sie respektiert werden müssen.

Eine lose aufgelegte Latte oder ein Balken zum Markieren von Fehlern läßt sich trotzdem anbringen. Aus dem Grunde des zu leichten Umfallens bei beträchtlicher Höhe blieben z. B. die Italiener im Jahre 1910 der Londoner Olympia Show gänzlich fern!

Sind also die Sprünge massiv genug, so müssen sie andererseits ebenso günstig liegen wie die Rennsprünge, also nicht gerade am Ausgang, in Kurven usw.

Stürze braucht man nicht so ängstlich zu befürchten. (Ich spreche nicht von Hochsprungkonkurrenzen, bei denen der mit Fängen versehene Sprungapparat zum Umfallen oder Herunterfallen der oberen Teile eingerichtet sein muß.)

Wer sein Pferd zu einer Springkonkurrenz gehörig vorbereitet hat, fällt nicht so leicht, und schließlich geben die meisten Sachen ja wirklichem Anprall doch nach oder fallen ganz um. Stürze hierbei sind nicht ganz zu vermeiden und auch meistens ganz ungefährlich. Je mehr das Verständnis für den Springsport reift, um so seltener werden Tiere am Platz erscheinen, mit denen zu springen ein selbstmörderisches Unternehmen bildet.

Die Länge der Hindernisse richtet sich nach dem zur Verfügung stehenden Terrain. Auf einem großen weiten Platz müssen die einzelnen Sprünge breiter (8 m) sein, als etwa in geschlossener Arena (5 m).

Die Frage der Fänge ist vielumstritten. Im Ausland benutzt man die Fänge meist zum Parcours. Eine Art Gehorsams- oder vielmehr Spring-Passions-Prüfung ist dann also nicht damit verbunden. Natürlich muß man im schnellen Tempo seines Pferdes sicher sein. Mit Fängen müssen aber die Hindernisse noch klobiger und höher sein, um ein genügend klassifizierendes Resultat zu zeitigen, als wenn man als Gehorsamsprüfung schmälere Hindernisse ohne Fänge einlegt. Auch schmale Zäune oder Barrieren mit kurzen, schmalen Fängen erfüllen schon — wie es in Brüssel der Fall war — häufig den Zweck, die Pferde auf Gehorsam und Geradeausspringen hin zu prüfen.

Gräben sollten, ob offen oder mit „Bürste" davor versehen, stets mit Fängen stehen. Sonst wissen die Pferde nicht, was

Fräulein A. Lange,
Siegerin in der Drahtspringkonkurrenz zu Hamburg-Gr.-Flottbeck auf Rayo.
(Phot. O. Voß, Hamburg.)

sie mit dem „Loch" anfangen sollen; es sei denn ein natürlicher Graben oder Wasserlauf.

Spezielle Gehorsamssprünge, wie ganz schmale Tore zwischen höheren Hecken oder freistehenden Barrieren, von denen aus nach rechts und links etwa Draht gedacht ist, sind sehr willkommene, wohlberechtigte Prüfungen auf Rittigkeit usw., zumal hierbei das Tempo doch wohl meist etwas eingefangen und verkürzt werden muß.

Was die einzelnen Arten von Hindernissen anbelangt, so ist hier der Abwechslung und Erfindungskraft kaum eine Grenze gezogen. Kanonen= und Figurenscheiben mit beim Streifen abfallenden Köpfen, wie sie früher bei der Olympia Show in London zu sehen waren und durchweg schlecht gesprungen oder gar refüsiert wurden, halte ich allerdings für eine zu weit gehende Verirrung. Parc à Mouton und Chausseesprünge, Doppel= oder dreifache Sprünge — auch Gräben — mit Intervallen zeigen die Geschicklichkeit und Aufnahmefähigkeit (Gerittensein) des Pferdes. Ebenso plötzliche Wendungen nach einem oder dem anderen Sprung.

Oblt. Frhr. v. Maercken zu Geerath auf Starlight über dem Frankfurter Holzstoß.

Schmale Tore oder Barrieren wiederum beweisen den Gehorsam.

Kombinierte Sprünge, etwa 5 Hürden dicht hintereinander, oder 2 schmal gestellte Barrieren usw., die in einem zu springen sind, illustrieren Mut und Sprungvermögen des Hunters.

Gräben erfordern ein besonderes Geschick, den richtigen Absprung zu finden, die Breite genau zu taxieren und vorwärts zu gehen. Deshalb eignen sie sich gerade besonders für unsere deutschen edlen Pferde.

Die anderen Arten von Hochsprüngen, wie Mauern, Hecken, Koppelricks, Bretterwände und Zäune, Balken, Barrieren usw. erfordern zwar die positivste Sprungleistung, sind aber verhältnismäßig leichter zu nehmen, als die vorgenannten Spezialitäten.

Endlich kommen die mannigfaltigsten Kletter- und Rutschpartien, die auch zur Prüfung eines Geländepferdes gehören und die sich ebenfalls außerordentlich schwierig und mannigfaltig gestalten lassen.

Eine Art für sich bilden die irischen Bänke, die, je höher und schmaler, desto schwieriger werden.

Auch kombinierte Arten von Weit- und Hochsprung in der Art der englischen open ditches (Hecke mit Graben davor oder dahinter) sind zu empfehlen.

Wird die Zeit gemessen, so muß der zu durchlaufende Weg genau mit Wendeflaggen u. dgl. bezeichnet sein.

Der Concourssport in Deutschland steckt noch in den Kinderschuhen. Es fehlt ihm vor allen Dingen an einheitlicher Regelung, und daraus ergeben sich für die Interessenten auf den verschiedenen Plätzen allerlei unangenehme Überraschungen und Schwierigkeiten. Der Kartellverband wird daher ein reiches Feld der Tätigkeit

Sturz beim Concours hippique in Pau.

finden und vor allem ein allgemein gültiges Reglement sowie ein offizielles Organ der Veröffentlichungen analog dem Renn-

Reglement und dem Renn-Kalender herauszugeben haben.*) Erst dann wird das reiterliche Niveau, besonders der Springkonkurrenzen, sich heben. Vorläufig, darüber kann kein Zweifel herrschen, sind uns andere Nationen darin weit voraus.

Unsere Reiteroffiziere, die im Steeple-Chase-Reiten die ersten in der Welt sind, werden freudig auch diesen zukunftsreichen Sport aufgreifen in der sicheren Erkenntnis seines praktischen Wertes.

Auch Art und Aufstellung der zu nehmenden Hindernisse bedürfte dringend der Beaufsichtigung durch eine Zentraloberinstanz. Schmale Hindernisse ohne Fänge mitten im Gelände (die Reitbahn kann höchstens ein Notbehelf sein) aufzubauen, ist ein Unding. Die Hindernisse müssen möglichst den Charakter des Wirklichen besitzen, wie es die Jagd mit sich bringt. Gräben ohne Fänge und sonstige Maskierung, wie sie z. B. früher auf dem Concours hippique auf der Ruhlebener Traberbahn in der Jagdspringkonkurrenz zu nehmen waren, sind unwahrscheinlich. Will man an einem Hochhindernis den Gehorsam erproben, so mag man an ihm eine Stelle genau bezeichnen, an der gesprungen werden muß, oder lege ein schmales Tor zwischen hohen Hecken oder Drahtzäunen an.

Der absolute Hochsprung, der für uns nur von indirektem Wert ist, erfordert eine schräge Hürde vor dem eigentlichen Hochsprungapparat. Dieser hat ebenfalls eine leicht schräge Richtung und dient zur Auflage von leichten, hohlen, mehrfach zersägten Bambusröhren, die mit geweißtem Strohseil umwickelt sind. Diese Art von Stangen hat sich außerordentlich bewährt. Sie brechen nie und können vor allem kein Pferd verletzen.

Eine Zusammenstellung der den größeren Concoursplätzen eigentümlichen Hindernisse und ihrer Abmessungen möge hier Platz finden:

A. Ausland.
I. Luzern (s. Abbildungen).

1. Straßenübergang Nr. 4, 8 m breit, mit Auf- und Absprung etwa 1,50 m hoch.
2. Irischer Wall Nr. 5, 1,50 m hoch, 1,20 m breit, Graben und 50 cm hohe Hürde dahinter.

---

*) Inzwischen eingeleitet.

3. Straßenübergang Nr. 6, 4 m breit, von zwei Mauern, je 1 m hoch, eingefaßt.
4. Graben Nr. 7, 2 m breit, mit Koppelrick davor und dahinter (0,90 m hoch).

Am Hecktor.

5. Gartentor Nr. 8, 2,50 m schmal, eingefaßt von Mauerschmuck.
6. Fußweg Nr. 9, 1,20 m schmal, mit Hürde und Koppelrick (0,90 und 1,20 m) davor und dahinter.
7. Gatter Nr. 10, 2,25 m schmal in Drahtzaun.

8. Straßenübergang Nr. 12, 7 m breit mit 2 Brooks (Koppelrick und Graben), 1 m hoch und 1—1,50 m breit.
9. Graben mit Aufsprung Nr. 13 zum Klettern. (Moderiert auch auf dem Frankfurter Ausstellungsconcours.)
10. Paddockeinfriedigung Nr. 14, 1,20 m hoch.
11. Graben.
12. Mauer.
13. und 14. Hecken.

Alle Hindernisse mit Fängen.

II. Paris (Grand-Palais des Champs-Elysées).

1. Hecken.
2. Rickhecken, 1,10—1,50 m.
3. weiße und braune Koppelricks.
4. weißes Gatter.
5. schmales Tor.
6. hellgestrichene Mauern.
7. rötlicher Bretterkasten.
8. Staketenzaun.
9. Wall, 1,80 m hoch, lebende Hecke 8 m dahinter.
10. Doppelsprung 6 m auseinander, Mauer und Koppelrick, 1,30 m hoch.
11. Doublebarre 1 : 1 m.
12. Graben, 4 m breit, mit Bürste davor.

Alle Hindernisse mit hohen und langen Fängen versehen.

III. Rom. Bahn 450 m lang, meist zweimal herum.

1. Hürde 1,10 m.
2. Mauer 1,10 m.
3. Gatter 1,20 m.
4. Straßenübergang mit Gatter bzw. Mauereinfassung von 1,10 m.
5. Doppelsprung, 1,20 m und 1,30 m hoch, 6 m voneinander entfernt.
6. Graben, 1,20 m breit, vor 1,50 m breiter und 1,20 m hoher Mauer.

7. dreifacher Sprung, Gatter, Mauer und Gatter, 1,10 : 1,20 : 1,20 m in 6 m Abständen.
8. Triplebarre, 1,20 m hoch, 1,50 m breit.
9. Hecke, 1,40 m hoch, mit Graben, 1,50 m breit, dahinter.
10. Doppelwall mit Wassergraben dazwischen; 5 m davor und ebensoweit dahinter je ein Gatter 1,20 m hoch.
11. Lattenzaun 1,20 m.
12. Brook und Gatter 1 m, Graben 3 m.

Zu Nr. 10: Wälle je 2½ m hoch, 1 m obere Breite, 4 m Basis. Dazwischen 4 m Zwischenraum, in dem ein 2 m breiter Wassergraben liegt. 1,50 m nach dem ersten Wall, 0,50 m vor dem zweiten Wall fester Boden. Alle Hindernisse mit Fängen.

IV. Spa.

1. Wassergraben, 4 m breit, mit lebender Hecke davor.
2. trockener Graben, 3,50 m breit, mit steilen Rändern auf einem flachgeböschten, 1,50 m hohen Wall liegend.
3. Doppelrick, 1,10 m hoch, 1,50 m voneinander durch einen Graben entfernt.
4. 1,20 m hohes Koppelrick und ebenso hohe Hecke, 1 m von= einander entfernt.
5. Schräges Koppelrick mit 2 m breitem Graben dahinter.
6. Holztor mit Wassergraben dahinter.
7. Irischer Wall, 1,50 m hoch, oben 2 m breit; Gräben davor und dahinter.
8. Kletterwall, 3,50 m hoch, oben gewölbt.
9. 1,80 m hohes Bullfinch (Wischhecke).
10. Gates, weiß und braun.
11. Steinmauer.
12. Doppelsprung.
13. schmales Tor.

Alle Hindernisse mit Fängen.

V. London (Olympia=Hall) 1911.

Höhe der Hindernisse zwischen 1,30 und 1,50 m.

1. Hecke zum Wischen (doubleoxer), 1,82 m hoch, 1,50 m dick.
2. Triplebarre, 1,35 m hoch, 1,20 m breit.

3. weißer Staketenzaun, 1,30 m hoch (railway Sleepers).
4. weißes Koppelrick (Post and rails).
5. weißes Gatter (field gate).
6. brauner Flechtzaun (Claie), mit weißem flachem Rail darüber.
7. Mauerrick.
8. Bank, 1,10 m hoch, schräg geböscht. Im Auffsprung eine Hecke, 1,20 m hoch, 5 m im Absprung über eine einzelne Stange (0,75 m), nach 5 m ebenfalls eine Rickhecke, 1,20 m hoch, zu springen. (Kein Graben.)
9. weiße Mauer (Stone wall).
10. dreifache Koppelricks, je 1,06 m hoch, 4—6 m von einander entfernt.
11. Eisenbahnübergang (level Crossing)=Doppelsprung, je 1,35 bis 1,40 m hoch, 9,20 m von einander entfernt.

Alle Hindernisse 8 m lang und mit hohen weißen Fängen versehen. Mehrere Sprünge je 2mal zu springen. Maximalzeit 2 Min.

VI. Brüssel (Palais du Cinquantenaire) 1910.
Höhe der Hindernisse zwischen 1,10 und 1,40 m.
1. Kleiner grüner Wall mit braunem Koppelrick darauf.
2. Hecke mit weißem Balken darauf.
3. Hecke mit braunem Rick.
4. Graben.
5. Hecke.
6. weißes Koppelrick.
7. schmales braunes Koppelrick mit schmalem Graben.
8. Graben mit braunem sehr schmalen Koppelrick dahinter. Beide letztere auf der Diagonalen und mit sehr schmalen und kurzen Fängen. (Gehorsamssprünge.)
9. Hohe Hürde.
10. Rickhecke mit braunem Holzrail.
11. Doppelwall (Hohlweg).
12. Rickhecke mit weißen Rails.
13. Doppelbarre, mit Tannen ausgefüllt.
14. Mauer (weiß).

Alle Hindernisse mit sehr langen, hohen, sprunggartenartigen Fängen.

B. Deutschland.

I. Berlin (Ruhleben) 1911.

1. Einfacher weißer Balken 1,15 m.
2. braunes Koppelrick 1,00 m mit trockenem Graben 1,50 m davor oder dahinter.

Steinwall in San Remo.

3. Doppelbarre weiß, 1,10 m hoch in 1,20 m Abstand.
4. braunes Koppelrick 1,20 m.
5. Doppelsprung, braune Holzgitter 1,10 m in 8 m Abstand.
6. weißes Balkentor, 1,10 m hoch, 3,50 m breit, rechts und links davon Draht angenommen.
7. rötliche Mauer 1,25 m.
8. Offener Wassergraben, 3,50 m breit.

Sämtliche Hindernisse außer 8 ohne Fänge. Die Enden mit Büschen bezeichnet.

II. Hannover (Militär-Reit-Institut) 1911.

1. Baumstamm (Tonne), 1,20 m im Durchmesser.
2. Doppelsprung, Mauer und schmales Gatter (1,10 und 1 m hoch) in 15 m Abstand.
3. Bretterwand zum Hin- und Herspringen, 1 m.
4. Wall, 1,10 m hoch, senkrecht abgestochen. 1 m breiter Graben davor, 3 m breiter Graben dahinter.
5. Steinmauer (rot) 1,15 m.
6. Lattenzaun 1,05 m.
7. Fußweg mit Koppelricks eingefaßt; 1,25 m breiter Weg und 1 und 1,10 m hohe Einfassungen.
8. Koppelrick 1,10 m mit 2,30 m breitem Wassergraben dahinter.
9. Wassergraben, 2,30 m breit mit Bürste, 0,40 m, davor.
10. Hürde, 1 m fest hoch, mit 0,50 m Abstand Koppelrick 1,20 m dahinter.
11. Koppelrick, 1,10 m hoch, mit Wassergraben 1 m davor.
12. Koppelrick, 1 m hoch, mit Wassergraben 1,50 m davor. (Keinerlei Fänge.)

III. Frankfurt a. M. 1910.
(Internationale Ausstellung für Sport und Spiel.)

1. Hürde 1,20 m.
2. Mauer 1,30 m.
3. Chausseesprung (Hohlweg), 10 m breit, 1,20 m hoch.
4. Schafzaun 1 m : 7 m.
5. Irischer Wall, 1,60 m hoch, 2 m obere Breite, Graben davor und dahinter (1,50 m); Absprung gemauert.
6. offener Graben 3 m.
7. Graben mit Bürste 4 m.
8. Doppelkoppelrick 0,90 m mit 2 m breitem Graben dazwischen.
9. Tor, 1,20 m hoch, 3,50 m schmal, rechts und links Drahtzaun.
10. Doppelmauer, 0,90 m hoch, 4 m auseinander.
11. Triplebarre 70, 90, 1,30 m auf 1,50 m Breite.
12. Englischer Sprung, 1,50 m hoch, 1 m fest, Rail 0,90 m davor.
13. Doppelgraben, je 1 m breit mit Koppelrick, 1,20 m hoch, dazwischen.
14. Paddockeinfriedigung 1,20 m, Naturholz.

15. Koppelrick, weiß 1,10 m.
16. Doppelsprung, Koppelricks 1,10 m, 7 m Entfernung.
17. Klettergraben: Hürde, Abstieg, Aufsprung hintereinander.

Oblt. Graf Spretti (4. Chev.) auf Morengo das „Fort Max" der Münchener Equitationsanstalt von der Landungsseite aus springend.
(Phot. M. Dietrich, München.)

IV. Hamburg (Polo-Klub) 1911, Velodrom Rotherbaum.
1. Hecke 1,20 m. 5. Barriere.
2. Bretterwand 1,10 m. 6. Barriere.
3. Hürde. 7. Kartoffelsäcke.
4. Holzmauer 1,20 m. 8. zwei Tore 1,20 m.
9. Doppelbarriere 1 : 10 m zu 8 m.

Fänge. Drahtspring-Konkurrenz.

V. Frankfurt a. M. (Polo-Klub) 1911.
1. trockener Graben 1,50 m mit braunem Koppelrick 0,90 m davor und dahinter.
2. rote Mauer 1,15 m.

3. Triplebar, 70, 90, 1,10 m : 1,50 m Breite.
4. Irischer Wall, 1,60 m hoch, 2 m breit, schmaler Wassergraben dahinter.
5. offener Wassergraben 3 m.
6. Tor, abgesessen zu öffnen, rechts und links Drahtzaun.
7. einfacher weißer Balken 1 m und weißes Gitter 1 m, 7,5 m hintereinander.

Fänge, außer dem Gittertor.

VI. Köln (Tattersall). Hindernisse 1,10—1,30 m.
1. Mauer.
2. weißer Balken.
3. Doppelsprung 6 m Entfernung.

Keine Fänge.

VII. Köln (Reit- und Fahr-Verein) 1911.
1. Mauer 1,25 m.
2. Koppelrick 1,20 m.
3. Doppelsprung, 1,10 m fest, 8 m Abstand.
4. Wassergraben 3,25 m mit Bürste.

Graben mit Fängen, die übrigen Hindernisse an den Enden mit Büschen versehen.

VIII. Frankfurt a. M. (Hippodrom) 1911.
1. Einfacher weißer Balken 1,10 m und höher!
2. weißes Koppelrick 1,20 m.
3. schräge Bretterwand, von beiden Seiten zu springen.
4. rote Mauer 1,20 m.
5. Englischer Sprung. (Hürde.)
6. weiße Holzgitter, Doppelsprung 1,10 m : 7 m.
7. Wassergraben 2,75 m mit niedriger Bürste.

Keine Fänge, außer am Graben. Hindernisse auf dem Hufschlag.

IX. München (Campagne-Reiter-Gesellschaft).
Höhe 1—1,20 m.
1. rote Mauer.
2. carbolineumbrauner Baumstamm.
3. carbolineumbraunes Koppelrick.
4. Knüppelhürde.
5. offener Graben 3 m mit Fängen; sonst keine Fänge.

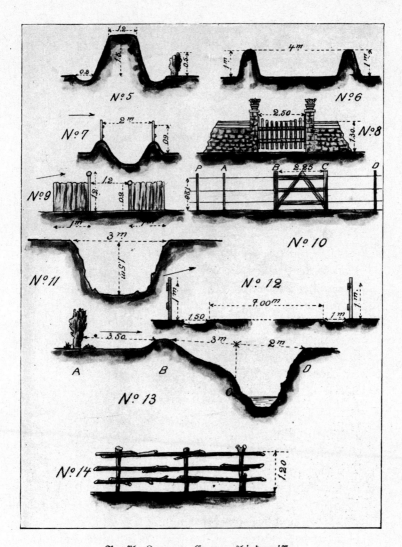

Profile Luzerner Concourshindernisse.

Erläuterungen:

- Nr. 5. Irischer Wall.
- Nr. 6. Doppelmauer.
- Nr. 7. Eingezäunter Graben.
- Nr. 8. Mauertor.
- Nr. 9. Fußweg zwischen Hecken.
- Nr. 10. Drahtzaun=Tor.
- Nr. 11. Trockener Graben.
- Nr. 12. Chaussee=Barrieren=Sprung.
- Nr. 13. Ab= und Aufsprung.
- Nr. 14. Naturkoppeleinzäunung.

6. Gatter im Drahtzaun.
7. Rick mit Graben 1,50 m dahinter.
8. Doppelsprung (2 weiße Zäune).
9. Tief= und Aufsprung.
10. Würfel, 6 m breit; davor und dahinter Graben.
11. Rick mit Graben 1,50 m davor.

X. Hamburg (Velodrom Rotherbaum).

1. Graben.
2. dreifache Hürde.
3. Koppelrick.
4. Bretterwand.

Mit Fängen, mittleres Maß.

XI. Leipzig (1911).

1. einfacher weißer Balken 1,10 m.
2. rötliche Mauer 1,20 m.
3. Hohlweg, 1,20 m tief, 10 m lang.
4. Doppelbarre, 2 braune Stangen, 1 : 1 m.
5. Doppelsprung, 2 Holzgitter 1 m in 8 m Abstand.
6. weißes Tor im Drahtzaun, 1 m hoch, 3,5 m breit.
7. Wassergraben 3,50 m mit Bürste davor.

Außer Graben alles ohne Fänge.

XII. Königsberg i. Pr. (1911).

1. Hecke, 1,20 m hoch.
2. Holzklafter 1 : 1,20 m.
3. Koppelrick 1,20 m.
4. Doppelsprung (Schafzaun), je 1,10 m hoch, Entfernung 9 m.
5. Irische Bank, 25 m lang, 1,10 m hoch; Graben mit Rail davor, einfacher Graben dahinter.
6. Wegedoppelsprung, Wegespur 9 m breit, auf beiden Seiten Chausseegräben mit äußerer Koppelrickeinfassung.
7. Torweg im Drahtzaun.
8. Wassergraben, 1 m tief, 3,50 m breit.

Alle übrigen Concoursplätze haben die gleichen oder ähn=
liche Hindernisse.

Ein Tag des Pariser Concours hippique.
(April 1910.)

Lautlos gleitet das Auto durch die Avenue des Champs-Elysees, um die rasende Fahrt vor dem Grand Palais zu stoppen. Ein riesiger Monumentalbau von künstlerischer Bedeutung, der seit der Weltausstellung von 1900 steht. Die weite, trikoloregeschmückte Halle trägt ein festliches Gepräge. In geräumigen Nebennischen haben sich Kunst, Gewerbe und Handwerk in geschmackvollen Ausstellungen niedergelassen. Alles hier zeigt sportlichen Charakter. Von dem bronzenen Torso einer gertenschlanken Amazone gleitet der Blick schließlich bis zu den letzten Lederbreeches von Bruce & Scott vom Boulevard des Italiens.

Der Sattelplatz zeigt ein buntes Bild. In karrierte Decken gehüllte Pferde werden von Stalleuten oder Offiziersordonnanzen im Kreise herumgeführt oder

Lt. Horment (14. franzöf. Huf.).

noch abgetrabt; dazwischen die roten Röcke der Reiter und eleganten Toiletten der mondainen Pariserinnen.

Die hohe und lichte, glasüberdeckte Arena hat etwa den sechsfachen Umfang des Frankfurter Hippodroms. An den langen Seiten und in der Mitte befinden sich je mehrere Hindernisse. Man erhält jedoch nicht den Eindruck einer Bahn, sondern den eines überdeckten Reitplatzes. Die Hindernisse sind äußerst geschickt und geschmackvoll angelegt. Sie sind mit geraden, schmalen, hohen Fängen, die aus lebenden eingepflanzten Geranken bestehen, zu beiden Seiten eingefaßt und machen so einen möglichst natur-

Vom Pariser Concours hippique im Grand Palais des Champs-Elysées.

ähnlichen Eindruck. Der Charakter des Zerbrechlichen und Improvisierten ist gänzlich vermieden, ein Beweis, daß sich eine elegante Hindernisbahn besser anlegen läßt als in London, ohne darum lebensgefährlich zu sein. — Tatsächlich brauchte während des gesamten Preisspringens auch nicht ein einziger Teil eines

Hindernisses ersetzt zu werden. Entzückende Blumenbosketts zieren die vier Ecken der Halle sowie Graben und Wall. An der weißen Bande entlang läuft ein grüner Rasenstreifen und an mehreren Sprüngen sind blühende, in Blechkästen eingepflanzte Sträucher und Hecken verwendet. Die Hindernisse waren jedesmal nur auf einer Hand zu nehmen; am Samstag auf der rechten, am Sonntag auf der linken. Zum Markieren der Wendungen in den Ecken waren stilgerechte Zwergtopfbäume usw. verwendet. Die Absprung= bürste vor dem Wassergraben bildete ein dichter niedriger Gold= regenstrauch. Die Landungsstelle war mit Kork= rinden bedeckt. Die mittleren Hinder= nisse sind perma= nent. Alle sind, wie zur Steeple= chase, rot und weiß ausgeflaggt.
Allmählich fül= len sich die Sitze. Eine außerordent=

Vom Concours hippique in Pau. (Koppelrick.)

lich große Zahl der Plätze ist abonniert, da der Pariser Concours sich über drei Wochen hinzieht. Laut schreiende Programmverkäufer durchziehen, ihre Ware ausbietend, die Korridore und Stuhlreihen. Rubandekorierte Preisrichter schreiten würdevoll zu ihrer Loge. Der reiterliche Kampf beginnt.

Jagdfanfaren, von der hohen Kuppel herabgeschmettert, be= grüßen die die Bahn betretenden Reiter. Ein kurzer Salut vor der Jury und das Klingelzeichen zum „Départ" ertönt. Der erste Reiter setzt sich in Galopp. Je drei aufeinanderfolgende Hinder= nisse müssen in drei und einer halben Minute Maximum ab= solviert sein, sonst ertönt wie auch bei wiederholtem Ausbrechen und sonstigen die Zahl des Erlaubten überschreitenden Fehlern das ominöse Glockensignal zum Verlassen der Bahn. Teilweise wird ein Höllentempo geritten. Besonders unmittelbar vor den Sprüngen beschleunigen einzelne Reiter die Pace bis zum äußersten.

Eigentümlich berührt es uns, aktive Offiziere im Programm nicht als solche, sondern lediglich mit ihren Namen aufgeführt zu sehen. Es entspricht das aber der republikanischen Auffassung, nach der auch die Offiziere in erster Linie Bürger sind. Deshalb

Vom Concours hippique in Pau. Auffprung auf den Wall.

reiten sie auch in allen für „Gentlemen" ausgeschriebenen Konkurrenzen im bürgerlichen Gewande, das heißt im roten Rock. Nur in besonders für „Offiziere" reservierten Konkurrenzen tragen sie die Uniform.

Reichlich die Hälfte aller Gentlemen=Rider gehört der Armee an. Auch der schwedische Militärattaché Major de Linder war im Sattel. Viele Herren trugen die Abzeichen ihres Hunting=Klubs. Das Kontingent der Zivilherrenreiter stellte indessen fast ebenso viele und bedeutende Reiter wie die Offiziere.

173

Vierjährige Pferde haben mindestens 65 kg, ältere mindestens 70 kg zu tragen. Häufig finden Springkonkurrenzen für nur französisch gezogene Pferde statt. Man sah durchweg vorzüg=

Die Concoursbahn in Nimes (Südfrankreich).

liches Material. Neben Vollblütern zeigten sich viele Anglonor= mannen und Angloaraber, die gut sprangen, wenn die Leistungen auch nicht im entferntesten an die der Konkurrenzen für Pferde aller Länder grenzten. Es waren ferner auch reine Araber,

Berber sowie Poloponies vertreten. Meistens herrschten allerdings Engländer und Iren vor. Man sah hier die Parcours-Pferde der allerersten Klasse. Die Leistung des Durchschnittes war ganz vorzüglich. Während z. B. in einer französischen Inländer-Konkurrenz 46 Pferde genannt waren und auch meistens gingen, waren für den „Prix de la Haye-Jousselin" nicht weniger als 104 Pferde im Programm aufgeführt, von denen ebenfalls fast alle am Start erschienen. Die genannte Konkurrenz, die den ganzen Nachmittag von 2 Uhr bis halb 7 Uhr ausfüllte, wurde

Commandant Poudret beim Sprung über ein Torgatter.

von dem dichtgedrängten Publikum von Anfang bis zum Ende mit gespanntester Aufmerksamkeit verfolgt.

Die sonst so lebhaften Franzosen verhielten sich im allgemeinen fast blasiert still. Nur sehr selten wurde eine Glanzleistung mit Applaus begrüßt. Bei Pechfällen oder sonstigem Malheur dagegen bewahrte das Publikum eine wohltuende großstädtische Ruhe. Wie groß aber das Interesse der Pariser für sportliche Ereignisse ist, mag daraus hervorgehen, daß am gleichen Tage der genannten bedeutenden Springprüfung draußen in Auteuil eine der wertvollsten Steeplechases des Landes, der Prix du Président de la République, gelaufen wurde und trotzdem beide Veranstaltungen bis auf den letzten Platz gefüllt waren. Der Eintritt kostet im Grand Palais gleichmäßig 5 Francs und man kann dann seinen Platz nach Belieben wählen, in den weiten Hallen promenieren oder die Pferde auf dem Sattelplatz besichtigen, der ebenfalls innerhalb der gedeckten Halle liegt. Der Prix de la Haye-Jousselin gehört nicht einmal zu den allergrößten Ereignissen; denn die Geldpreise von 1000 Francs für das erste, bis 100 Francs für das zwölfte Pferd sind nicht allzu hoch. Die Hauptkonkurrenzen liegen später und finden Mitte April ihren Höhepunkt. Man unterscheidet an verschiedenen Prüfungen

Vom Concours hippique in Pau. (Weithochsprung.)

des Concours überhaupt: Examen des chevaux de classe, Examen d'équitation pour jeunes gens de 16 à 21 ans. Chevaux attelées seuls, Epuipages de Maîtres, Chevaux de selle „Hacks", dasselbe für „Hunters", Examen de dressage et de ménage, Parcours de chasse (leichtere Sprünge), Defilée d'attelage à quatre, Pesage et mensuration des chevaux de selle, Trotteurs, Rémontes, Championat du cheval d'armes, Chevaux de trait attelées, Primes d'appareillement, Parade des chevaux attelées en paire primes dans les classes, Chevaux sautant par quatre (officiers), Présentation d'éssaie des chevaux de selle de classes à vendre, Primes d'honneur, Championat de saut en hauteur (eine einzige Konkurrenz). Dazwischen viele Springkonkurrenzen. Für Abwechslung ist also gesorgt. Bei einzelnen Springkonkurrenzen ist ein Handikap dadurch geschaffen, daß Pferde, die für 1000 Francs verkäuflich sind, die geringste Höhe (1 m) springen, während die für 2000, 4000 und 6000 Francs eingesetzten Pferde entsprechend höhere und breitere Hindernisse (bis 1,30 m) zu nehmen haben.

M. Ricard auf Perce-Neige.

Die ebenfalls ausgestellten Ehrenpreise, hauptsächlich für die Offizierskonkurrenzen, waren ebenso reich wie geschmackvoll. In der Arena selbst hielten sich während der Konkurrenz meist keine Preisrichter auf, die ihres Amtes von der Preisrichterloge aus walteten, sondern nur das zur eventuellen Bedienung der Hindernisse nötige Personal. Es waren je 12 bis 15 Sprünge zu nehmen. Die Mehrzahl der Sprünge war zweimal zu absolvieren. Am meisten interessierte mich der sehr massive Doppelsprung von 1,30 m, dessen Abstand nur 6 m betrug, ein äußerst respektables Hindernis, an dem ich sicher die Mehrzahl der Pferde scheitern zu sehen glaubte. Um so größer war dann mein Staunen und meine Bewunderung der darin steckenden Arbeit, als von über 90 Pferden gut die Hälfte glatt über das gefürchtete Hindernis kam. Die meisten Fehler wurden an relativ leichten Sprüngen gemacht, besonders an dem allerletzten, einem einfachen Rick. Eine besondere Schwierigkeit lag ferner in der Anordnung der einzelnen Sprünge zueinander. So kam man aus schräger Direktion gegen den Doppelsprung, einige andere Obstakels waren ziemlich nahe zusammengerückt und kaum 12 m hinter dem Absprung vom

Wall stand schon wieder das nächste Hindernis. Wenige Pferde nur refüsierten oder blieben stehen. Es wurde teils auf Trense, teils auf Stangengebissen geritten. Zuweilen sah man heftige Puller mit Patentriemen an der Nase, die das Durchgehen hindern sollten. Viele Pferde trugen die Nase so hoch, wie Rostands philosophierender Singehahn Chanteclair, sprangen aber gut, meist auf scharfen englischen Kandaren. Ferner waren durch die Kandare geschlaufte Martingals, Sprungzügel (à la Poloponies)

Lt. de Saint-Phalle †, Reitlehrer in Saumur,
Sieger im Championat du Cheval d'armes auf Marseille II.

und ganz kurz geschnallte Martingals keine Seltenheit. Die Pferde sprangen aber dabei willig und gut. Die Preise für gute Springpferde sind enorm. Das persönliche Reiten der Herren war recht gut. Unter den Offizieren befand sich eine

Anzahl hervorragender Hindernisreiter; wenn auch bei den Zivilisten teilweise ebenso vorzügliche Reiter waren.

Unter den Offizieren fielen besonders günstig auf: de Lamartine, Bompard, de Seignère, Vicomte de Malherbe, Vicomte de Dampierre, Comte J. de Lastic-Saint-Jal, de Champsavin, Baron de Ladoucetta, Maillard, de Montregon, Maurice Cariou, Gailliard, Broudehoux, Flavigny und vor allem M. Falguière und Ed. Gautier. Von den Zivilherrenreitern zeichneten sich besonders aus: Comte de Bertrerèche de Menditte, H. de Royer, M. Ricard, A. Loevenstein, der einen schlimm aussehenden Sturz brillant aussaß, Pierre A. Crépin, de Sère de Lanauze, M. C. Brunéta d'Usseaux, Jonquerès d'Oriola, Leclerc, Roger, Driard, de Juge-Montéspieu, Olivé und J. M. Brodin, ein ebenso passionierter wie hervorragender Reiter.

Hochinteressant war für mich auch der Besuch der Privathindernisbahn des Monsieur Brodin zu Sainte-Jeanne, wo dieser Sportsmann mit seinem Sohne und später der international bekannte Monsieur de Santa-Victoria mit Pferden arbeiteten. Auf der brillanten „Brown-Beß" dieses Besitzers war Capitaine Falguière in der kleidsamen Uniform des Chasseurs d'Afrique im Sattel. Die im Rahmen eines starken Vollblüters gemachte dunkelbraune Stute verscherzte sich leider am Nachmittag ihre guten Chancen durch einen ganz unnötigen Fehler am letzten Sprung, wie so manche ihrer Konkurrenten. Gewonnen wurde die Konkurrenz, soweit ich das noch feststellen konnte, von M. Brodin, der nicht weniger als sechsmal in den Sattel gestiegen war.

Wenn der kurze Besuch auch nur einen sehr flüchtigen Einblick in jene Verhältnisse gestatten konnte, so genügte er doch, zu beweisen, daß wir in mehr als einer Beziehung von dort noch etwas lernen können.

Der Internationale Concours hippique von Brüssel.
(Mai 1910.)

Ein äußerst anziehendes Bild. Die weite Halle des Cinquantenaire=Palastes bis auf den letzten Platz gefüllt mit eleganter Welt. Der Blumenflor in der Bahn ist womöglich noch glänzender als im Pariser Grand Palais. Französische Kürassier=Offiziere, schwedische Leibgarde=Dragoner, holländische Husaren, portugiesische und englische, amerikanische und belgische Offiziere flirten um die Wette mit schönen Evatöchtern aller Länder. Auch deutsche Offiziere, allerdings in Zivil, sind vertreten, um Studien und daheim Stimmung für das Gesehene zu machen. Hoffentlich ist die Zeit nicht mehr fern, wo die größte Armee der Welt auch hier aktiv vertreten ist. Den Offiziers=Prüfungen ging der Preis der Nationen voran. Je drei ausgewählte Offiziere von jedem Lande werden hier als Ganzes bewertet. Die Fehler, zusammengezählt, ergeben die Plazierung in dieser Springkonkurrenz. Es sind hier zu springen ein Doppelsprung, bestehend aus 1. zwei naturhölzernen Ricks vor und hinter

Lt. Baron E. de Bloemmaert (1. Guides), Lehrer an der belgischen Reitschule.

einer Tannenhecke (etwa einen Meter dick), und 2. einem senkrechten Koppelrick von vier weißen Querbalken. Ein zweiter Doppelsprung besteht aus einer weißen Rickhecke und einem braunen Rick. Rickhecken, Barrieren, Gatter, Hecke und Graben vervollständigen die Hindernisse. Die obersten Balken sind lose. Lose Latten zum Abstreifen gibt es hier nicht. Es wird im ganzen recht gut gesprungen. Wenige Pferde machen Fehler, kaum eins bricht aus. Noch vor wenigen Jahren trugen die Franzosen alle Preise davon. Heute haben die Belgier gelernt. Sie schlagen die Franzosen, und die ungehemmte nationale Begeisterung der Massen kennt keine Grenzen. Die Sieger durchziehen unter Hymnenklängen die Arena. Auch der technische Betrieb klappt aufs exakteste. Alles vollzieht sich glatt, geräuschlos und einwandfrei. Ordonnanzen übergeben die Richterzettel nach jedem einzelnen Parcours an dem in der Richterloge befindlichen grünen Tisch, und schnell ist das Resultat errechnet und festgestellt.

Die Hindernisse sind mit langen, sprunggartenartigen Heckenfängen versehen, so daß die Hindernisbahn klare Gassen zwischen den von buntem Sand umgebenen Blumenboskets und Beeten bildet. Es geht zweimal an der Wand entlang und einmal durch die Länge der Bahn.

Die Schweden, die sämtlich im Lande gezogene Pferde reiten, erreichen den dritten Preis. Portugiesen und Holländer teilen sich in den Rest der Preise.

Es folgt eine Hochsprung-Konkurrenz. Ein riesiges Gestell wird hineingetragen. Die über die hohe schräge Hürde aufgelegten Stangen sind elastisch (Bambusröhren, mit geweißtem Strohseil umflochten) und federn, wenn ein Pferd einmal anschlägt. Geringe Fehler schaden hier also nichts. Die Landungsstelle ist hoch mit weißem Seesand aufgeschüttet. Mit 1,60 m beginnt das Springen. Leutnant Broudehoux springt mit Heroïde 2,10 m und siegt. Er gehört demselben Regiment, den 5. Dragonern in Compiègne, an, die schon so viele Sieger in sportlichen Konkurrenzen gestellt haben (Bausil, Champsavin, Deremetz). Das Reiten der französischen Offiziere ist überhaupt über alles Lob erhaben gut. —

Sonnabend und Sonntag vormittag begannen vor einem kleinen Zuschauerkreise in der Kriegsschul-Reitbahn die Vorprüfungen zum Internationalen Championat des Offizierspferdes, jener vielseitigen und interessanten Prüfung, die zu gewinnen mit Recht das Streben so vieler Reiter-Offiziere bildet. Es lohnt sich, gerade auf die Dressur-Prüfung etwas näher einzugehen.

Vom Concours hippique in Brüssel.
Auffahrt des Königlichen Hofs mit Guidenseskorte in die „Hall du Cinquantenaire".

Wer der Annahme war, daß die in der Proposition vorge=
sehenen, teilweise der hohen Schule entnommenen Anforderungen
lediglich einer genaueren Unterscheidung halber aufgenommen seien,
in Wirklichkeit aber wohl selten gezeigt werden würden, hatte sich
gründlich getäuscht. Noch wohl mehr auch der, der sich unter
einer Dressur=Prüfung etwas vorgestellt hatte, das unseren deutschen
oder österreichischen Reit=Konkurrenzen im entferntesten ähnlich
sah. Hier herrschten ganz andere Ansichten, wurden von den
unseren weit verschiedene Anforderungen gestellt. Durchweg wurde
seitwärts vom Hufschlag geritten. Ein Eckenpassieren in unserem
Sinne kennt man nicht. Allerhand Figuren und Lektionen, auf
deren korrekte Ausführung der allergrößte Wert gelegt wird, und
die nichts weniger als leicht sind, dienen der Dressurprüfung zum
Rahmen. Man verlangt zu Anfang und zum Schluß Schritt mit
fast auf den Hals gelegten Zügeln.

Es folgen einige Lektionen im abwechselnd versammelten und
freien Trabe, teils im Leichttraben mit Fußwechsel. Ein eigent=
licher langer Mitteltrab, das Kriterium unserer ganzen Reiterei,
wird hier weder verlangt noch bewertet. Im Galopp sind eben=
falls die verschiedensten Figuren zu beschreiben. Hier wird der
größte Wert auf korrekte Luftchangements gelegt, die auch durch=
weg vorzüglich ausgeführt wurden. Springen, etwa über eine
Gehorsamshürde, wird hier nicht verlangt. Uns Deutsche mutet
zunächst die Art des Sitzes und der Zügelführung, die hier beliebt
wird, eigenartig an. Man verlangt hier sehr lange Zügel, die
meist nicht zum Anstehen kommen. Die Fäuste werden verschieden
hoch getragen, aber stets dicht am Leibe. Auf korrekte Stellung,
auch des Pferdehalses usw., Reiten auf gerader Linie, Kopf=
haltung usw. wird anscheinend nicht der geringste Wert gelegt.
Der Sitz mit ziemlich langem Bügel ist in der Mittelpositur be=
sonders weich und geschmeidig. Die Schenkel liegen gut am
Pferde, indessen der Reiter mit allen Gelenken auffallend die Be=
wegungen des Pferdes mitmacht, nach unseren Begriffen also
etwas unruhig reitet. Indessen ist diese Art, zu reiten, durchaus
nicht so leicht, wie sie wohl anfänglich scheinen mag. Man ver=
langt hier eben ein außergewöhnliches Maß von Selbsthaltung, von
Sichselbsttragen des Pferdes, der vom Reiter die entsprechende

Zügelfreiheit eingeräumt werden muß. Nirgends sieht man infolgedessen festgezogene oder überzäumte Hälse, nirgends aus einem gespannten Rücken kommende Tritte; nie fast auch auf die Vorhand gerichtete Pferde. Die Rückenlinien federn, ohne zu sehr aufgewölbt zu sein. Etwas mehr „Am=Zügel=Stehen" würde dem Ganzen mehr Versammlung, ruhigere Tritte und damit mehr Einwirkung auf das Pferd verleihen. Indessen wurden hier recht ansprechende Leistungen gezeigt, die besonders in den schwierigen Galoppchangements zum Ausdruck kamen. Es ist dies anscheinend die moderne reiterliche Richtung, die sich, von Saumur ausgehend, über die gesamte romanische Welt verbreitet hat. Falls deutsche Offiziere jemals hier mitkonkurrieren sollten, müßten sie sich ein wenig dieser Richtung anpassen. Manches, worauf wir den größten Wert zu legen gewohnt sind, wird hier gar nicht angesehen, womöglich ungünstig beurteilt und umgekehrt. Hervorragende Reiter gibt es überall. Der darunterstehende Durchschnitt wird jedenfalls in der französisch=belgischen Manier nicht so leicht dazu kommen, mit seinem Pferde festzusitzen, als wenn er, wie es in unserer Manier häufig geschieht, sein Pferd mehr als es gut ist, beizäumt.

Umzug nach der Military International auf der Rennbahn zu Voits=Fört bei Brüssel.

Es ist keine Frage, daß das hier geltende Schlagwort: „Beaucoup de liberté", auf die Zügelführung angewendet, beim Springen durchaus günstigere Resultate erzielt, als ein Am-Zügel-Springenwollen, wie der Steeplechase-Reiter es gewohnt ist. Die Pferde galoppieren in hoher Aufrichtung ganz anders aus der Hinterhand, und man kann unschwer beobachten, wie die Reiter zwischen den einzelnen Sprüngen durch teilweise recht aktives Aufrichten und gleichzeitiges Vortreiben mit Sitz und Schenkeln ihre Pferde noch einmal auf die Hanken setzen. Man muß sich nur erst etwas an den Anblick hoher Hälse und Nasen gewöhnt haben, um diese Art von Reiterei, die so sehr von der unseren abweicht, zu verstehen. Es sind die reiterlichen Anschauungen des bekannten französischen Generals L'Hotte, die er in seinen Werken „Un Officier de Cavalerie" und „Questions-equestres" niedergelegt hat, auf welche man in der romanischen Reiterwelt geradezu schwört. Ein Wiederaufleben der ziemlich unbekannten Baucherschen Lehren der letzten Lebensjahre jenes größten aller Reitmeister, in denen er sich zur Aufrichtung des Halses bekehrt, ins Moderne übertragen. Auch die mehr im deutschen Sinne reitenden Schweden wußten sich in Brüssel gewandt dem dort herrschenden Geist etwas zu akkommodieren. Besonders glücklich gelang dies im Sprung dem Leutnant Sundelius, der in meisterhafter Weise die beiden Prinzipien zu vereinigen wußte. Beim Schulreiten fiel der nach Hannover kommandiert gewesene Leutnant v. Horn (schwedische Leibgarde-Dragoner) durch die Ausgeglichenheit und Korrektheit seines Sitzes allgemein angenehm auf.

Hervorheben möchte ich noch, daß auch bei den Springprüfungen der Sitz der Mittelpositur im Durchschnitt recht weich und mitgehend war, dabei aber durchaus nichts an Karikaturen von der Rennbahn Erinnerndes hatte. Nie sah man auch bei der Reitprüfung ein Pferd zum Beispiel falsch oder hinten gar nicht changieren. Kein einziger Reiter war steif. Ich bin überzeugt, daß, wenn man in dieser Art gearbeitete Pferde bei der Dressur ein wenig mehr im Genick einstellt, wie dies auch bei einigen besonders veranlagten Reitern zu sehen war (zum Beispiel dem holländischen Leutnant Kneel), das Resultat, auch was Gehorsam und Versammeltsein anbelangt, ein ganz hervorragendes sein muß.

Die Dauer der Einzelprüfung in der Bahn, die gegen unsere Abteilungsvorführungen sehr vieles für sich hat, ist auf genau 10 Minuten berechnet. Wer länger dazu brauchte, erhielt Fehler berechnet.

Tags darauf folgte die zweite Prüfung der Pferde für das Championat. Es waren in 100 Minuten 32 km auf Reitwegen zurückzulegen, in deren Mitte und an deren Ende eine Jagdsprungbahn in der Halle zu durchlaufen war. Die Hochhindernisse waren höchstens 1,10 m hoch und bestanden in 1. einer Rickhecke (weiße Balken); 2. einer ebensolchen mit braunen Naturbalken; 3. einem Naturkoppelrick; 4. einem kleinen Wall mit Absprunggraben (leicht); 5. einer grünen Wallhecke (Graswall) mit niedrigem braunen Koppelrick darauf; 6. einer ginsterdurchsetzten Tannenhecke; 7. einer ebensolchen Hecke; 8. einem Rick mit Hecke dahinter, und 9. dem großen Graben in der Mitte. Hier war der 500 Schritt-Galopp obligatorisch und wurde nach der Stoppuhr bemessen. Zu gröberen Hindernissen wurde eine einheitliche Zeit logischerweise nicht bewertet, da man hier mehr Versammlung und Sichaufnehmen braucht. Andererseits wird das schnelle Springen über leichte Steeplechase-Hindernisse, wie wir sehen werden, in einer weiteren Prüfung im fast 700 Schritt-Galopp-Minimum verlangt. Alles also zu seiner Zeit und am richtigen Platz, alles wohldurchdacht und kein dilettantenhaftes Durcheinanderwerfen von verschiedenen Dingen, die nichts miteinander gemein haben. Die Erfahrung haben die Arrangeure für sich, und man darf wohl mit Recht diese Art der Zeit-

Tor in Spa.

bemessung als zweckentsprechend und richtig ansehen. Es wurde durchweg ohne Fehler gesprungen. Nur etwa zwei vom Hundert brachen — meist am Graben — aus. Als Fehler wurden hier nur Umwerfen des Hindernisses mit der Vorhand, Stehenbleiben, Ausbrechen oder Fallen berechnet.

Es waren jedesmal vor und nach dem Hauptspringen (zum Schluß war nur noch einmal der Graben und eine Tannenhecke zu nehmen) also 16 km zurückzulegen, die — wenn man zum Springen und Erholen jedesmal etwa 10 Minuten rechnen will — in rund 40 Minuten Galopp, das heißt im rund $2^1/_2$-Minutentempo per Kilometer (= 500 Schrittgalopp!) zurückzulegen waren, in deren Mitte die meisten Reiter einige Minuten im kurzen Trabe neben ihren Pferden herliefen. Immerhin eine recht anständige Leistung, zumal es dabei zum Teil durch die Stadt ging und die Pferde an vorbeifahrenden Autos usw. willig vorbeigehen mußten. Die Kondition der Pferde nach dem Ritt war durchschnittlich recht gut. Einige der Tiere hatten trotz der großen Hitze des Nachmittages kaum ein nasses Haar, das beste Zeichen eines sorgfältigen und verständnisvollen Trainings. Besonders die Pferde der schwedischen Herren, sämtlich auch in Schweden gezogen, hatten, das nordische kühle Klima gewöhnt, nach der langen anstrengenden Reise viel unter der drückenden Schwüle zu leiden. Das Mindestgewicht war hier 80 Kilo. Alle Offiziere hatten feldmarschmäßig und mit allen Waffen zu reiten. Interessant war es hier, das Adjustement der verschiedenen Armeen zu studieren. Überall konnte man etwas Praktisches lernen. Hier eine Säbelbefestigung, dort eine Anschnallart für den Revolver, hier ein praktisches Halfter, dort eine einfache, hübsche und praktische Schnallenvorrichtung. Das Vorderzeug ist bei den meisten Nationen nicht obligatorisch.

Die meisten Offiziere ritten hier eine Art Bockpritsche mit Hinterzwiesel für den Mantelsack, die für den Feldgebrauch geeigneter erscheint, als der einfache englische Sattel.

Die dritte, und nach Ansicht gerade derjenigen Herren aller Nationen, die nicht zum erstenmal diese Konkurrenz mitmachen, schwerste Prüfung folgte am 3. Tage, also nach einem Ruhetage. Es waren hier vormittags 50 km in 4 Stunden, teils auf der Straße, teils im Terrain, der Kilometer demnach in 4⅘ Minuten zurückzulegen. Nach Ankunft am Cinquantenaire wurden die Pferde an der Hand vorgemustert und nötigenfalls ausgeschieden. Es folgten 3 bis 3½ Stunden für Pflege, Futter und Ruhe, wovon noch die weiten Wege abgehen, dann am gleichen Nachmittag auf der idyllisch im Grün des Bois de la Cambre gelegenen Rennbahn von Boits-Fort das Einzelgehen

Vom Concours hippique in Spa. (Grabensprung.)

über die Steeplechase-Bahn von 4000 m im flotten 700 Schritt-Galopp (nach der Uhr bemessen). Die Hindernisse hier sind nicht schwer, immerhin keineswegs Farce. Sie sind breit und fest in der Basis, oben aber zum Wischen; der Graben hat 4 m Breite und die Mauer 1 m Höhe. Eine 1,80 m hohe Wischhürde müssen die Pferde kennen, um vor diesem sonst ungewohnten Anblick nicht zu stutzen. (Bullfinch.)

Bei dem Geländeritt wurde durchweg nach den französischen Raidererfahrungen geritten: Galopp, kurzer Trab, Halt! Das sind die Gangarten, in denen die Pferde am wenigsten angestrengt werden. Die Straßen waren teilweise gepflastert. Im Gelände waren außer einer 1,30 m hohen und breiten steifen Hecke nur einige nicht zu hohe Koppelricks zu springen. Gräben kamen hier überhaupt nicht vor. Es wurde von den meisten Teilnehmern viel galoppiert. Der Ritt passierte fünf Kontrollstationen, auf denen teilweise Schmiede, teilweise Veterinäroffiziere zur Verfügung standen. Die Strecke führte über Quatre Bras—Groenendael—Belle-Alliance—Waterloo, also historischen, blutgetränkten Boden. Bei Ankunft am Cinquantenaire fand eine Vorprüfung und Musterung an der Hand statt, wobei lahme, gedrückte oder sonst verletzte oder ermattete Pferde ausgeschieden werden konnten. Nach wenigen Stunden der Ruhe bedeutete die nun am Nachmittag folgende Einzel-Steeplechase trotz des an diesem Tage herrschenden günstigeren, kühleren Wetters eine enorme Anstrengung für die Kräfte des Pferdes.

Hier begannen schon merkliche Unterschiede zutage zu treten. Auch die Kondition einzelner Pferde ließ nach. Nicht alle vermochten mehr das 550 m-Tempo über diesen weiten Weg einzuhalten. Immerhin aber überschreitet der Durchschnitt sogar noch dieses Tempo, und man sah einige Pferde im flottesten Steeplechase-Tempo über die Bahn ziehen. Der Sitz der Reiter ist im allgemeinen gut und leicht, wenn auch einzelne die Routine des Rennreitens vermissen lassen. In den Zwischenpausen konnte man hier dem Polospiel zusehen, während zum Schluß noch Jagdpferde auf der Rennbahn geprüft wurden.

Der 4. Tag ist der wohlverdienten Ruhe der Pferde gewidmet. Jedenfalls ist bei dieser Art der Ausschreibung die Chance für alle gleich, für einheimische sowohl als für fremde. Beim Geländeritt sind die Wege einfach und klar bezeichnet und nicht zu verfehlen. Man ist hier der durchaus richtigen Ansicht, daß diese Prüfung rein reiterlicher Natur und kein Orientierungsexamen sein soll, bei dem ein sonst chancenvolles Pferd von weit her wegen Nichtfindens des Kontrollpostens usw. disqualifiziert werden kann.

Am 5. Tage endlich folgte die vierte und letzte Hauptprüfung. Es ist dies eine Jagd-Hindernis-Spring-Konkurrenz mit besonderen Schwierigkeiten, die das Gerittensein und den Gehorsam der

Pferde bestätigen sollen. Die Hindernisse sind höchstens 1,15 m hoch. Die Zeit wird auch hier gemessen und kann eventuell für die Plazierung in Betracht kommen.

Die Bahn führte oft schräg und auf Diagonalen gegen schmale, aber mit kurzen Fängen versehene Hindernisse. Unmittelbar vor einer Hürde mußten die Pferde kurz angehalten werden und wenden. Es waren 12 Hindernisse mit im ganzen 15 Sprüngen zu nehmen. Die Hindernisse und Fänge waren mit Blumen=

Vom Concours hippique in Spa. (Rickhecke.)
Commandant Haegeman (2. Guides.)

gerank wiederum auf das anmutigste geschmückt. Überschreiten der Zeit kostete den Pferden pro Sekunde $1/4$ Punkt Fehler, während sie pro Sekunde 0,05 Punkte gutgeschrieben erhielten, wenn sie die Hindernisbahn schneller überwanden.

Bei einzelnen Pferden zeigte sich hier, daß sie nicht genügend im Gehorsam und in der Hand des Reiters waren. Die Hindernisse waren im allgemeinen nicht so schwer, wie die beim Geländeritt in Hannover. Der hannoversche Wall mit 3 m Graben beim Absprung, der aus Brüssel stammen soll, wird hier keineswegs goutiert. Man ist im Gegenteil der Ansicht, daß er den Pferden zu sehr auf die Beine gehe, daher wenig fair sei.

Berechnet werden als Fehler: Verreiten, zu langsames Reiten, Umwerfen der Hindernisse, vorn oder hinten, Ausbrechen, Stehenbleiben oder Stürze.

Es werden im ganzen bewertet:

  1. Dressursprung . . . . . . 15 Prozent
  2. 32 km-Ritt mit Sprüngen . . 25 „
  3. 50 km-Ritt mit Steeplechase . 30 „
  4. Springkonkurrenz mit . . . . 30 „
        Zusammen 100 Prozent

In dieser Konkurrenz werden allein für 18000 Franks Preise vergeben, in der Hauptsache als Ehrenpreise, nur die ersten zehn Pferde erhalten je 300 Franks. Außerdem kommen alle möglichen Reiseerleichterungen hinzu.

Auffallend war noch, wie gut die meisten Reiter die Schenkel heranhalten. Die Sprungbahn war 970 m lang und in 2 Minuten 15 Sekunden zu überwinden. Das Tempo der letzten Prüfung war also wieder recht flott. Manche Konkurrenten vermochten es nicht einzuhalten. Einige Pferde brachen aus, beziehungsweise blieben stehen und schieden deshalb aus der Konkurrenz. Die Siegerin Clonmore, eine braune dreiviertelblütige Südirländerin, im Rahmen eines Steeplers der älteren Zeit, war rossig, keilte nach dem Sporn und drehte fortwährend mit der unkupierten Schweifrübe. Trotzdem wurde sie von ihrem Besitzer Leutnant Baron de Bloemmaert, Lehrer an der Reitschule von Ypern, meisterhaft vorgeritten. Diese Art hoch im Blut stehender Halbblüter scheint das beste und geeignetste Offizierpferd zu sein. Ihm gehört jedenfalls die Zukunft. Der Sieg des Leutnants Baron de Bloemmaert (1. Guides) berührte ungemein sympathisch. Auch den zweiten Platz nahm Belgien ein (Leutnant de Méeus, 2. Guides). Vorzügliche Leistungen boten hier auch der schwedische Rittmeister von Stroem sowie der französische Kürassierleutnant d'Astafort. Die Begeisterung war grenzenlos, als der belgische Guidenoffizier in die Königsloge gerufen wurde, um die Glückwünsche seines Souveräns entgegenzunehmen. Es folgte ein Defilieren aller Teilnehmer und schließlich der imposante Zug des königlichen Hofes in vier Daumont-Gespannen, begleitet von einer Guiden-

Eskorteeskadron mit Standarte, die in der Bahn Paradeaufstellung genommen hatte. Ein packender Moment!

Die Große internationale Offiziers-Steeple auf der Rennbahn von Boits-Fort fiel an einen belgischen Offizier, Leutnant Reyntiens. Souslieutenant Chevalier Selliers de Moranville, ein noch junger, aber talentierter Rennreiter, absolvierte hier einen guten Ritt. Interessant war in dem Nationalen Chargenpferdrennen zu beobachten, wie gut und schnell Irländer die Bahn zu überwinden vermochten.

Der Umstand, daß alle Hauptkonkurrenzen an Belgien fielen und die sonst hier sieggewohnten Franzosen sich diesmal mit der Hochspring-Konkurrenz begnügen mußten, gibt zu denken und beweist, wie sehr die gastlichen belgischen Offiziere von ihren früheren Überwindern zu lernen gewußt haben. Noch vor fünf Jahren vermochten sie nicht gegen die Franzosen aufzutreten. Heute hat es die kleine belgische Armee dank des vorbildlichen Fleißes und der enormen Passion ihrer Reiteroffiziere erreicht, einen allererersten Platz in den internationalen reiterlichen Turnieren einzunehmen. Aber auch der innere Wert für Offizierkorps und

Truppe bleibt nicht aus. Der Maßstab für reiterliche Leistung ist gegen früher ein ganz anderer geworden und die Passion zur Sache wirft segenbringende Schlaglichter auf die Ausbildung von Reiter und Pferd.

Es unterliegt keinem Zweifel, daß jede andere Nation, die die Belgier in Zukunft in ihrem eigenen Lande schlagen oder auch nur mit Ehren dort bestehen will, ihr bestes Material an Reitern und Pferden wird aufbieten müssen und dazu genug zu tun haben wird, sich den hier herrschenden Ansichten und Anforderungen nach Möglichkeit anzupassen.

Von der Olympia=Horse=Show.
(Juni 1910.)

Die Halle Londons ist weit kleiner als diejenige von Paris und Brüssel. Scharfe Paraden und Wendungen sind notwendig, um die Richtung zu wechseln. Der amphitheatralisch gebaute Zuschauerraum faßt über 10000 Menschen. Das Arrangement und die Szenerie sind feenhaft. Über dem blütenprangenden Park von Lowther Castle wölbt sich der blaue Himmel. Earl of Lonsdales Schloß erscheint auf der Kulisse nachgebildet, und jeder Strauch, jede Säule entspricht dem herrlichen Landsitz des Freundes des Deutschen Kaisers. Dieser gastliche Lord ist der Vater und die Seele des Ganzen. Alles ist sein Werk. Mit außergewöhnlicher Tatkraft, fabelhafter Unermüdlichkeit und einem wunderbaren Verständnis leitet dieser größte Pferdemann Englands die großzügigste sportliche Veranstaltung der Welt. Über 100 verschiedene Klassen werden prämiiert: Vom Geschäftswagenpferd bis zum Hochspringer.

Die Prüfungen beginnen morgens frühzeitig und werden mit geringen Pausen über den Nachmittag bis spät in die Nacht fortgesetzt. Zu jeder Tageszeit sind die Plätze gefüllt, ist das Interesse des sportverständigen Publikums der Millionenstadt von neuem auf das großartige Schauspiel vereinigt, das sich hier entrollt. Die Einnahmen sind enorm. Allein das äußere Arrangement, die Ausstellungen in den Wandelhallen, die Stallungen, die Restaurants, die elegante hier versammelte Welt ist es wert, hinzugehen. Die Blumenarrangements kosten schon eine Viertelmillion Mark. Obwohl 1910 die nationale Trauer Großbritanniens dem Besuch manche Schranken auferlegte, sind des Abends besonders alle Plätze dicht gefüllt. Die sportliche Beteiligung ist hervorragend. Elektrische Glühbirnen zeigen die Nummern des Programms an, und ein hohes Doppeltor läßt die Konkurrenten auf Coach=Hornsignal hin die Bahn betreten.

Springprüfungen und Geländeritte.

194

Was die Reitkonkurrenzen, die aber mehr oder weniger als Qualitätsprüfungen anzusprechen sind, anbelangt, so kommt es

"Officer's Charger-Competition" zu Olympia.
(Die Preisrichter, Lord Lonsdale und Baron Holzing, besteigen Charger.)

hier zu allererst auf die richtige Klassifizierung des Materials an. Man unterscheidet größere und kleinere Sorten schwererer

Auffahrt des Hofes bei der Richmond-Horse-Show.

und leichterer Hunter, man teilt die Reitpferde in Park- und Covert Hacks ein, von denen die ersten den Typ des eleganten, durchgerittenen, auch im Trabe besonders auffallenden Paradepferdes leichteren Schlages darstellen, während der den Jagdreiter zum Meet bringende Covert Hack mehr ein längeres Galopppferd sein soll. In der Spezialisierung des Materials ist der Engländer groß, bietet doch kein Land der Welt eine größere und reichhaltigere Auswahl an Pferden. Riding-Horses sind wiederum etwas größer und schöner, müssen aber ebenfalls gehuntert sein. Von ihnen wird wieder mehr Dressur verlangt. Überhaupt gibt sie eine bedeutende Nummer in der Beurteilung. In Haltung gehende, gutgesetzte Pferde spielen in allen Klassen eine geradezu dominierende Rolle, ein guter Hinweis gerade für unsere Offiziere, hier ihr vorzügliches Material mit Erfolg zu zeigen. Schwerere Tiere jeder Größe, Cobs und Ponies vervollständigen die Einteilung, die auch nach dem Gewicht (nebst der Größe) geht, das die Pferde während eines langen Jagdtages tragen sollen. Eine große und ausgesuchte Vertretung unserer Offiziere in diesen Konkurrenzen und in der besonderen Klasse der „Chargers" wäre hier außerordentlich wünschenswert und aussichtsvoll*). Das Preisrichten geschieht nach Eindruck und Besprechung der betreffenden Preisrichter, die sich auch auf die Pferde setzen, um das Gefühl darauf selbst zu prüfen. Die Jury arbeitet ohne alles Schema, gänzlich nach freiem Ermessen. Die Preisrichter sind meist jung, immer aber hervorragende Sachkenner in ihren Spezialklassen. Zum ersten Male waltete 1910 ein deutscher Preisrichter seines Amtes. Major Max Freiherr von Holzing-Berstett, Flügeladjutant Sr. Majestät des Kaisers, gab selbst, sich zuweilen auf eins oder das andere der zu prämiierenden Pferde setzend, Zeugnis von seinem glänzenden reiterlichen Takt, mit dem er sich sofort in jedes der teilweise wenig gerittenen Pferde zu finden wußte, so daß seinem hohen Können allseitige Anerkennung sogar von dem seiner Kunst lauten Beifall spendenden Publikum ward.

Ebenso wie das Preisrichteramt vollzog sich auch der technische Betrieb auf das glatteste. Die Hindernisse wurden von mehreren Viererzügen mit Vorreitern hereingefahren, im Nu auf-

---

*) Inzwischen — 1911 — erfolgt.

Hinderniß-Anlage in Olympia.

gestellt oder abgebaut. Messenger-Boys überbrachten die Richterzettel nach jeder Einzelnummer an das Bureau. Glockenzeichen und
Coach-Hornsignale regelten den Eintritt und das Verlassen der Arena.

Die Springkonkurrenzen waren enorm besetzt. Auch qualitativ
wurde oft Hervorragendes geboten. — Die Hindernisse waren
äußerst fair gebaut und fielen leicht, vielleicht allzuleicht um. Die
oberen Latten waren lose zum Abstreifen aufgelegt. Die Höhe
der Sprünge war beträchtlich und bot mit dem schwierigen, scharf-
eckigen Kurs außerordentliche Schwierigkeiten für nicht enorm
geschultes Material. Es waren indessen auch ganz außerordentliche Springer darunter. Ganz fehlerlos überwanden nur sehr
wenige Pferde den Kurs. Die Höhe der Hindernisse schwankte
zwischen 1,20 und 1,50 m. Die Bahn war in maximum 2 Minuten
zu absolvieren. Bessere Zeit rechnete nicht. 8 Sprünge waren
(davon 4 zweimal) zu springen.

Englands und Irlands hervorragendste Hunter wetteiferten
hier mit den ausgezeichneten französischen Pferden und Vollblütern.
Auch Ponies sprangen teilweise hervorragend. Schweres und
leichtes Material aller Arten trat hier in die Schranken. Die
britischen Offiziere ritten mit außerordentlich viel Schneid über
die hohen Hindernisse. Von Schweden bemerkte man den Pariser
Militärattaché, Major de Linder, eine sehr gute und elegante
Gestalt im Sattel. Amerika war stark und gut vertreten. Die
Amerikaner zeichneten sich durch schnelle Pace und routiniert
vornübergebeugten Sitz bei kurzen Bügeln aus. Belgien hatte
seine bekannten vorzüglichen Reiter und Pferde entsandt. Ihr
Stil zu reiten, fällt ganz mit demjenigen der Franzosen zusammen,
dem ein Wort gewidmet werden muß.

Man kann nicht leugnen, daß die Schule von Saumur
Meisterin auf diesem schwierigen Gebiete ist. Die Finessen und
das Verständnis für die Individualität des Pferdes beim Springen
sind bewunderungswürdig. Das geschulte Auge erkennt bald,
wie sehr der Sitz und vor allem die Führung der nicht nach diesen
Prinzipien springenden Reiter die Pferde am Springen behindert
und Fehler hervorruft oder mindestens begünstigt. Fast jeder
Fehler eines genügend eingesprungenen und gearbeiteten Pferdes
läßt sich aus dem Sitz des Reiters ableiten. Springen, und vor

Rundgang mit Verkaufsständen in Olympia.

allem das Trainieren der Pferde dazu, ist eine äußerst schwierige Kunst. Es werden Jahre vergehen, bis andere Nationen die romanische Schule darin erreicht haben werden.

Auch diese Schule unterscheidet zwei Manieren, die sich zum Teil auch der Figur und der besonderen Veranlagung, sei es des Reiters, sei es des Pferdes, anpaßt. Beide Manieren gipfeln in scharfer Richtung auf die Hinterhand zwischen den Sprüngen, erreicht durch oft scharfe Arrêts und Belastung der Hinterhand bei entsprechendem Vortreiben im entscheidenden Moment des Anlaufs und ferner völliger Zügelfreiheit oder vielmehr Unbehinderung im Sprung selbst. Die eine Manier weicht nur im Sitz des Reiters ab, der

Stallgasse in Olympia.

amerikanisierend mit weit am Halse vorgeschobenen Händen weich am Pferde bleibt, während die akademische Manier ein weit vorgeschobenes Gesäß, gut geschlossene Schenkel bei ebensolcher Weichheit und Zügelfreiheit im Moment des Sprunges kennt. Kein Reiter sitzt im Sprung steif. Völliges Unbehindertlassen des Halses und Maules des Pferdes und Leichtmachen im Sattel, Entlastung der Niere sind die Regel. Das Heranreiten geschieht mit treibendem

Sitz und Schenkel, hohen, gut an den Leib herangenommenen Fäusten und hochgerichtetem Pferdehals. Wenig „absolute" Rückenaufwölbung vor dem Sprung scheint die Gleichgewichtsverteilung des Sprungpferdes wesentlich zu begünstigen. Die Schnelligkeit wechselt. Zwischen den Sprüngen und in scharfen Ecken mindert

Pony-Stall in Olympia.

sich die Schnelligkeit zugunsten der Versammlung. Das Tempo richtet sich aber ganz nach den Fähigkeiten und Anlagen des Pferdes. Immer wird das Pferd vor dem Sprung erst scharf auf die Hinterhand gerichtet, um nur einige Längen vorher Freiheit in Tempo und Hals zum Sprung zu erhalten. Alle Pferde springen so willig und gut.

Es ist dabei ein großer, weitverbreiteter Irrtum, anzunehmen, daß die äußere Form dieses Reitens mangelhaft und unschön sei. Im Gegenteil können die aufrechten Reitergestalten, die tief im Sattel sitzen, die Schenkel fest am Pferde haben und jede Störung des Pferdes im Sprung durch weichen Sitz und eine wunderbare Nachgiebigkeit des Zügels vermeiden, auch dem deutschen Auge nur musterhaft erscheinen. Unsachgemäße oder gar rohe Peitschenhilfen sieht man fast nie. Was die Klasse des gerittenen Materials anbetrifft, so erhebt sie sich nicht einmal über einen mittleren Durchschnitt. Pferde, die aus dem Stande der Regimenter um etwa 1000 bis 1200 Frks. entnommen waren, entpuppen sich hier — nach oft

Die große Mittelloge in Olympia
(Sitze der fremdländischen Offiziere und Herrenreiter).

allerdings jahrelanger Spezialschulung — als so hervorragende Springer, daß ihre Preise dann oft um das Zehn- bis Zwanzigfache steigen. So ist z. B. „Héroide", die in Brüssel über 2,10 m sprang, ein gewöhnlicher Charger und ebenso stammt der berühmte „Pouff", für den später ein Gebot von 25 000 Franks ausgeschlagen wurde, aus einem italienischen Remontedepot. Die Schulung zum Spezialfach des Springens wird aber auch in

Italien, Frankreich und Belgien systematisch betrieben. Dieser wichtige Dienstzweig ist dort nicht nur dem sportlichen Unternehmungsgeist des Einzelnen überlassen, sondern wird auch dienstlich betrieben und in jeder Weise gefördert.

Auffallend war beim Springen, wie gerade die besten schulreiterlich vorgebildeten Herren gewannen. Ihr bei der Dressurreiterei erworbener Takt, ihre Harmonie mit dem Pferde, kam ihnen hier ganz besonders zustatten. Nicht Zufall, sondern reelle Arbeit und fehlerloser Sitz entscheidet die Springkonkurrenzen. Einen an amerikanische Jockeys gemahnenden Sitz bekam man hier nicht zu sehen, und einer oder der andere Amerikaner, der in diesem unschönen Stil reiten wollte, verfiel bald der Heiterkeit des Publikums. Daß dieser Sitz nicht nur unnötig, sondern durch einen schulmäßigeren übertroffen wird, beweist am evidentesten die Springschule von Saumur. Da ist keine Steifigkeit im Sitz, keine falsche Belastung der Hinterhand durch steif hintenüber geneigten Oberkörper, und doch ein reiterlich vollendetes und militärisch einwandfreies Bild! — Das Tempo

Auffahrt der transportablen Hindernisse in Olympia.

ist flott, bei einigen Reitern fast gleichmäßig fließend, bei andern wechselnd. Unsachgemäßes Jagen und Hasten sah man dagegen nicht.

Unter den Konkurrenten bemerkte man auch Damen und ganz junge Mädchen, die mit fabelhaftem Schneid über die schwierigen Doppelsprünge und Barrieren von 1,50 m ritten.

Der Hochsprung war außerordentlich gut besetzt und äußerst lehrreich. Man begann mit einer Höhe von 1,70 m, was alle (etwa 20) Pferde glatt gleich das erste Mal sprangen. Erst von etwa 1,90 m ab — die Stangen wurden von 10 : 10 cm erhöht — sonderte sich die Spreu von dem Weizen. Mit etwa 2,20 m wurden die Konkurrenzen durchweg gewonnen.

Hunter-Typ (Olympia).

King Edward's Cup, die begehrteste militärische Trophäe, die 3mal von einem Team von 3 Offizieren derselben Nation gewonnen werden muß, wanderte diesmal nach Belgien, das damit seinen 1910 in Brüssel begonnenen Siegeszug auch über den Kanal fortsetzen konnte. Der Hindernisparcours war hier zweimal zu durchlaufen und alle Fehler der einzelnen Konkurrenten einer Mannschaft (équipe) wurden zusammen addiert. Rußland brachte mit dem Erfolge des Petersburger Reitlehrers, Kapitän Bertren, eines früheren französischen Offiziers, ebenfalls einen Erfolg auf sein Konto.

Die italienischen Offiziere, die genannt hatten, waren schließlich nicht erschienen, weil, wie man hörte, ihnen die Beurteilung des Stils zwischen den einzelnen Sprüngen durch einen besonderen Stilrichter nicht zusagte. Sie sind zudem von Italien her absolut feste, unnachgiebige Sprünge gewohnt, während hier alles wie Kartenhäuser bei der leisesten Berührung umfiel. Ganz hervor=

Officer's Charger (der Sieger zu Olympia).

ragend und von außerordentlicher, herzlicher Liebenswürdigkeit war die Aufnahme der fremden Offiziere. Hier erwarb sich besonders der greise Lord Redesdale, als Chef des Empfangskomitees, aufs beste unterstützt durch die charmante und geistreiche Mrs. Beddington, den uneingeschränktesten Dank aller Gäste.

Durch Offiziere vertreten waren folgende Nationen: England, Frankreich, Belgien, Schweden (Militärattaché Major de Linder), Rußland (Reitlehrer an der Kavallerieschule in Petersburg Capitaine Bertren).

Die englischen Offiziere beteiligten sich in diesem Jahre in besonderer Stärke und ritten sämtlich stets in Uniform. Anscheinend geht diese dem englischen Volkscharakter etwas widersprechende Tendenz von maßgebender Stelle aus und bildet ein neues Glied in der Kette der allgemeinen Verbesserungen auf militärischem Gebiete.

Riding-Horse (Olympia).

Die einzelnen Prüfungen von Reiter und Pferd haben zwar äußerlich mehr den Charakter von Qualitätsprüfungen als bei uns, aber es ist doch unverkennbar, welch außerordentliche Bedeutung dabei dem Grade des Gerittenseins der Pferde zufällt.

Da sich auch die Richter zur besseren Beurteilung des Gefühles selbst auf die betreffenden Pferde setzen, erscheint es ausgeschlossen, daß nur scheinbar zugerittene, das Auge blendende Pferde hier prämiiert werden könnten.

Im Gegenteil rücken hier Pferde durch gute Reiterei eine ganze Klasse höher, und es war unschwer zu beobachten, wie die

wenigen Pferde, die man in unserem Sinne als geritten bezeichnen
konnte, sich von selbst an die Spitze plazierten und sogar auf das
Publikum Eindruck zu machen nicht verfehlten. Natürlich würden
aber noch so gut gerittene Pferde, die unschön, zerbrochen und
nach englischen Begriffen schlecht gebaut sind (hochbeinige, kurze,

Park-Hack (Olympia).

schlechtschultrige ohne gute Sattellage usw.) hier absolut keine
Chance besitzen.

Von beinahe ausschlaggebender Bedeutung ist indessen eine
richtige Klassifizierung der Pferde nach in England erworbener
Kenntnis der dort üblichen Einteilungen. Man unterscheidet hier
Cobs, Park Hacks und Covert Hacks, Chargers, Riding-Horses
und Hunters, die wiederum nach ihrer Größe und Fähigkeit, gewisse Gewichte dauernd tragen zu können, in Unterklassen ein-
geteilt werden.

Die unrichtige Klassifizierung eines noch so guten Pferdes raubt ihm unfehlbar jede Chance.

Für eine eventuelle Beteiligung kämen für uns in erster Linie in Betracht Chargers und Riding-Horses.

Unter Chargers versteht man nicht Chargenpferde in unserem Sinne, sondern verallgemeinert diesen Begriff auf den Typus aller zum Waffendienste für den Reiteroffizier geeigneten Pferde, im Besitz und zu reiten von aktiven Offizieren in Uniform.

Die Qualität der englischen Chargers geht, was mit den besonderen züchterischen Absatzverhältnissen des Landes und dem geringen Wert, den die englischen Offiziere auf Anschaffung besonders guter Pferde zu diesem Zwecke legen, zusammenhängt, keineswegs über unsere besten Chargenpferde.

Ähnlich verhält es sich mit den Riding-Horses, die schon mehr den Übergang zum Hunter darstellen, also gutgerittene Pferde, die auch Jagden gehen können, sein müssen. Von ihnen wird ein guter Schritt, Trab und aus dem Schritt entwickelter Galopp auf gerader Linie verlangt.

Auch für die Klasse der leichten Hunters würden sich bei uns unschwer einige der besten Vollblut- oder sehr vollblutähnliche Pferde finden lassen. Eckige, schwere Pferde und unedle Cobs, Hackneys usw., wie sie in Deutschland vielfach als irische Jagdpferde vorgestellt werden, gibt es in der Hunterklasse nicht zu sehen, in der lediglich ein dem Vollblut auch in Manier und Äußerem ähnelndes, hochedles, starkknochiges Halbblutpferd gezeigt wird. Die bei uns immer wieder gehörte Behauptung, Hunters seien eine Kreuzung von Vollblut mit Stuten kaltblütigen Schlages, wird hier durch die Praxis glänzend widerlegt.

Hack bezeichnet nicht nur eine bestimmte Qualität von Pferden, sondern die Eignung zu bestimmtem Zweck; der Park Hack, der mehr Paradepferd ist, soll von jedermann bequem spazieren geritten werden können, während vom Covert Hack, der den Jagdreiter zum Meet bringen soll, schon ein gewisser Grad von Galoppiervermögen gefordert wird.

Auch hier könnten einige Pferde — eventuell unter Damen — vorteilhaft verwendet werden.

Hervorzuheben ist ferner, daß bei allen Reitklassen ein weicher, eleganter Sitz gefordert wird und jede zu steife Betonung äußerer Korrektheit wenig Anklang finden dürfte.

Eine, wenn vielleicht anfänglich noch schwächere Beteiligung auch am Springen (Jumping over the course) erscheint möglich, wenn auch weit schwerer.

Covert Hack (Olympia-Horse-Show).

Der enorme Vorsprung, den die Italiener, Franzosen und Belgier in diesem Sportzweig seit über einem Jahrzehnt haben, kann nicht mit einemmal eingeholt werden.

Bei der regen Beteiligung englischer Offiziere auch am Springen war der Schneid immerhin bemerkenswert, mit dem sie die schwierige Konkurrenz mit den französischen und belgischen Pferden aufnahmen. Einzelne entwickelten hierbei eine hervor-

Springprüfungen und Geländeritte.

ragende Geschicklichkeit im Sattel. Wer die besonderen englischen Verhältnisse kennt, sieht in den, die leichtgebauten, aber sehr hohen Hindernisse vielfach streifenden Pferden die besten Hunters über

Eine Siegerin von Olympia.

die schwersten Gegenden Englands. Die englischen Offiziere, deren reiterliche außerdienstliche Tätigkeit im Sommer meist durch Polospiel, während des ganzen Winters aber durch Jagdreiten ganz und gar in Anspruch genommen ist, verfügen auch nicht über die Zeit, besondere Pferde für Reit= und Springkonkurrenzen vorzubereiten. Auch das Jagdpferd etwa schulreiterlich zu dressieren, erscheint ihnen unsportlich. England wird daher ganz naturgemäß nie das Land blühender Schulreiterei werden. Hunting, Steeplechasing, Polo und anderer Sport bietet dort ja auch genug Ersatz, und die für jeden Spezialzweck besonders gezüchteten, ausgezeichneten Pferde erfordern auch weniger die Dressur, als etwa ein Universalpferd, das allen Zwecken entsprechen soll und im Winter Schule in der Bahn, im Frühjahr Springkonkurrenzen, im Sommer bei der Truppe oder auch in Rennen und im Herbst Jagden gehen muß.

Dabei muß noch berücksichtigt werden, daß die meisten Hunters um diese Zeit müde nach einer anstrengenden Jagdsaison sich auf der Graskoppel befinden und auch mancher Besitzer fürchtet, seinen Hunter durch das Gewöhnen an Hindernisse, die leicht umfallen, für den Ernst des Jagdfeldes zu verderben.

Was den Pferden der englischen Herren demnach zu fehlen scheint, ist die ganz spezielle Schulung dafür, daß die Pferde leicht zerbrechliche Hindernisse von beträchtlicher Höhe glatt springen, obwohl sie aus Erfahrung wissen, daß mindestens die oberen ganz losen Teile leicht herunterfallen, ein Hindurchwischen, wie durch Hecken und Hürden, also Kräfte schonender und dabei ungefährlich ist. Die dagegen nötige Schulung der Pferde ist bereits an anderer Stelle besprochen worden.

Es muß aber immer mit dieser Eigentümlichkeit gerechnet werden, da — mit Ausnahme von Italien, woselbst die Concours=

Hunter (Olympia).

hindernisse völlig fest sind — bei Concours zur Vermeidung von Stürzen und Unglücksfällen die Hindernisse meist derartig gebaut sein werden.

14*

Die beachtenswertesten Konkurrenten sind hier unbestritten die französischen und belgischen Offiziere.

Die Klasse der Pferde dieser Offiziere ist dabei absolut nicht durchweg besonders hoch. Keineswegs gewinnt hier immer das teuerste Pferd, wenn auch die Preise der besten Springpferde enorm sind.

Das Material besteht teils aus Huntern oder hochedlen Halbblutpferden, meist aber aus Pferden des täglichen Dienstes. Haben diese Pferde dann in oft jahrelanger Schulung eine außergewöhnliche Sicherheit erlangt, so steigen sie ganz enorm im Werte und wandern oft in jene großen Privatspringställe, die vielfach von unternehmenden Sportleuten mit reichen Mitteln unterhalten werden, weil mit guten Pferden im Auslande viel Geld und Ruhm zu verdienen ist.

Als ein typisches Beispiel mag hier der französische Commandant Meyer (26. Drag.) aufgeführt sein, ein nahezu fünfzigjähriger Mann, der mit einer keineswegs bedeutenden, für 1100 Franks aus dem Stande des Regiments entnommenen Remonte in London zwei zweite Preise errang. Solche Pferde verzehnfachen oder verzwanzigfachen dann oft ihren ursprünglichen Wert.

Auf gleicher Höhe stehen die Pferde der belgischen Offiziere, wie auch die Ergebnisse des jüngsten Concours hippique in Brüssel bewiesen haben.

Diese Entwicklung des Springsports in Belgien ist für uns deshalb besonders interessant, weil bisher seit vielen Jahren die Franzosen sich stets den belgischen Offizieren überlegen gezeigt hatten.

Erst allmählich in ständiger Konkurrenz und enger Fühlung mit ihren französischen Kameraden haben die Belgier es zu den diesjährigen bemerkenswerten Erfolgen gebracht.

Auf der belgischen Reitschule zu Ypern befinden sich übrigens etwa zwanzig Dienstpferde, die im Hochsprung über 2 m erreichen und auf denen den Reitschülern Sitz und Gefühl im Sprung gelehrt wird. Lehrer sind hier vorwiegend ältere sporterfahrene Leutnants.

Auch bei den belgischen Offizieren konnte man beobachten, wie immer der beste Reiter auch beim Springen gewinnt und wie eine Störung durch Sitz oder Hand sich unmittelbar in Fehlern des Pferdes im Sprung bemerkbar macht.

Es ist als sicher anzunehmen, daß auch in den Springprüfungen, die in London den breitesten Platz auf der Show ein-

Ladies' Hack (Mrs. Violet Mac-Bride), Olympia.

nehmen, unsere Offiziere, wenn auch nicht den ersten, so doch einen ehrenvollen Platz einnehmen werden und ihre Beteiligung auch in dieser Beziehung durchaus wünschenswert ist.

Ohne zu weit gehen zu wollen, kann man ruhig behaupten, daß die nahen und kameradschaftlichen Beziehungen, wie sie unter den Teilnehmern an solch internationalen Veranstaltungen von selber entstehen, mit dazu beitragen, das gegenseitige nationale Verständnis zu fördern und mancherlei Vorurteile zu zerstreuen.

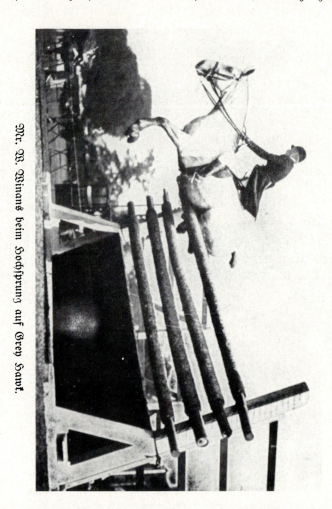

Mr. W. Winans beim Hochsprung auf Grey Sawt.

Schließlich ist zu bedenken, daß aus den Reihen der jetzigen Jugend, und nicht zuletzt der sich sportlich betätigenden, einstmals mehr oder weniger Männer in bedeutende Stellungen gelangen werden, wo sowohl persönliche Freundschaft als auch die Be=

seitigung von Vorurteilen in mehr als einer Hinsicht wertvoll sein kann.

Die gastliche Aufnahme in London und ebenso in Brüssel war getragen von einer herzlichen und unbegrenzten Liebenswürdigkeit. An beiden Plätzen fiel auch das ausgezeichnete Einvernehmen zwischen den anwesenden französischen, englischen und deutschen Offizieren aufs angenehmste auf. Nirgends störte auch nur der leiseste Mißton die Erinnerung an diese glänzend verlaufenen Tage.

Moderne Geländeritte.

Erst viele Jahre nach dem denkwürdigsten aller Distanz=
ritte Berlin—Wien, mit dessen Erfahrungen wir dieses
Gebiet für erschöpft ansahen, kamen in anderen Ländern
Dauerritte auf, die viel von sich reden gemacht haben.
Deutschen Offizieren war die Teilnahme an diesen zum Teil
internationalen Veranstaltungen untersagt. Und wohl mit Recht.
Denn anfangs stellten sich diese Ritte, z. B. der von Brüssel
nach Ostende, als wahre Todesritte für das unglückliche beteiligte
Pferdematerial heraus. Allein, man machte hier neue Erfahrungen,
kam zu neuen und überraschenden Ergebnissen, und mit der von
den französischen Kavallerieoffizieren erprobten Trainier- und
Fütterungsmethode wurden seitdem alljährlich ganz hervorragende
Leistungen in Fernritten vollbracht, ohne daß die Pferde im all=
gemeinen Schaden genommen hätten. Es wird im Gegenteil bei
diesen Raids der allergrößte Wert auf eine gute Kondition nach
dem Ritt gelegt, und in Frankreich, Belgien, Italien und Schweden
wurden lange Jagdgalopps oder auch Rennen über Hindernisse
als Konditionsprüfung verlangt und auch geleistet. Pferde, die
ganz erstaunliche, vor ganz kurzem noch für unmöglich gehaltene
Rekords erzielt hatten, kamen ohne ein nasses Haar in tadelloser
Haltung am Ziele an und konnten zum Teil nach wenigen Tagen
schon richtige Steeplechases gewinnen; der beste Beweis, daß sie
weder müde noch überanstrengt waren.

Allerdings sind diese Raids in ihrer Anlage und Ent=
fernung etwas verschieden von unseren Kaiserpreisritten. Von
der militärischen Voraussetzung ausgehend, daß die Teilnehmer
Führer von Offizierspatrouillen seien, die mehrere Tage hindurch
anstrengende, jedoch verschiedenartige Leistungen zu bewältigen
haben, hat man die Raids in Etappen von meist 3 Tagen ein=
geteilt, an denen je 50, 60 oder auch 80 km in verschiedener
Schnelligkeit und über verschiedenartiges Gelände zu reiten waren.

Lt. Fuchs (7. Chev.), Sieger im Schongauer Geländeritt.
(Phot. E. Hoymann, München.)

Am erften Tage beifpielsweife nur Chauffee und in ruhigem Tempo, wie fich eine Patrouille etwa dem Feinde nähert. Am zweiten Tage gehts ins Gebirge, auf optifche Stationen, über fchlechte Wege und, dem gedachten Gegner ausweichend, nur mühfam vorwärts. Am dritten Tage gilt es, vom Gegner verfolgt, meift querfeldein über allerlei künftliche und natürliche Hinderniffe die (angenommene) Meldung fo fchnell wie möglich zum Beftimmungs-

Szene vom Prinzregentenpreis (Geländeritt, München).
(Phot. E. Haymann, München.)

ort zu bringen. Hier müffen die Pferde noch vorgeritten und gefprungen werden. Preisrichter in Automobilen verfolgen auch während des Rittes Sitz und Einwirkung des Reiters. — Man kann nicht leugnen, daß eine folche Abwechslung und Einteilung fehr viel für fich hat und kriegsgemäßer ift, als lediglich auf der Chauffee zu traben, wie es meift noch bei uns ausfchließlich ge- fchieht. Dabei wird viel galoppiert und nur als Einlage zwifchen den Galoppreifen häufig ein ganz kurzer Erholungstrab geritten. Als Kräftigungsmittel hat fich Zuckerwaffer vorzüglich bewährt. Diftanzritte von Hunderten von Kilometern find heute veraltet.

Den Erfordernissen des modernen Krieges mit seinen technischen Nachrichtenmitteln entsprechen weit mehr kürzere, aber desto schnellere Ordonnanzritte, wie sie in der vom Feinde gefährdeten Zone abseits vom Wege immer wieder vorkommen und von vielleicht allergrößter Wichtigkeit sein werden. Dementsprechend sind die modernen Fernritte wesentlich kürzer geworden, während sich ein nicht geringer Teil der Strecke unter kriegsmäßigen Verhältnissen abseits der Wege abspielt. Mit dieser Entwicklung hat sich gleichzeitig gegenüber der bisherigen Überlegenheit des Vollbluts der

Oblt. Markgraf Pallaviccini (K. u. K. Huf.-Regt. 8) beim Geländeritt in München.

Halbblüter in den Vordergrund geschoben. Im tiefen Boden über feste Sprünge und Geländeschwierigkeiten aller Art hat er sich dem Vollblüter nicht nur durchaus gewachsen, sondern sogar teilweise überlegen gezeigt.

Eine übersichtliche statistische Zusammenstellung der letzten großen derartigen Fernritte, die ja am besten meine Behauptungen stützen würde, läßt sich der zu verschiedenartigen Bedingungen dieser Raids halber leider nicht geben. Es mögen daher nur einige wenige Daten angeführt sein.

1895 Dresden-Leipzig, 135 km, in 5 St. 57 Min., (Lt. Zürn), wohl den besten deutschen Distanzritt, gewann die Beberbecker Halbblutstute Thecla v. Idea XX — Thea. (Ein Blut, das in Beberbeck besonders konserviert werden sollte.)

1901 Schwedischer Raid, 69 km, Oblt. Goldkühl in 2 St. 48 Min., Halbblutwallach.

1902 Mälar-See (Eisritt), 76 km, derselbe Reiter auf einem Halbblutpferd in 2 St. 42 Min.

1903 Tientsin-Peking, 126 km, Lt. v. Salzmann auf einem Pony in 8 St. 48 Min.

Einstieg in die Kiesgrube bei Lochham während des Gelände-Reitens (München.)
(Phot. E. Haymann, München.)

1905 Upsala-Stockholm, 70 km, in durchschnittlich 3 St., meist Halbblüter (ausschließlich Chausseen).

1906 Königsberg-Königsberg, 85 km, Lt. v. Egau-Krieger auf Reginald (Hbl.) gewonnen.

1907 Cottbus, 20 km-Querfeldein-Jagdrennen, Lt. v. Schlotheims Pascola v. Simon Magus (Amerika) in 33 Min. 52 Sek. Mehrere Halbblüter plaziert.

1908 Rußland, Janow, 50 Werst, Offz. der 1. Donischen Kosakendivision auf Halbblut in 2 St. 3 Min.

1908 Petersburg, 100 Werst-Rennen, Halbblutwallach aus Gestüt Gf. Samoiski unter 79,8 kg in $6^{1}/_{2}$ St.

1908 Esseg-Mitrowitz, 110 km, Oblt. Pistor (k. u. k. 11. Drag.) auf Etelka (Halbbl.) in 5 : 20. Zwei weitere Halbblüter in 5 : 25 und 5 : 35 waren II. und III.!

1909 Hannover, 60 km, Rittm. v. Oesterley auf Rädelsführer (Pr. Halbbl.)

1909 Budapest, Oblt. Folis (k. u. k. 10. Huf.) auf Lèha (Halbbl.) 50 km in 1 St. 46 Min. (Gest. Gf. Esterhazy Starosd) Gelände. (Belgischer Weltrekord 50 km (Straßen) in 1 St. 28 Min.)

1910 Cháktornyaer Ordonnanzritt, Oblt. v. Vomačka=Rakovac (5. Ul.) 50 km in 1 St. 40 Min. auf Feodora v. Dante=Favorita (Hbl.), Gestüt Graf Nádasdy=Nádasdladany. 29 Teilnehmer.

Vom Prinzregentenpreis (Geländeritt, München).
(Phot. E. Haymann, München.)

1910 Arad, Rittm. Zoltán Thomke (3. Honved=Huf.) auf W. Giton v. Boglár (Hbl.) 57 km in 1 St. 53 Min. 3 Sek. 74 Teilnehmer.

Der drittletzte vorzügliche Ritt unserer österreichischen Nachbarn verdient besondere Beachtung. Am 1. und 2. Oktober 1909 stellten sich 69 Teilnehmer dem Starter und wurden in Abständen von 12 Minuten abgelassen. Das Terrain war außerordentlich abwechslungsreich, teils bergig, teils sumpfig. 25 ausgesuchte Hindernisse waren dabei zu überwinden. Die Orientierung auf

Oblt. v. Guenther (6. Ul.) auf seiner ostpreuß. Halbblutstute „Pompadour" springt den „Zahlmeistergraben" beim Geländeritt zu Hannover 1910.
(Phot. Hesse, Hannover.)

der allen Reitern gleichmäßig unbekannten Strecke nach einer kleinen Karte 1 : 75 000 war nicht leicht und in den Vormittagsstunden durch Nebel sogar erschwert.

Die Hindernisse bestanden aus Gräben, die teils des sumpfigen Anlandes wegen nicht im Schwung gesprungen werden konnten, Chausseesprüngen, Mauern, Doppelhecken, Zäunen und Kletterhindernissen verschiedener Art. Die Maximalzeit für den Ritt betrug $3\frac{1}{2}$ Stunden. 63 Reiter entsprachen dieser Bedingung,

3 gaben den Ritt unterwegs auf, und 3 andere hatten sich verritten, Eingegangene oder auch nur ermattete Pferde gab es nicht. Ein Gewichtsausgleich hatte nicht stattgefunden. Der Sieger, Oblt. Folis, ist von außergewöhnlich leichter Figur.

Die Gesamtleistung muß nach allem als ganz hervorragend gut bezeichnet werden, wenn man die durchaus kriegsgemäßen Verhältnisse in Betracht zieht, unter denen der Ritt ausgeführt wurde. Er

Schwedische Offiziere an einem Steilabhang.

kann in mancher Hinsicht als vorbildlich für die Anlage späterer ähnlicher Ritte gelten.

Bei uns in Deutschland, wo schon lange kein großer proponierter Ritt innerhalb der Armee das Interesse und den Ehrgeiz zu derartigem Unternehmen zu neuem Leben erweckt hat, ist Distanz- und Geländereiten fast gänzlich auf die dienstlichen Ritte sowie Veranstaltungen lokaleren Charakters, wie die Preispatrouillenritte in Frankfurt a. M., München (Regentenpreis), Stuttgart, Königsberg und Hannover beschränkt. Aber auch diese Ritte schaffen viel Gutes und lassen wenigstens die Passion und das Verständnis für derlei Sport nicht ganz einrosten. Bei diesen Geländeritten ist meistens eine Minimal- und eine Maximalzeit vorgeschrieben, innerhalb deren sich die Leistungen in bezug auf Schnelligkeit zu halten haben. Jedenfalls wird größere Schnelligkeit nicht besonders bewertet, sondern kann höchstens zu einer ungünstigeren Beurteilung führen, wenn nämlich darunter die Kondition des Pferdes nach dem Ritt leidet. Solche Maßnahmen sind bei uns, wo diesem Geländerittsport im allgemeinen noch wenig Passion entgegengebracht wird, auch ganz gut. Jedenfalls wird es so vermieden, daß durch ernstliche Schäden an Material und Beutel den Gegnern solcher Veranstaltungen neuer Agitationsstoff in die Hände geliefert wird.

Abstieg von einer fast senkrechten Wand von fast 6 m Höhe (Italien).

Ist doch teilweise sogar immer noch der anderwärts längst überwundene Standpunkt weit verbreitet, daß die Distanzhetzen eine auf Leben und Tod gehende Tierschinderei seien. Man ist bei uns eben immer noch in Anschauungen befangen, wie man sie im Ausland nach den traurigen Erfahrungen von Brüssel-Ostende (1902), bei welchem Ritt eine unverhältnismäßig hohe Zahl von Pferden einging oder nicht ankam, gründlich revidiert hat. Sachgemäßes Training ist eben unerläßliche Voraussetzung zu außergewöhnlichen Leistungen, wenn man auch von halbwegs in Gebrauchsarbeit befindlichen Pferden unbeschadet große Leistungen fordern darf, wenn Einleitung und Ausführung des Gewaltritts von sachgemäßem Verständnis geleitet sind.

Kletterübung in Italien.

Erst wenn die Gewißheit sich überall Bahn gebrochen hat, daß ein Ritt teils im Gelände über 50 bis 60 km in rund 3 Stunden nicht zu den Extravaganzen des Lebens gehört, daß dies vielmehr jedes nur halbwegs kriegsbrauchbare Pferd bei sachgemäßem Reiten zu leisten vermag, daß aber nur Überhetzen, be-

Springprüfungen und Geländeritte 15

sonders im Trabe und Nichteinhalten der dem Pferde zusagenden Pace u. dgl. zu traurigen und kostspieligen Erfahrungen führen, erst wenn man dies allgemein erkannt hat, werden wir Fortschritte im kriegsmäßigen Ordonnanzreiten erleben. Beispiel und Belehrung werden viel tun.

Lt. Chevalier C. de Selliers de Moranville auf Cake-Walk in Rom.*)

Dem jungen Offizier muß es eben in Fleisch und Blut übergehen, daß es ehrenvoller ist, sein Pferd mit einer Kilometerzeit von 4 bis 6 Minuten in guter Kondition durchs Ziel zu bringen, als es in der halben Zeit zuschanden zu reiten. Das lernt er aber am besten — und vielleicht einzig — nur auf dem eignen, vor allem dem selbstvorbereiteten Pferde.

---

*) Wie mir dieser hervorragende Reiter in einem Briefe mitteilt, ist die abgebildete Wand absolut so steil in der Wirklichkeit, wie sie sich auch auf dem Bilde darstellt. Er gibt mir die Versicherung, daß keinerlei photographische Trics etwa bei der Aufnahme obgewaltet haben. Dies dürfte also auch wohl für die übrigen, besonders italienischen Kletterbilder gelten und genügen. —

Übersicht der neueren Großen Konkurrenz-
Fernritte seit Berlin-Wien (1892).

1. Dresden-Leipzig, 1895, 135 km; Sieger in 5 St. 57 Min. (Chaussee.)
2. Enköping-Stockholm, 1901, 69 km; Sieger in 2 St. 48 Min. (Chaussee und Eis.)
3. Umea-Stockholm, 1902, 76 km; Sieger in 2 St. 42 Min. (Mälar-See.)
4. Brüssel-Ostende, 1902, 134 km; Sieger in 6 St. 55 Min. (Chausseedamm.)
5. Paris-Rouen-Deauville, 1903, Etappenritt: 130 km Chaussee bis Rouen im 10 km-Stundentempo; 85 km nach mehrstündiger Ruhe vom Sieger in 4 St. 14 Min. zurückgelegt. (Chaussee.)
6. Tientsin-Peking, 1903 (Ponies), 126 km; Sieger in 7 St. 23 Min.
7. Mailand-Turin, 1904, Chaussee: Zum Schluß: Hürdenrennen über 4000 m. 150 km-Etappenritt, Gesamtzeit des Siegers 18 St.
8. Lyon-Vichy, 1904, Etappenritt, ähnlich wie 5, Raid Nationale Militaire.

S. K. H. Rittm. Prinz Heinrich von Bayern (1. Schw. Reiter-Regt.) beim Geländeritt.

Geländeschule in Tor di Quinto.

Ordonnanzritt an der italienischen Reitschule zu Pinerolo.

9. Lyon-Aix les Bains, 1905, Etappenritt, 171 km in 3 Etappen: 1. 59 km Chaussee und im Gelände, höchstens 13 km in Stunde. 2. 58 km, Sieger 22 km pro Stunde geritten, große Terrainschwierigkeiten. 3. 54 km teilweise Gebirge, Maximalgeschwindigkeit 15 km auf die Stunde. Letzte 15 km ebene Straße. Zeit des Siegers für die letzten 54 km : 3 : 14 : 26$^{3}/_{5}$!
10. Vittel-Vittel, 1906, Raid National-Militaire, nach kürzeren Etappen; 142 km Gesamtstrecke. Beste Zeit 9 St. 3 Min. 35 Sek. Leichte Bedingungen.
11. Upsala-Stockholm, 1906, 70 km in etwa 2$^{1}/_{2}$ St.; 48 St. später: Konditionsprüfung: 2000 m Jagdgalopp auf dem Eise.
12. Königsberg-Königsberg, 1906, 2 Etappen 85 km und nach 9 St. Pause 60 km. Entscheidungsrennen 2000 m über Hindernisse. Maximalzeit 6 St. für die erste Etappe.
13. Tokyo-Tokyo, 1906, Patrouillenritt japanischer Kav.-Offiziere mit je 9 Reitern! Beste Zeit 104,06 St. 600 km (für die gleiche Entfernung brauchte Starhemberg 71,20 St.!).
14. Königsberg-Königsberg, 1907, 1. Etappe 90 km: Maximalzeit 6$^{1}/_{2}$ St. 2. Etappe 55 km: Maximalzeit 4$^{1}/_{2}$ St. Entscheidungsrennen: 2500 m Steeple-chase.
15. Budapest-Wien, 1908; 230 km in einer Etappe: Chaussee; über die Hälfte nachts; Sieger in 16$^{1}/_{2}$ St.!

Regeln für längere Ritte.

Wenn ich im folgenden kurz die Erfahrungen rekapitulieren soll, die auf dem Gebiete des Distanzreitens in den letzten Jahren gesammelt worden sind, so möchte ich die Tatsache voranstellen, daß über Entfernungen, wie sie unsere Kaiserpreisritte verlangen, unter kriegsmäßigen Verhältnissen auch im Auslande selten schnellere Rekords erzielt werden konnten, als wir sie aufzuweisen haben.

Nach der Schnelligkeitsgrenze hin brauchen wir unsere Anforderungen keineswegs höher zu schrauben.

Erstrebenswert wäre dagegen eine durchweg gleichmäßigere Gesamtleistung mit weniger Ausfällen an

Tränken mit Zuckerwasser.

unterwegs liegen gebliebenen Tieren und vor allem eine bessere Kondition der am Ritt beteiligten Pferde.

Um dieser letzteren Forderung besonders gerecht zu werden, lohnt es sich, die Nutzanwendung aus den hauptsächlich bei den großen Geländeritten ausländischer Offiziere gesammelten Erfahrungen zu ziehen.

Es hat sich da zunächst herausgestellt, daß ein fleißiges Training Vorbedingung des Erfolges ist. Im moderierten Maß=

Ein Reiterscherz beim Frühstück. (Lt. Carignani di Valloria=Rom.)

stab werden auch wir einer solchen Vorbereitung nicht ganz entraten dürfen. Nicht einige wenige in Zwischenräumen unternommene Gewaltritte, sondern die tagtägliche Gewöhnung an die strapaziösen Anforderungen des Fernritts, d. h. stundenlangen Aufenthalt im Freien und ausgiebiger und abwechslungsreicher Bewegung auf verschiedenem Gelände, Gewöhnung des Magens

an langes Leerbleiben und unregelmäßige Fütterzeit und endlich
Gewöhnung von Lungen und Muskeln an die langen Reprisen
— das dürfte das hier notwendige Training darstellen.

Es wird sich ferner für den Offizier darum handeln, sich
reiterlich mit seinem Pferde zu einigen. Zu durchgreifenden
Dressurversuchen wird es in der Regel zu spät sein. Eine un=
bedingte Versammlung ist auch auf die Dauer eines solchen
Rittes nicht durchführbar; aber der Reiter muß in seinem Sitz

An der Kontrollstation.

das Pferd unterstützen, wenigstens nicht stören und vor allem
das dem Pferde zusagende Individualtempo herausfühlen, das
er während des Rittes, unbekümmert um alle Nebeneinflüsse, un=
bedingt festhalten muß.

Die vorwiegende Gangart wird während solch langer Ritte
auf der Straße und im Gebirge wohl stets der Trab bleiben,
wenn auch durch häufige und lange Galoppeinlagen unter=
brochen, die besonders unter einem geschickten Reiter erwiesener=
maßen dem Pferde durch die damit bedingte Muskelabwechslung
Erholung schaffen. Nachdrücklichst sei aber vor dem sogenannten
Stechtrab gewarnt, denn nichts führt das Pferd schneller zu
Erschöpfung und der Gefahr, dem Starrkrampf zu erliegen. Man

tut gut, sich eine Einteilung nach Zeit und Gangart zu machen und dann nach der Uhr zu reiten. Naturgemäß wird eine solche Einteilung nur einen allgemeinen Anhalt bieten dürfen

Preisrichter im Auto.

und je nach Terrainverhältnissen, Wegebeschaffenheit und Gefühl des Reiters manche Einschränkung erfahren müssen. Eine Regel läßt sich dafür nicht aufstellen. Schritt sollte man niemals reiten, sondern stets führen. Ganz besonders nicht bergab. Es ist dies eine ganz wesentliche Erleichterung für sein Pferd, die jeder Kavallerist wohl gern auf das eigne Konto übernehmen wird. Um Galopp auf der Straße zu reiten, muß man schon ein wenig mit alten Vorurteilen aufräumen. Es bleibt eben nichts anderes übrig. Und ist in Wirklichkeit auch meistens nicht so schlimm; denn sehr oft finden sich an den Seiten ein immerhin etwas weniger harter Streifen oder gar Sommerwege. Niemals reite man aber auf schräger Fläche, sondern lieber in der Mitte der Straße, selbst wenn es dort härter ist. Auch die an den Chausseebäumen entlang führenden schmalen Rasenstreifen mit Wasserabzugsrinnen sind nicht zu empfehlen, da das häufige Verkürzen ihres Strides die Pferde zu sehr ermüdet, sie auch leicht fallen können. Auch von der Straße auf Stoppelacker oder Wiese abzubiegen, lohnt sich in den seltensten Fällen. Man kommt oft in schlechte Stellen oder vor unerwartete Hindernisse und wird zu

Umwegen gezwungen, die man hinterher bereut. Auf der Straße ist man seines Weges sicher.

Besonders im zweiten Teil des Ritts scheue man sich nicht, oft und viel zu galoppieren. Ich habe gefunden, daß Pferde, die zu müde waren, noch Trab zu gehen, im Galopp wieder frischer wurden. Vielleicht glaubten sie, nun müsse es doch bald zu Ende sein. — Unsere Schwadronspferde sind in der Regel hoch genug im Blut und durch das Exerzieren genügend im Galopptraining, um Strecken von 4 bis 6 km im ruhigen Tempo zu galoppieren, danach ist immer wieder eine Reprise ruhigen Trabs geboten. Auch solchen Pferden, die als ausgesprochene Trabgänger bezeichnet werden, sind Galoppeinlagen nur dienlich; dafür mache man etwa stündlich einen Halt von einigen Minuten, der das Pferd mehr ausruht, als eine Viertelstunde Schritt. Muskeln, Herz und Lunge ruhen sich dann einmal völlig aus. Nach langem Reiten und bei Hitze empfiehlt es sich, diesen Halt mit dem notwendigen Tränken zu vereinigen. Was die Tempi betrifft, so darf der Trab jedenfalls nicht stärker sein, als unser heutiges Exerziertempo. Auch der Galopp wird nur bei ganz hervorragenden Pferden etwa das 500 × Tempo erreichen. Jede Überschreitung des Tempos rächt sich aufs bitterste.

Die Frage des Fütterns ist ziemlich müßig, denn viel Zeit dazu lassen die meisten Fernritte nicht. Es kann sich in der kurzen, zur Verdauung unzulänglichen Zeit also nur um

Szene vom Raid.

eine gewisse Erfrischung und Kräftigung für das Pferd handeln.

Da haben sich Zucker und Eier am besten bewährt, weil am besten verdaulich und am schnellsten ins Blut übergehend.

Zucker kann man in fester und aufgelöster Form verabreichen. Mehr wie ein Pfund löst sich indessen auf ein Liter Wasser nicht auf. Am schnellsten geht es mit einem Teil heißen Wassers. Etwas Heu ist den Pferden auch meist angenehm. Spirituosen sind in jedem Fall unangebracht.

Tritt eine Überanstrengung des Pferdes ein, so macht sich dies am deutlichsten in einer starken Erhöhung seiner Temperatur geltend. Diese Erfahrung hat dazu geführt, die beteiligten Pferde während der Distanzritte auf Kontrollstationen durch Veterinäre messen zu lassen. Schon nach verhältnismäßig kurzer und ruhiger Bewegung, wie z. B. beim Exerzieren, tritt bei allen Pferden, wie mit Sicherheit festgestellt, eine natürliche Temperaturerhöhung von 1 bis $1\frac{1}{2}\%$ ein. Temperaturen bis zu $40°$ sind bei Distanzritten also fast normal und gehen nach verhältnismäßig kurzer Zeit auch wieder herunter. Über $40°$ jedoch beginnt eine Gefahr und daher sollten Pferde mit dieser Temperatur stets von der Fortsetzung des Rittes ausgeschlossen sein. Bei $42°$ bereits kann das Pferd eingehen, wenn auch schon über $44°$ beobachtet worden sind.

Oblt. Boceta (Spanien),
Sieger beim Ritt um das Championat 1910.

Es ist daher notwendig, daß der Reiter die Symptome drohender Übermüdung frühzeitig erkennt, die sich oft schneller einander folgen, als die nächste Kontrollstation erreicht ist. Feuerglühende Haut, starres Auge, angeschwollene Adern, steife Muskeln und schwankender Gang kennzeichnen äußerlich den gefahrdrohenden Zustand.

Es ist durchaus notwendig, daß das Pferd unterwegs stalle. Geschieht dies nicht, kann immer Blutvergiftung leicht eintreten. Auch kann Übermüdung leicht Koliken und Darmentzündung im Gefolge haben, über deren direkte Ursachen man sich noch nicht einig ist. Auch Hitzschlag ist oft an Distanzpferden beobachtet worden.

Während der Ruhepausen muß der Reiter demnach sein ganz besonderes Augenmerk auf das Pferd richten. Abwaschen

Oblt. Freyer (14. Dragoner) auf Dina (Ostpr. Halbblut).

von Beinen und Rücken wird das Tier erfrischen, wogegen es ungünstig ist, einem erhitzten Pferde einen Eimer Wasser einfach über den Kopf zu gießen. Das würde Reaktion und das gerade Gegenteil der beabsichtigten Wirkung hervorrufen.

Umstritten ist die Frage, ob Bandagen zum Ritt anzulegen seien oder nicht. Im allgemeinen scheint dies nicht vorteilhaft zu sein. Die Bandagen können sich während so vieler Stunden leicht verschieben, sie können naß werden, sich zusammenziehen und drücken, oder auch Schmutz setzt sich darunter und scheuert. Dagegen ist ein sachgemäßes Bandagieren nach dem Ritt auf jeden Fall geboten. Bausil tränkt die leinenen Bandagen mit warmem Bleiwasser und reibt vorher die

Lt. Frhr. v. Gagern (3. G.Ul.) bei einem Münchener Geländeritt.
(Phot. Michael Dietrich.)

Sehnen mit heißem Essigwasser ab. Die Hufe, die naturgemäß einer Erfrischung und Aufweichung bedürfen, werden mit Kleie eingeschlagen. Auch Massage der Muskelpartien mit Kampferöl wird empfohlen. Möglichst reiche Sauerstoffzufuhr in einem sauberen und luftigen Stall ist endlich von Bedeutung, um das Pferd leicht die Anstrengungen des Rittes überwinden zu lassen.

Auf Details der Sattelung und Zäumung brauche ich wohl nicht einzugehen. Empfehlen möchte ich noch irgendeine praktische Art von Kandare, die ein müheloses Ein- und Aushaken des Gebisses zum Tränken ermöglicht, wodurch ein völliges Abzäumen des Pferdes während der Hauptruhepause überflüssig wird.

Die französischen Raids Militaires.

Unsere westlichen Nachbarn scheinen dem Distanzreiten ihrer Kavallerieoffiziere einen sehr hohen Wert beizumessen. Sie fachen den sportlichen Ehrgeiz durch Ausschreibung großer Raids militaires, bei denen dem Sieger Ruhm und kostbare Trophäen winken, zu immer neuen Leistungen an, und in der Tat ist ihnen mit den Ergebnissen der Raids von 1904 und 1905 eine Umwertung aller bisherigen Begriffe zu schaffen gelungen.

Bisher waren derartige, immerhin selten veranstaltete Unternehmungen nicht ohne häufige Unglücksfälle für Reiter und besonders Pferd abgelaufen, wie dies bei der Natur der Sache auch nicht verwundern kann.

Noch der als französisch anzusprechende internationale Raid Brüssel-Ostende im Jahre 1902, den Lieutenant Madamet von den französischen 13. Dragonern gewann, hatte sich — wie dies auch nicht ganz unberechtigt erscheint — einer geringen Volkstümlichkeit zu erfreuen. Nach diesem Ritt, der nicht weniger als 16 Pferden das Leben kostete und bei dem kaum die Hälfte aller gestarteten Pferde — von 60 nur 29 — überhaupt durchs Ziel kamen, erhob sich naturgemäß ein Schrei des Protestes in der gesamten reiterlichen Literatur gegen solche Tierschinderei. Man sprach nicht nur diesen Trabrennen auf harter Straße jeglichen militärischen Wert ab, sondern hielt sie sogar für direkt geeignet, die Begriffe der jungen Kavallerieoffiziere über Leistungsfähigkeit und kriegerische Verwendung des Pferdes zu verwirren.

Die letzten Ritte nun dürften die Aufmerksamkeit der gesamten kavalleristischen Welt auf sich zu ziehen und auch den oft gehörten Vorwurf der Tierschinderei zu entkräften berufen sein.

Dem Ritt Paris-Rouen-Deauville im Jahre 1903, dessen 215 km der Sieger in 14 Stunden zurücklegte, fielen von 21 Pferden zwei, demjenigen von Lyon nach Vichy 1904 bei allerdings kühler Witterung von 22 Pferden nur eines, und zwar an einer Lungenentzündung, zum Opfer, während beim Raid Lyon-Aix les Bains 1905 trotz der 171 km langen schwierigen Strecke bei tropisch heißem Wetter nur vier von 48 Pferden und diese nur infolge von mangelhafter Vorbereitung dem Hitzschlag erlagen.

Wie war eine so überraschende Schnelligkeit der im Verhältnis zu allen früheren Ritten doch noch geringen Zahl der Unfälle gegenüber möglich? Und wie vor allem ist es zu erklären, daß Pferde, die solches geleistet, tags darauf in bewunderungswürdiger Frische imstande waren, lange und schwere Jagden in kupiertem Terrain zurückzulegen? Die Fragen sind nicht schnell zu beantworten. Man muß es aber vorweg den Franzosen lassen, durch fleißiges und eingehendes Studium des Pferdes und seines gesamten Organismus

Capitaine Bausil † auf Midas.
(Sieger im Raid Paris-Rouen-Deauville.)

mit unermüdlichem Eifer in der Vorbereitung und Erprobung und endlich durch weitestgehende Unterstützung der Ritte seitens der Staats- und Militärbehörden dieses Ziel erreicht zu haben.

Es ist interessant, festzustellen, daß der Lieutenant Bausil von den 28. Dragonern aus Sedan, der Sieger im Raid Paris-Rouen-Deauville im Jahre 1903, selbst zu denen gehört hatte, deren Pferd beim Ritt Brüssel-Ostende den Tod gefunden hatte. Die brillante Kondition, in der er diesmal sein Pferd durchs Ziel brachte, wie auch die Überlegenheit seines Sieges sind der beste Beweis, daß die traurigen Erfahrungen des vorangegangenen

Jahres nicht ohne Nutzen gemacht waren und man daraus gelernt hatte.

Das Streben des neuen französischen Systems geht vor allem dahin, die Kräfte der Pferde möglichst zu schonen, um das Ziel mit einem frischen, noch gebrauchsfähigen Pferde zu erreichen.

Kavalleristisch ist dieser Umstand gewiß von höchster Bedeutung. Ist doch bei dem einseitigen Streben nach Schnelligkeit die Wahrscheinlichkeit, anzukommen, eine relativ höchst geringe.

Was nützt der schnellste Ritt, wenn kurz vor Erreichung seines Zieles dem Reiter das Pferd versagt?

Ist es nicht tausendmal besser, kavalleristischer und auch menschlicher, überhaupt, wenn auch etwas später anzukommen, sich seines Auftrages zu entledigen und für vielleicht noch bevorstehende wichtige Aufgaben ein leistungsfähiges Tier unter sich zu haben?

Nach solchen durchaus sympathischen Grundsätzen haben die Franzosen das neue System aufgebaut, und wenn es ihnen gelungen ist, nicht nur in diesem Sinne das Vortrefflichste zu erreichen, sondern auch bei ihren Ritten zu einer noch nie dagewesenen Schnelligkeit zu gelangen, so kann man solcher Leistung hohe Achtung nicht versagen.

Auch sie haben ihren Raids zunächst die Erfahrungen der bisherigen Distanzritte zugrunde gelegt. Allerdings im negativen Sinne. So wie es bisher gemacht wurde, konnte es unmöglich das Richtige sein. Wie aber wurden Distanzritte bisher gemacht und werden sie zum Teil noch heute bei uns ausgeführt?

Endlose, stundenlange Trabreprisen auf der Chaussee wechseln mit Schrittführen. Das Trabtempo schwankt zwischen 3 und $3^1/_2$ Minuten auf den Kilometer. Galopp sieht man fast nie, Halten überhaupt nie. Müssen nach etwa einem halben Tage solchen Rittes zur Neubelebung des ermatteten Tieres längere Pausen eingeschaltet werden, so geht es in den Gasthausstall. Hier bekommt das von dem abwechslungslosen Chausseetraben gänzlich abgestumpfte Pferd etwas Heu, das ihm nicht genügend Kraft geben kann, etwas Hafer, den zu verdauen ihm keine Zeit gelassen wird, wenn überhaupt es noch Futter annimmt, und dann schlendert der gleichfalls geräderte wackere Reitersmann zu einem kühlen Trunke in die Wirtsstube. Den allerdings ebenso enormen Durst des Pferdes völlig zu befriedigen, scheuen sich viele aus altüberkommenem Vorurteil. Bald bricht man wieder auf und weiter gehts Kilometer um Kilometer in schier endlosem Schnelltrab.

Kontrollposten.

Wenn die gepeinigte Kreatur nicht mehr kann, wird die Peitsche hoch genommen, und erbarmungslos bohrt sich der scharfe Sporn in die bald blutigen Flanken — schließlich ist jeder Trab= ritt nur noch mit dem Eisen herauszustechen. „Fast mußte der Reiter die Mähre tragen." Vielleicht wird's dann noch einmal mit Spirituosen probiert, die für eine kurze Weile die Lebens= geister wieder etwas anregen. Plötzlich aber beginnt das Tier zu schwanken, fällt und bleibt, die Augen verdrehend, am Straßen= rande liegen. So wird denn die Chance für diesesmal begraben. Den Rest ergibt der Sektionsbericht.

Allzuoft hat man solches Bild geschaut. Oft genug, um einen Schluß daraus ziehen zu können.

16*

Bausil selbst hat sein System, das er auf Grund selbsterworbener reicher Erfahrungen aufgebaut hat, in einem elegant geschriebenen Buche „Paris-Rouen-Deauville" veröffentlicht, dessen vorzügliche Übersetzung ins Deutsche wir Rittmeister Freiherrn v. Esebeck verdanken. Dieses vortreffliche Werk ist es auch, auf das man bei Besprechung jener Methode immer wieder zurückgreifen muß.

Interessant ist z. B. die Beobachtung, daß bei einem überanstrengten Pferde dieselben Symptome auftreten, die man auch bei dem geschlagenem Wilde auf der Parforce-Jagd festgestellt hat. Das irre Auge, der schwankende Lauf, die glühende Haut mit den angelaufenen Adern, die steinharten Muskeln endlich sind die Anzeichen des nahe bevorstehenden Starrkrampfs, der inneren Blutvergiftung. Dieser Zustand tritt oft so schnell ein, daß es dann zu einem Abstoppen schon zu spät ist. Es ist daher notwendig, schon bei den ersten drohenden Anzeichen den Ritt zu unterbrechen, ehe die völlige Muskelstarre eintritt.

Den Vorgang, wie er sich dabei entwickelt, kann man sich folgendermaßen darstellen: Die im Körper aufgespeicherten und umgesetzten Nährstoffe sind die Kohle, welche der Maschine, das heißt dem Organismus des Pferdes, Triebkraft verleiht. Der durch die Atmung zugeführte Sauerstoff und die Arbeit verbrennen diese Kohle, und es müssen die nicht durch die Ausatmung ausgeschiedenen Verbrennungsprodukte durch den Schweiß, durch die Blase usw. zur Ausscheidung gelangen. Gönnt man dem Körper zu dieser durchaus notwendigen Ausscheidung keine Zeit, so treten die verbrauchten Teile ins Blut. Es beweist das die Notwendigkeit, das Pferd unterwegs genügend stallen zu lassen.

Die Körperwärme, schreibt Bausil, bildet gewissermaßen einen Barometer für die Beurteilung des Kräftezustandes eines Pferdes, da die Beschleunigung der Atmung und Herztätigkeit naturgemäß die Temperatur steigen läßt.

Beim von den Hunden gestellten Hirsch, der annähernd dieselben Normaltemperaturen wie das Pferd aufweist, hat man nach der Jagd 44,1 bis 44,5° festgestellt. Da das Leben des Pferdes bereits bei einer Temperatur von 42° in Gefahr kommt, so hat man mit der Temperaturmessung einen sicheren Anhalt an der Hand, den Ritt im gefahrdrohenden Moment, also etwa, wenn das Pferd 41° zeigt, zu unterbrechen und damit allen Eventualitäten vorzubeugen. Hätte man diese Erfahrung bereits beim Raid Brüssel-Ostende praktisch verwertet, — wie viele Pferde hätten nicht vor dem Tode errettet werden können!

Der Aufenthalt, der durch die Messungen auf den Kontrollstationen entsteht, muß eben in Kauf genommen werden. Einzelne nervöse kitzlige Tiere, die sich nicht messen lassen, können allerdings nur nach dem Pulsschlag beurteilt werden. Vom humanitären

„Parade nach der Bekanntgabe des Resultats.

wie auch vom militärischen Standpunkt muß an einer solchen mehrmaligen Messung bei allen größeren Konkurrenzritten als unabweisbare Forderung festgehalten werden.

Schon bei dem Raid Lyon-Vichy hatte man die Temperaturmessung eingeführt. Unter zweiundzwanzig Pferden, die das Ziel in Vichy passierten, wurde in nur zwei Fällen eine Körpertemperatur über 40° konstatiert. Während das eine dieser Pferde sich bald unter Anwendung von Massage und Verabreichung lauwarmen Zuckerwassers wieder erholte, ging das andere am darauffolgenden Tage an Lungenentzündung als das einzige Opfer des Rittes ein.

Dieses als außerordentlich gut zu bezeichnende Resultat bei einem derartigen schweren Ritt darf als der Erfolg eines syste-

matischen Trainings angesprochen werden. Wie aber ist nun all
den vorher geschilderten Übeln abzuhelfen? Der Hauptfehler liegt
in Tempo und Gangart. Je schneller, desto verderblicher wirkt
der Trab. Die allzu häufigen regelmäßigen Muskelzusammen=
ziehungen verbrauchen die Kraft, die Wärme, das Blut. Die
Schnelligkeit der Bewegung beschleunigt Atem und Herztätigkeit.
Dem muß durch Wechsel der Gangart vorgebeugt werden. Die
natürliche Gangart des Pferdes im Freien ist der Galopp. Der
Trab dient lediglich zum Ausparieren. Er ist eine künstliche
Gangart, ähnlich wie der Paß eine solche ist, und geboren aus
der Bequemlichkeit des Menschen. Alle Naturvölker, die Reiter=
völker Asiens, Nordafrikas, Amerikas bevorzugen sämtlich den
Galopp, ja gebrauchen ihn allein. Auch unsere hervorragendsten
Kavalleristen plädierten von je für ihn. Von General v. Rosenberg
stammt das Wort: „Habe ich Zeit, so reite ich Schritt, habe ich
Eile, so reite ich Galopp". Der Galopp ist eine viel weichere,
angenehmere Bewegung und ermüdet auf durchlässigem Pferde
den guten Reiter weit weniger als der Trab, der auf weite
Strecken nicht in der notwendigen Versammlung und Haltung ge=
ritten werden kann. Durch Rechts= und Linksgaloppieren wird dem
Pferde eine Abwechslung im Gebrauche seiner Muskeln gestattet
und in einem ruhigen, gleichmäßigen Galopp atmet das Pferd
überdies viel ruhiger und strengt daher auch sich weit weniger an;
es fängt die Bewegung des Reiters mit aufgewölbtem Rücken
elastischer ab, als es im Trabe möglich, und da es durch den
natürlichen, vom Galopp gegebenen Schwung bedeutend leichter
im Gleichgewicht und in Weichheit zu erhalten ist, schont es seine
Kräfte wie Knochen= und Gelenkbänder ganz erheblich. Der
Galopp setzt endlich die Muskeln weit seltener in Bewegung als
der Trab, und zwar im Verhältnis von $2:3$; entsprechend ist
es auch mit dem Atem. Zur Zurücklegung einer Strecke, die das
Pferd mit 100 Galoppsprüngen bedeckt, sind mithin 150 Trab=
tritte nötig.

Auch durch Wahl im Wechsel des Tempos muß der Reiter
dafür sorgen, daß die gespannten Muskeln sich wieder lösen. Die
Erfahrungen des Berlin-Wiener Rittes und des Raids Brüssel-
Ostende lehren gebieterisch, wie wichtig es ist, daß der Distanz=

reiter den Organismus seines Pferdes genau kenne. Hätte man sich die Rolle, die Blutzirkulation und Atmung darin spielen, besser vergegenwärtigt, wie viele jener traurigen Erfahrungen wären nicht gemacht worden! Ein ganz kurzer Trab von etwa 200 m in der Minute gewährt dem Pferde die gleiche Erholung — wenn nicht eine größere — wie ein eiliger Schritt. Der Zeitgewinn gestattet, einige Minuten zu rasten. Der Trab dient

Am Ziel.

dazu, entweder um weite Strecken zurückzulegen, oder aber um in ruhigem Tempo dem Pferde nach langer Galoppreprise Erholung zu gönnen. In beiden Fällen ist ein kurzer Trab angebracht. So wie aber der Renntraber mit hoher Nase und abgewölbtem Rücken das Kilometer in $1^{1}/_{2}$ Minuten dahinsaust, wäre es für den Reiter unmöglich, längere Strecken zurückzulegen, aber auch das Pferd selbst würde sehr schnell ermüden, der Traber wirft seinen Schwerpunkt, um nicht im Galopp zu fallen, weit zurück auf die Nachhand.

Im ruhigen, cadenzierten Galopp, der die Muskeln in langsameren Intervallen an- und abspannen läßt, wird auch die Blutzirkulation ruhiger sich vollziehen, als im schnellen Trab.

Die Atmungsorgane sind andererseits durch entsprechendes Training gehörig gekräftigt und vorbereitet, zudem zwingen Bodenbeschaffenheit und Steigungen oft genug zu gemäßigterem Tempo, so daß die Anstrengung auch hierdurch gemildert wird. Das Trabtempo von 220 m wird dann auf 190 m in der Minute verkürzt. In diesem ruhigen kurzen Trab erhöht sich die Temperatur um kaum merklich mehr, als im Schritt, an Muskulatur und Atmung werden also keine höheren Anforderungen gestellt. Während im schnellen Trabe die Körperwärme enorm steigt, läßt ein ruhiges Galopptempo sie innerhalb einer Stunde um nicht mehr als $1^1/_2$° steigen.

Schon der General von Rosenberg sprach sich entschieden für eine Bevorzugung des Galopps im militärischen Gebrauche selbst auf weitere Strecken aus.

Das normale Galopptempo, wenn man überhaupt hier schematisieren darf, beträgt etwa höchstens 400 m in der Minute. Es richtet sich indessen ganz individuell nach Größe, Gebäude, Temperament und Galoppsprung des Pferdes. Über das individuelle Galopptempo seines Pferdes muß der Reiter sich bereits in der Arbeit klar geworden sein; er muß es „herausfühlen" und Lunge und Muskeln daran gewöhnen.

Die große Gefahr, während des Ritts über das im Training angewöhnte Tempo hinauszugehen, zeigt am deutlichsten der deutsch-österreichische Distanzritt Berlin-Wien.

Die deutschen Reiter, die meistens etwa im 10 km Tempo pro Stunde trainiert hatten, wurden durch die schnell bekannt werdenden Rekordresultate der Österreicher, speziell Starrhembergs genötigt, ihre Schnelligkeit während des Ritts nahezu zu verdoppeln. Diesem Umstande waren wohl die meisten Opfer zuzuschreiben.

So haben die französischen Reiter den Galopp zur Hauptgangart erhoben, nur häufig ihn durch kurze Reprisen gehaltenen, ruhigen Trabes unterbrochen. In der Arbeit bilden lange, versammelte Trabs dem Pferde kräftige Muskulatur aus. Die

Galopparbeit an der Longe kräftigt Muskeln und Lunge, ohne die Beine anzugreifen und das Pferd so sehr zu ermüden, wie wenn der Reiter es ritte. Daß man auf steinigen und ungleichmäßigen Wegen nicht galoppieren kann, versteht sich eigentlich von selbst. Hufe, Gelenke und Sehnen lassen sich, wie Herr von Esebeck sehr richtig sagt, ebensowenig an Erschütterungen gewöhnen, wie der Magen an Hunger. Das Pferd soll in möglichster Frische, strotzend vor Kraft und Frische, nicht aber abgehetzt und müde, an den Start kommen.

Da die Ermüdung in weichem und tiefem Boden leichter ein-

Einholung des Ehrenpreises für das Regiment des Siegers. (28. franz. Dragoner bei Sédan.)

tritt, als auf hartem, so wird man in der Arbeit sowohl, als auch vor allem auf dem Ritt selbst meist die härtere Mitte der Chausseen und Wege aufsuchen. Natürlich muß auch das Pferd, um sich nicht vorzeitig zu verbrauchen und zu ermüden, durchlässig und schwungvoll aus der Hinterhand galoppieren, ebenso wie es auch natürlich Voraussetzung bleiben muß, daß der Reiter sich dieses Namens würdig zeige. Dann wird das Galoppieren auch auf der Chaussee, was in der Vorbereitung nicht die Regel sein darf, absolut nicht schaden. Sind doch die Pferde der Naturreitervölker gewöhnt, mit unbeschlagenem Hufe selbst auf Felsgeröll zu galoppieren.

Von Zeit zu Zeit, etwa stündlich, empfiehlt es sich, einen Halt von einigen Minuten zu machen, um die Muskeln, das Herz, die Lunge sich einen Augenblick gänzlich erholen zu lassen und dem Organismus neue Kohle zuzuführen.

Um einem Pferde die außerordentlichen Anstrengungen eines Distanzrittes und des vorhergehenden Trainings zu ermöglichen, gilt es zunächst ein Nahrungsmittel zu finden, das schnell verdaulich, sich sogleich dem Blute überträgt und die sich schnell verbrauchende Muskelsubstanz ebenso schnell wieder ersetzt. Dieses Zaubermittel aber heißt „Zucker".

Und zwar der schnelleren Zufuhr ins Blut und beschleunigten Verdauung halber in flüssigem Zustand verabreicht. Eine Lösung von 100 g auf den Liter Wasser hat sich am besten bewährt.

Es ist klar, daß man dem Blute solche Stoffe zuführen muß, welche blut- und muskelergänzend wirken. Im Zustand der Ruhe vollzieht das Blut für die Muskeln diese Aufgabe allein. Werden die den Muskeln durch das Blut zugeführten Stoffe durch die Schnelligkeit und lange Dauer der Bewegung vorzeitig erschöpft, so müssen sich die Muskeln aus den in den Muskelzellen befindlichen Eiweißstoffen gewissermaßen selbst ergänzen. Dadurch muß aber naturgemäß schließlich die Energie der Fortbewegung fühlbar leiden. Die Zufuhr des kohlenhydrathaltigen Zuckers zum Blut verhindert die Aufzehrung der zur Muskelerzeugung unentbehrlichen Eiweißstoffe. Sie beschleunigt den Verbrennungsprozeß und befördert so Blutumlauf und Herztätigkeit. Naturgemäß läßt das das Pferd alle Anstrengungen besser aushalten, ohne daß es dabei körperlich zu sehr abnimmt.

Die oft wiederholte Behauptung, daß Zucker den Durst steigere, läßt sich nicht aufrechterhalten. Im Gegenteil beweisen die Tatsachen, daß mit Zucker gefütterte Pferde unterwegs weniger leicht erschlafften, Schweiß verloren und daher weniger ermattet und erschöpft der Erfrischung des Wassers bedurften. Gleichzeitig wirkt der Zucker auch segensreich auf die Verdauung. Auch wird der Zucker mit dem Futter des Pferdes vermischt und in Form von reiner Melasse — Zuckersyrup — und paille melassé gegeben, so daß in der letzten Zeit vor dem Ritt Bausils Pferd 3 kg pro Tag fraß. Allein diese Menge beweist, wie steigerungsfähig die Nahrungsaufnahme bei sachgemäßer Arbeitseinteilung ist. Wenn es in deutschen Fachblättern einfach angezweifelt worden ist, daß ein Pferd diese Futtermenge nebst 20 und mehr Liter Hafer annimmt, so bedeutet ein solcher Einwand den tatsächlich gezeigten Leistungen gegenüber nicht nur nichts, sondern würde sogar zutreffendenfalls den Wert derselben eher noch erhöhen. Übrigens gibt es auch genug Rennpferde, die im hohen Training ihre 20 Liter Hafer vertilgen. Ist also Zucker der Saft, der Wunder schafft, so tut's andererseits Zucker allein freilich nicht.

Zu einer sachgemäßen Vorbereitung gehört vor allem eine entsprechende Stallpflege und -Überwachung. Dazu rechnet auch der Beschlag. Es hat sich ein Beschlag mit Stahleisen am besten bewährt. Solche Stahleisen nutzen sich kaum ab. Schon mehrere Tage vor dem Ritt lasse man neue Eisen auflegen. Geht es sich doch auch in ganz neuen Schuhen weniger gut, als in schon getragenen.

Daß der Reiter sich mit allen Details auf das eingehendste befassen muß und sich nicht auf Burschen und Schmied allein verlassen darf, ist klar. Er muß ebensowohl ein Eisen aufzuschlagen verstehen, als er sich auch um das Passen von Sattel und Sattelzeug, das regelmäßige Füttern, Zu- und Abnahme des Appetits seines Pferdes während der Vorbereitung sowie um dessen Bein- und Hufpflege, Bandagieren und Massieren bekümmern muß. Es liegt auf der Hand, daß gerade diese Punkte mindestens die Aufmerksamkeit erfordern, die der Infanterist seinem Schuhzeug und seiner Fußpflege widmet. Die Erfahrungen, welche der Offizier während des Trainings namentlich hinsichtlich der Pferdegesundheitspflege sammelt, die Massage der Beine mit warmem Öl, Einreibungen mit heißem Essig, Kleie= umschläge und ähnliches, was der Distanzreiter am eigenen Pferde erprobt, werden später, in verantwortlicher Stellung, der Truppe zugute kommen. Nichts ist vielseitiger und lehrreicher, als die Beobachtungen, die sich dem Distanzreiter aufdrängen: sie betreffen die Stallpflege, den Beschlag, den gesamten Pferde= organismus, kurz alles, was der Offizier von unserer vornehmsten Waffe, dem Pferde, wissen muß, um seinen Leuten Vorbild zu sein. Seine Sorge wird ihn, nicht zu seinem Nachteil, bis zu Gebieten führen, die eigentlich bereits der Veterinärkunde an= gehören, und erst dann wird ihm der innere Zusammenhang der Erscheinungen beim Pferde gänzlich klar werden und somit erst vollstes Verständnis reifen. Durch die Ritte selbst aber und durch die Vorbereitungen zu denselben wird er zu gesundem, ge= regeltem Lebenswandel und zur Entfaltung höchster Reiterenergie gezwungen und durch geschickte Terrainbenutzung Gefühl für das Tempo und vor allem Beurteilung der Kräfte seines Pferdes lernen.

Was die eigentliche Vorbereitung des Pferdes selbst an= betrifft, so besteht diese nicht etwa aus regelmäßig von Zeit zu Zeit unternommenen längeren Ritten, sondern sie gestaltet sich ebenso natürlich und abwechslungsreich wie einleuchtend. Daß ein gemästetes, arbeitsungewohntes Tier zu jeglicher Leistung un= tauglich ist, ist bekannt. Man wird in der Regel auch nur solche Pferde zur Vorbereitung auf größere Ritte wählen, die als Jagdpferde oder wie unsere Soldatenpferde durch den täglichen Dienst, Bahnreiten, Exerzieren, Felddienst usw. bereits in einer für den kriegsmäßigen Gebrauch ausreichenden Kondition sich be= finden. Zu den Raids sind durchaus keine anderen oder gar be= sonderen Pferde benutzt worden. Es wäre völlig verkehrt, ein spezielles Raidpferd abrichten zu wollen. Alle Pferde sind das, was man aus ihnen macht. Erhöhte Leistungen aber — und nur durch solche erwirbt man höhere Erkenntnis auch für den

einfachen Gebrauch — erfordern auch eine weitläufigere Vor=
bereitung. Die Pferde müssen an den langen Aufenthalt und
die andauernde Arbeit in der frischen Luft gewöhnt und abgehärtet
werden. Sechs bis acht, manchmal zehn Stunden täglich Draußen=
sein sind die Grundlage der Vorbereitung. Die Arbeit auf der

Ehren=Diplom für den Sieger.

Chaussee und auf dem Reitweg, dem Exerzierplatz usw. darf
nicht einseitig sein. Schulreiten, Springen in der Freiheit und
Gebrauch im Dienst ergeben eine nützliche Abwechslung und Ver=
änderung in der Muskeltätigkeit, die dem Pferd Frische und
Gehlust erhält. Es ist wichtig, daß sich alle Arbeit logisch und
konsequent steigere und die Muskeln der einzelnen Partien sich
ebenfalls gleichmäßig entwickeln. In letzterer Hinsicht ist aus=

giebige Schrittarbeit besonders förderlich. Das Trainieren zum Distanzritt ist eine ebensolche Kunst wie die Vorbereitung zum Rennen. Ein Schema wäre in beiden Fällen gleich unangebracht. Die besonderen Eigenschaften des Pferdes wie die Anforderungen der Proposition geben für den Training und das Füttern alle nötigen Anhaltspunkte.

Es versteht sich eigentlich von selbst, daß diese Arbeit in den Morgenstunden, und zwar sehr zeitig beginnend, und in einer Reprise erledigt wird. Ist dies schon einerseits wegen des Essens usw. der Stalleute geboten, so ist es noch wichtiger, daß den Pferden im Stall die zur Aufnahme eines erhöhten Futterquantums nötige Ruhe und Verdauungszeit gewährt werde. Dann wird das Training auch das Temperament einzelner Pferde auch nicht zu ungünstig in bezug auf ihre Heftigkeit beeinflußen. Meist waren es Chargen- oder zum Dienstgebrauch eingestellte Pferde, die zu jenen Ritten gebraucht wurden. Da die französischen Remonteankaufs-Kommissionen vielfach junge, billige Vollblutpferde als Offiziers-Chargenpferde ankaufen, ist das französische Kavallerie-Offizierkorps ganz hervorragend beritten und steht in seinen sportlichen Einrichtungen auf einem geradezu vorbildlich gesunden Boden.

Diese Chargenpferde erfüllen gleichzeitig ihren Dienst, gewinnen Militär-Steeplechases um wertvolle Ehrenpreise auf den größten Rennbahnen und beteiligten sich an Schulreit- und Springkonkurrenzen, sogenannten Parcours über schwierige Jagdsprünge, ferner an prix de championat de cheval d'armes de l'armée. Alles durch staatliches und militärisches Entgegenkommen im In- wie Auslande ohne erhebliche Kosten für die Offiziere.

Allein diese militärsportliche hohe Vorbildung brachte es auch dahin, daß in dem schwierigen Training zu den großen Raids nach allen Regeln der Kunst gearbeitet und vor allem vermieden wurde, die Pferde zu ermüden.

Erscheint es doch dringend notwendig, den Pferden gesunde Frische und eine gewisse charakteristische Individualität zu erhalten.

Dies wurde nun hauptsächlich erreicht durch häufiges Fortlassen des Gewichtes. Wie während der Raids die Reiter ihre Pferde bei allen merklichen Steigungen und Fällen der Route

an der Hand sowohl im Schritt als auch im Trabe führten und
dadurch die Strapazen des Pferdes auf Rechnung der eigenen
minderten, so vollzog sich auch ein großer Teil der Arbeit, haupt=
sächlich das Eingaloppieren für die langen Reprisen ohne Reiter=
gewicht, ausgebunden an der Hand eines daneben galoppierenden
Begleiters. So wurde die weitestgehende Schonung mit der Er=
reichung einer ganz außergewöhnlichen Kondition verbunden. Alles

Oblt. Sommerhoff (21. Drag.) auf Diamant über dem Tor
im Drahtzaun in Frankfurt a. M. (Sportausstellung) 1910.

das klingt so unglaublich einfach und ist doch ebenso neu für uns.
Die alte Geschichte vom Ei des Kolumbus.

Interessant ist die Zusammenstellung der letzten Vorbereitung,
die Bausil seinem Pferde Midas zehn Tage vor Paris-Deauville
gab. Das Pferd wurde 10 km zum Exerzierplatz im Schritt
hinausgeführt. Dort ritt es Bausil viermal je zehn Minuten
Galopp in seinem gewohnten 400 m=Tempo mit dazwischen ein=
gelegten Trabreprisen von je fünf Minuten und absolvierte so in
56 Minuten 20 km. Dann wurde während einer Rast von vier
Minuten Zuckerwasser getränkt, und nun an der Hand stündlich
abwechselnder Führpferde, die Bausil des eigenen Trainings wegen

persönlich ritt, in den gleichen Reprisen und Zwischenpausen weitere 60 km in drei Stunden zurückgelegt.

Endlich wurde das Pferd die 10 km Weg zum Stall an der Hand im Schritt geführt. Nach dieser enormen Gesamtleistung zeigte Midas kein nasses Haar und fraß, bei aller Frische, wie immer mit Appetit seine 20 Pfund=Ration.

Bei den Führpferden, die aus dem Bestande von Bausils Schwadron genommen waren, zeigte es sich, daß ein Pferd im gewöhnlichen Exerziertraining in beschriebener Weise bis zu 60 km innerhalb drei Stunden ohne Übermüdung zurückzulegen imstande ist. Im Trabe wäre dies ganz unmöglich.

Auch der große Distanzritt vom 6. Februar 1905, der von Upsala nach Stockholm führte, verdankt sein günstiges Resultat wohl nicht in letzter Linie der Zuckerfütterung, die die schwedischen und dänischen Offiziere, die daran teilnahmen, durchweg bei ihren Pferden angenommen hatten.

Zwanzig von 21 Teilnehmern kamen in tadelloser Frische in schwungvollem Galopp am Ziel an. Auch die 48 Stunden später abgehaltene Konditionsprüfung, die diese Pferde auf dem Eise in einem 2000 m=Jagdgalopp über Sprünge zurücklegen mußten, bestätigte die ausgezeichneten Erfolge des Zuckertrainings.

Der einzige Reiter, der sein Pferd nicht ins Ziel brachte, hatte die erste Hälfte des Rittes mit 35 km in der Zeit von 1 Stunde 4 Minuten zurückgelegt; also die Pace in Anbetracht der Länge der Reise wesentlich überhastet.

Die tägliche Zuckerfutterration betrug bis zu 6 Pfund. Die Pferde der Reitschule von Strömsholm erhielten auch sofort bei ihrer Ankunft 2 Liter lauwarmes Zuckerwasser verabreicht, das von allen gleich gern genommen wurde. Acht Tage später absolvierten dieselben Pferde in vorzüglicher Frische eine 8 km-Schleppjagd auf der Reitschule, da der vorangegangene Ritt bei keinem der Tiere nachteilige Folgen hinterlassen hatte, wie Rittmeister v. Esebeck dort konstatieren konnte, der anläßlich der nordischen Spiele 1905 auch die Reitschule von Strömsholm besucht hat.

Bei dem bekannten Ritte Saarbrücken-Rom kam das Skelett von einem Pferde mit eiterbeuligen Sporenlöchern in nahezu erschöpftem Zustande am Ziele an, und auch das Pferd, das

Szene vom französischen Raid Vittel-Vittel. („Au trot gymnastique.")

von Metz nach Bukarest geritten wurde, konnte zum Schlusse nicht mehr geritten, sondern mußte die letzten 40 km geführt werden!

Springprüfungen und Geländeritte.

Als der beste deutsche Distanzritt ist derjenige des Leutnants Zürn von den sächsischen 18. Husaren, dem Sieger von Leipzig-Dresden, anzusprechen, der die 130 km betragende Entfernung in sechs Stunden auf der Beberbecker Stute Thekla zurücklegte und dabei meistens Galoppreprisen von einer halben Stunde ritt.

Diese reiterliche Tat wurde ohne Zuckernahrung vollbracht. Das beweist, daß derartige Leistungen nicht ausschließlich vom Zucker abhängig sind. Wenn auch gerade dieser das Pferd frisch erhält, so wird es doch im Kriege nicht immer möglich sein, Zucker zu füttern.

Die Hauptsache bleibt also die Einteilung der Reprisen und Pausen sowie Anwendung des ruhigen Galopps.

Daß eine Patrouille an einem Tage mehr als 100 km zurückzulegen haben wird, dürfte wohl selbst im Kriege kaum je vorkommen, wohl aber solche Strapazen an mehreren Tagen hintereinander.

Unsere Kaiserpreisritte.

In keiner anderen Armee wird in so weitem Umfange das Distanzreiten gepflegt, wie in der unseren. Selbst die österreichischen Kameraden beneiden uns um unsere jährlichen armeekorpsweisen Kaiserpreisritte.

Um so weniger kann man eigentlich verstehen, warum uns die anderen in sportlichen Veranstaltungen großer Fernritte überflügelt haben. Daß dies aber momentan so ist, daran kann kein Einsichtiger zweifeln, und es hieße Vogelstraußpolitik treiben, wollten wir uns in engherziger Eitelkeit dieser Tatsache verschließen.

Inzwischen ist durch die erfolgreiche Beteiligung deutscher Offiziere an den Concours in Wien und London auf diesem Wege der erste Schritt vorwärts getan!

Rittm. v. Oesterley (Mil. Reit-Inst. Hannover)
auf Rädelsführer (deutsches Halbbl.).
(Phot. E. Haymann, München.)

Wir müssen also auf Mittel und Wege sinnen, wie wir das verlorene Terrain wiedergewinnen können.

Von sportlicher Seite sind daher in richtiger Erkenntnis der Tatsachen bereits einige „Raids", wie es auch die Franzosen nennen, ausgeschrieben und geritten worden. Voran die Frankfurter Patrouillenritte des Poloklubs, dann München mit seinem Regentenpreis, Hannover, Stuttgart, Nürnberg und andere. Ferner die bekannten Königsberger Fernritte und endlich — last not least —

Oblt. Picht auf dem ostpreußischen Halbblutwallach Onyx.

das leider noch nicht wiederholte Cottbuser 20 km-Querfeldein-Jagdrennen. Weitere derartige Veranstaltungen werden gewiß nicht verfehlen, das bei uns noch etwas latente Interesse für derartigen Sport zu beleben und zu fördern. Gerade solche schwere „Cross Country"-Ritte sollte es aber viel mehr bei uns geben. Sie sind militärisch von höchster Wichtigkeit.

Aber in der einsichtsvollen Voraussetzung, daß solche von privater Seite ausgehenden Veranstaltungen nicht ausreichen werden, den Sinn und das Verständnis für diese Dinge in breitere

Kreise unserer Kavalleristen zu verpflanzen, haben unsere obersten kavalleristischen Behörden den freudigst zu begrüßenden Entschluß gefaßt, durch Änderung der Proposition den Kaiserpreisritten ein anderes Gepräge zu geben, das obigen Bestrebungen entgegenkommt.

Es ist dies eine um so dankenswertere Initiative, als gerade diese dienstlichen Ritte geeignet erscheinen, auch dem unbemitteltsten Offizier in der entlegensten Garnison durch praktische Erfahrung Gelegenheit zu späterer Entfaltung vorzüglicher Leistungen auf diesem Gebiete im Ernstfalle zu geben.

Werden unsere Offiziere erst einmal Geschmack an diesen Raids gewonnen und Erfahrung auf diesem Gebiete gesammelt haben, so werden zum mindesten einzelne unter ihnen ruhig unsere Vertretung übernehmen können, wenn wieder einmal ein moderner Fernritt, ähnlich wie einst Berlin-Wien, in die Schranken fordern sollte.

Oblt. Frhr. v. Maercken zu Geerath auf Lilly v. Dagur a. e. ostpr. Stute. (Kaiserpreis-Armee-Rekord.)

Für die neue Art von Ritten sind die leitenden Gesichtspunkte die:
1. Grundsätzlicher möglichster Ausschluß von Dienstpferden;
2. Verringerung der Distanz;
3. Verlegung eines Teils der Strecke ins Gelände.

Es sei auch an dieser Stelle gestattet, dazu Stellung zu nehmen.

Zu 1: Daß in Zukunft in der Regel nur eigne und Chargenpferde geritten werden sollen, wird sicher hier und dort einen Sturm der Entrüstung hervorrufen. Dieser Punkt erscheint uns aber gerade der wesentlichste. Ein zähes, kriegsbrauchbares Pferd, das sich zu solchen Zwecken eignet, müßte jeder Offizier besitzen. Teuer sind derartige Tiere in der Regel nicht. Wir glauben sogar, daß diese

Maßnahme die Berittenmachung unserer Offiziere günstig beeinflussen dürfte.

Aber vor allem muß endlich einmal mit der Ansicht gebrochen werden, daß solche Ritte gleichbedeutend mit Aufs-Spiel-Setzen von Gesundheit und Leben der Pferde seien.

Einem wohlvorbereiteten (das betonen wir stark) Pferd, das mit Verständnis und Schonung geritten wird, darf auch ein

Oblt. v. Auer (2. Garde-Drag.) auf Muse v. General (Halbbl.).
Züchter Schlebrügge, Ostpreußen.

forcierter Ritt, wie er von einer Patrouille im Kriege gefordert werden muß, eben nichts schaden. Für unverschuldete Schäden allerdings, wie sie auch auf jeder Jagd einmal passieren können, wäre eine Form von pekuniärem Ersatz (eine dienstliche Offizier-Pferde-Versicherung z. B.) sehr erstrebenswert und — ganz abgesehen von diesen Ritten — nicht mehr als recht und billig. Eine — für den Anfang wenigstens — recht reichlich bemessene Minimalzeit müßte das Ausarten in ein Rennen vermeiden. Durch die ganze Proposition muß vor allem eine Bevorzugung

Rittm. Frhr. von Stein (7. Huf.) in Hannover bei der Springprüfung nach dem Geländeritt 1910.

Oblt. Frhr. v. Stralenheim (Sächs. Garde-Reiter).

reiner Schnelligkeit des Pferdes vermieden (Königsberg!!) und die Höchstbewertung der Kondition gewährleistet werden.

Der größte Vorteil liegt aber darin, daß der Offizier sich mit der Stall= und Körperpflege seines Pferdes befassen, diese während des gesamten Trainings persönlich überwachen muß und ein ganz anderes Interesse an der Schonung seines Pferdes nehmen wird, als dies zum Teil bisher geschah, als die gesamte Vor=

Oblt. Frhr. v. Maercken zu Geerath auf Starlight (Irland).
(Sieger im Kaiserpreis=Geländefernritt des XVI. Armeekorps 1910.)

bereitung in der Regel in der Hand eines vom Regiment damit betrauten Unteroffiziers blieb. Von mehr Training als gelegentlichen Ritten, einer geringen Haferzulage und täglichem langen Schrittbewegen war meist nicht die Rede. Das wird nun hoffentlich alles anders werden. Fütterung, Pflege und Arbeit werden ganz dem Besitzer und Reiter zufallen, der gerade hieraus für seine Schwadronschefzeit goldene Lehren sammeln wird, die nachher den ihm anvertrauten Dienstpferden indirekt zugute kommen werden.

Zu 2: Eine Entfernung von etwa 80 km würde unseres Erachtens vollauf genügen. Viel größere Tagesleistungen werden auch im Kriege kaum je vorkommen. Außerdem bleiben ja noch weitere dienstliche Fernritte möglich, bei denen Gelegenheit bleibt, auch über weitere Entfernungen zu reiten. Mit dieser Ver-

Oblt. v. Roon (1. Garde=Drag.) auf Harras.
(Sieger im Kaiserpreis des Berlin=Potsdamer Reitervereins.)

ringerung der Distanz dürften wohl die meisten Herren einver=
standen sein. Auch sie muß wiederum der Erhöhung der Kon=
dition dienen.

Zu 3: Weniger angenehm wird es aber manchem Reiters=
mann sein, die sichere Chaussee verlassen und ein heimtückisches,

hindernisdurchzogenes Gelände aufsuchen zu müssen. Aber der
Ritt wird ein durchaus freiwilliger sein. Gelegenheiten zum
Beweis der Felddienstfähigkeit werden ja auch sonst noch zuweilen
geboten. Also: Fort mit dem Chausseetrabrennen und hinein in
das Gelände im frischen, fröhlichen Galopp. Das entspricht erst
kriegerischen Verhältnissen. Denn eine Patrouille wird oft die
Straße besetzt finden und vom Feinde querbeet gejagt werden
und selten auch von der Chaussee aus etwas sehen, beobachten
und melden können.

Hierzu bieten sich nun die schönsten Gelegenheiten, alle Vor=
züge des gewiegten Jagdreiters praktisch zu verwerten. Dieser
Teil des Ritts, bei dem auch Findigkeit im unbekannten Gelände
erprobt wird, läßt sich von geschickten Händen abwechslungsreich
und reizvoll genug gestalten. Geeignete Kräfte zu diesen —
umfangreichen und durchaus nicht einfachen — Vorbereitungen
finden sich überall. Diese Herren dürfen dann selbstverständ=
lich an dem Ritt selbst nicht teilnehmen. Schon dieser Um=
stand erheischt eine andere Zusammensetzung der Kommission
als bisher. — Die taktische Aufgabe läßt sich ebenfalls ins
Praktische übertragen (wirkliche Truppen, die eine Stellung be=
setzt haben, Marschkolonnen, Vorposten usw.). Schiedsrichter
in Automobilen oder zu Pferde hätten die Reiter zu beob=
achten und zu überwachen. Auch die Hindernisse lassen sich so
anlegen, daß sie unter den Augen von Preisrichtern absolviert
werden müssen.

Betrachtungen zu der neuen Art der Kaiserpreisritte.

Als man sich von leitender Stelle aus entschloß, die bisherige, langjährige Art der Ritte um den Ehrenpreis des Obersten Kriegsherrn in den einzelnen deutschen Korps in eine neue, mehr den Erfordernissen moderner kavalleristischer Tätigkeit im Felde entsprechende Form umzuwandeln, da mag ganz in dem Sinne, in dem das Deutsche Offizier-Blatt mehrfach diese Frage behandelt hat — die Absicht mitgewirkt haben, das Verständnis und die Passion für derartige Patrouillenritte auch bei uns allmählich auf eine solche Höhe zu bringen, wie man sie an den großen Ritten anderer Nationen in den letzten Jahren nur bewundern konnte.

Unzweifelhaft hat man also einen Fortschritt im Auge gehabt, als man die Entfernung der Ritte um reichlich ein Drittel der bisherigen Kilometeranzahl kürzte und einen Teil des Rittes von der Straße weg in das Gelände verlegte.

Worin sollte nun dieser Fortschritt bestehen?

Bisher hatten unsere Offiziere, meist auf Dienstpferden beritten, Strecken von etwa 120 bis 150 km fast ausschließlich auf gebahnten Wegen in verhältnismäßig kurzer Zeit, vorwiegend im schlanken Trabe, zurückgelegt und dabei ein taktische Erkundungsarbeit zu lösen gehabt.

Allein der Fortfall dieser militärischen Aufgabe weist unzweideutig darauf hin, daß fortab der Schwerpunkt der Leistung mehr oder vielmehr ausschließlich im **reiterlichen Sinne** gesucht werden sollte.

Ein Fortschritt schien nur denkbar, wenn unsere Offiziere daran gewöhnt wurden, sich mit den schwierigen Fragen der Vorbereitung und Ausführung eines solchen Rittes persönlich, und zwar im eignen Stalle zu beschäftigen, wenn sie angeregt wurden, die höchste Leistungsfähigkeit ihres Pferdes bei der größten Schonung und Erhaltung des Materials erkennen und ausnutzen zu lernen.

Es bedeutete dies zudem einen Appell an ein den Erfordernissen des Krieges entsprechendes Berittensein besonders derjenigen Kavallerieoffiziere, denen im Ernstfalle die ungemein wichtige und verantwortliche Tätigkeit des Patrouillenführers obliegt.

Oblt. Henke (Württbg. Königin Olga-Drag.) auf Entoutcas.

Daß diesen Anforderungen, die durchaus zu stellen waren, bei richtigem Sachverständnis und vor allem genügender, erfahrungsammelnder Vorbereitungsarbeit entsprochen werden konnte, ohne die Geldbörse mehr als bisher zu belasten, darüber sind sich alle Männer der Praxis durchaus klar. Es fehlt allerdings noch an dem Gebäude der Schlußstein, nämlich die Einführung der staatlichen Entschädigung bei unverschuldet anläßlich dieser Ritte eintretenden Schaden. Es ist dies aber wohl nur noch eine Frage der Zeit, wenn von allen Stellen auf dies durchaus notwendige Erfordernis der neuen Richtung unentwegt hingewiesen wird.

Etwas anderes ist es damit, wie es in Wirklichkeit mit dem entsprechenden Berittensein der in Betracht kommenden Offiziere aussieht. Es ist wohl nicht zu viel gesagt, wenn man behauptet, daß die Zusammenstellung nicht aller Offizierställe — wenigstens mit dem einen eignen Pferde, das der Kavallerieoffizier neben seinem Charger zu halten verpflichtet ist — so ganz den Er=

Rittmeister Willmer, Reitlehrer an der Münchener
Equitations=Anstalt, beim Geländereiten.
(Phot. E. Haymann, München.)

fordernissen eines modernen kriegsmäßigen Patrouillen=Gelände= rittes entspräche. Nun, wir befinden uns eben noch in dem Stadium des Übergangs und der Gewöhnung aus alten lieb= gewordenen Verhältnissen heraus, und das geht bekanntlich nicht stets ganz so schnell, wie man vielleicht wohl möchte. Es ist ja auch nicht nötig von heute auf morgen mit rigorosen Maßregeln Neuerungen einzuführen. Das wird sich im gewünschten Sinne ganz von selbst machen, wenn es verstanden wird, den Ehrgeiz und die Passion unserer Reiteroffiziere geschickt in die richtige Bahn zu lenken.

Ein ausgezeichnetes Mittel, von vornherein ein gefährliches Tempoforcieren und Rennen zu vermeiden, ist die bei uns eingeführte Fixierung einer Minimalzeit, unter der nicht geritten werden soll. Diese Minimalzeit wird im allgemeinen in bergigem Terrain auf gebahnten Wegen auf etwa 80 km für das Kilometer 5 Minuten betragen, eine immerhin ganz gute Zeit, wenn man alle Aufenthalte und Pausen darin miteinbezieht. Wo nur Ebene zur Verfügung steht und womöglich überall schöne sandige Sommerwege die Straßen begleiten, ist diese Zeit natürlich viel reichlicher, als auf die steinigen, harten, oft schlechtgehaltenen Straßen gebirgiger Gegenden übertragen. Zur Querfeldeinstrecke wird man — abgesehen von besonders ungünstigen Geländeverhältnissen, wie wochenlang durch Regen aufgeweichter Boden, der naturgemäß mehr Zeit beansprucht — für das Kilometer 3 Minuten festsetzen dürfen. Nun ist die bei uns allgemein übliche Formulierung dieser Minimalzeit-Einschränkung nicht ganz klar und gibt zu verschiedenartigen Auslegungen Gelegenheit. Es heißt da: „Schnelleres Reiten wird nicht bewertet, wenn die Kondition des Pferdes darunter leidet." —

Wenn die Kondition aber nicht unter dem schnelleren Reiten leidet, wird der kürzere Ritt doch meist besser bewertet. Andererseits erlaubt obige Fassung auch ein willkürliches Überschreiten der Minimalzeit, ohne dadurch — wenigstens theoretisch — von der engeren Konkurrenz ausgeschlossen zu sein. — Besser wäre hier schon die Fixierung einer Maximalzeit, deren Überschreiten seits erlaubt obige Fassung auch ein willkürliches Überschreiten die Gewinnaussichten mindestens verringerte. Hält sich diese Zeit in dem vorhin erwähnten Rahmen, so kann von einem Rennen hier keine Rede sein. Die Schwierigkeit der Strecke muß andererseits schon von selbst ein wesentlich schnelleres Reiten ausschließen. Dies gilt besonders von der Querfeldeinstrecke. Wer genau die vorgeschriebene Zeit einhält, hat am besten geritten, wer wesentlich schneller ritt, die Kräfte seines Pferdes unnütz für vielleicht — im Kriege — noch bevorstehende Strapazen voraus verausgabt. Dieser Gedanke muß klar und unzweideutig zum Ausdruck gebracht werden und seine Bestätigung auch in der auf den Ritt folgenden Konditionsprüfung finden. Ist die Nachprüfung richtig angelegt, so wird es auch nur im Interesse jedes Reiters liegen, sein Pferd für diese ausschlaggebende Hauptprüfung unterwegs zu schonen und frischzuerhalten. Wir befinden uns, wie gesagt, anderen Nationen gegenüber in diesen Dingen ja noch in den Anfangs=

Oblt. d. Res. Roßmann (Sächs. Feld=Art.) auf Cart=Petrel.

stadien und haben in diesem Jahr zum erstenmal nach der neuen Manier geritten; es ist aber nicht nötig, hier mühsam erst Erfahrungen zu sammeln, die anderswo längst Gemeingut ge= worden sind.

Was bei unseren Ritten fehlt, ist genügende Betonung der Kondition und vor allem ein systematisches Hinarbeiten auf eine solche.

Das Training zu solchen Ritten besteht nicht etwa in häufigen und forcierten Gewalttritten, sondern in einer unter größtmöglicher Schonung und allersorgfältigster Stallpflege erzielten allmählichen Gewöhnung an lange, ruhige Galoppreprisen, ähnlich wie man das Rennpferd nicht vor dem Rennen müde hetzt, sondern durch allmähliche Kanterarbeit auf die bevorstehende Leistung vorbereitet. Dabei wird hier das gut durchgerittene, gehorsame, ruhige Pferd ganz besonders im Vorteil sein. Ich brauche demjenigen, der selbst schon Pferde zu Rennen oder Distanzritten wirklich systematisch vorbereitet hat, so daß sie dabei an Muskulatur und Freßlust zunahmen, nicht mehr zu sagen, es ist auch hier nicht der Rahmen dazu; im übrigen möchte ich aber die, die hier noch Belehrung suchen, auf die Berichte des jüngst im Hindernis-Rennen tötlich verunglückten französischen Capitaines Bausil und die Ausführungen des österreichischen Leutnants Béla v. Wodianer besonders hinweisen, die in ihrer Art das Größte und Epochemachendste auf diesem Gebiete selbständig und unabhängig voneinander geleistet haben, was sich überhaupt denken läßt.

Man muß schon aus diesem Borne schöpfen, wenn man hier zu Fortschritten gelangen will.

Hat man nun bei uns durch Kürzung der Distanz und Wegfall der taktischen Geländeaufgabe die Kaiserpreisritte leichter gestalten wollen?

Ich glaube, nach dem Vorhergehenden kaum noch die Verneinung dieser Frage betonen zu brauchen. Ein Rückschritt auf einem Gebiete, auf dem wir notorisch hinter anderen Armeen zurück sind, ist sicherlich nicht beabsichtigt worden. Vor allem dürfte die Kürzung der Distanz keineswegs als eine Konzession an die nunmehr vorwiegend zu reitenden eignen oder Chargenpferde anzusehen sein. Im Gegenteil, man müßte diesem ausgewählten Material, das den Führer im Kriege als leuchtendes Vorbild reiterlichen Schneids den Mannschaften vorantragen soll, eher höhere und schwierigere Aufgaben stellen.

Worin liegt nun der Ersatz an Schwierigkeit des Rittes an Stelle der gekürzten Kilometerzahl?

Nicht allein, unseres Erachtens, in der wohl etwas gegen früher gekürzten Minimalzeit auf das Kilometer — dafür ist ja auch die Strecke gut ein Drittel kürzer —, sondern vielmehr in der, neuzeitlichen Anforderungen mehr entsprechenden abwechselnden Art des Rittes, zum Teil im Gelände!

Es ist hierbei durchaus nicht nötig, daß nur eine einzige, jagdartige Querfeldeinstrecke eingelegt werde, sondern man kann z. B. unter Zugrundelegung einer taktischen Idee wiederholt unterwegs verlangen, daß von der Straße abgewichen und im Gelände geritten wird. Z. B. wären in einer gewissen Zone keine Wege und Straßen und keine Brücken zu benutzen. Oder ein größerer Wald, dessen Hauptstraßenzüge vom Feinde gesperrt sind, wäre außerhalb der bestehenden Wege zu passieren. Dergleichen, an Findigkeit und Orientierungsfähigkeit des Offiziers hohe Anforderungen stellende anregende und abwechslungsreiche Einlagen lassen sich überall mit einiger Natürlichkeit machen.

Oblt. Herzog Franz Josef in Bayern im Sprung über eine Gehorsamshürde.
(Phot. O. Voß, Hamburg.)

Das hätte den weiteren Vorteil, daß mehr Galopp, die gegebene Gangart im Gelände, geritten und der Trab auf den

Straßen dann entsprechend verkürzt würde. Haltung des Pferdes und Sitz und Einwirkung des Reiters, Straßenfrömmigkeit des Pferdes wären von besonderen Preisrichtern, möglichst im Automobil, nach Art unserer großen privaten Geländeritte, aus denen viele und gute Erfahrungen gezogen werden können, zu prüfen und zu beurteilen.

Die Hauptstrecke querfeldein hätte dann etwa 10 km zu umfassen und eine ausgeflaggte Jagdbahn mit nicht zu leichten, natürlichen, aber abwechslungsreichen Hindernissen darzustellen, unter denen auch das eine oder andere Anforderungen an unbedingten Gehorsam und Wendigkeit des Pferdes stellen müßte.

Die Strecke muß immerhin so schwer sein, daß bei Vermeidung von ernstlichen Unfällen — wofür ebenfalls genügende sanitäre Maßnahmen zu treffen wären — sich greifbare Unterschiede für die Beurteilung ergeben und es nicht jedem beliebigem „Ausrangierer" unter einem ungeübteren Geländereiter immer noch möglich wird, fehlerlos über die Bahn zu kommen. Das hieße, die Milde am unrechten Platze übertreiben. Wir wollen und müssen doch Anforderungen stellen, die den tagtäglichen überlegen sind und sich den im Kriege denkbaren und möglichen Lagen nähern. Wir wollen hier das Schwere im Frieden üben, um wenigstens des Leichten im Ernstfalle sicher zu sein. Daß die Vorbereitungen und Mühen für die den Ritt ausarbeitende Stelle nicht gering sind und daß auch Kosten entstehen werden, darf nicht davon zurückhalten, in diesem überaus wichtigen und bisher bei uns etwas stiefmütterlich behandelten Dienstzweig nunmehr alles Menschenmögliche zu tun, um den Vorsprung, den andere Kavallerien uns darin voraushaben, sobald wie möglich wieder einzuholen. Gelder für Flurschäden und sonstige Anlässe sind reichlich genug vorhanden, um auch einmal für diese wichtige — vielleicht wichtigste — kavalleristische Tätigkeit aufgewendet zu werden.

Doch nun zu den Maßen der Hindernisse! Bei diesem Kapitel werden wir gleich sehen, wie weit zurück wir mit unseren Begriffen noch von dem sind, was in anderen Ländern als durchaus nichts Besonderes gilt.

Man baue hier nur einmal einige Barrieren, Baumstämme, Straßenbarrikaden, Koppeleinfassungen, Schützengräben und andere kriegsmäßige Hindernisse auf, die nur einen Meter fest hoch sind, und studiere dann die allseitige Empörung! Und nun gar Draht=

Ein unfreiwilliges Bad.

zäune oder feste Stationatas, wie sie die italienische Kavallerie tag=
täglich springt, und wie sie heutzutage unzweifelhaft oft im Kriege
einer Patrouille sich in den Weg legen werden — zum Sieg
oder — zur Gefangenschaft! — Tableau! — (Auf dem italienischen
Militär=Reit=Institut giebt es allerdings keine Reitbahnen, und

18*

in den französischen und belgischen Offizier-Reitschulen lernen die kommandierten Offiziere auf Dienstpferden, von denen viele mehr als 2 m hoch springen, Gefühl und Maßstab für Sprünge!) Und wenn man selbst noch unter das Maß eines Meters gehen will und Sprünge von 0,90 m und Gräben von nur etwa 2,50 m Breite — gewiß im Gelände nichts Außergewöhnliches — hineinnehmen will, wird man die Erfahrung machen, daß wir in Deutschland nicht allgemein derart gut eingesprungenes Pferdematerial in Offizierställen haben — und daran liegt es einzig und allein —, wie es im Interesse eines Fortschritts wohl zu wünschen wäre.

Man muß nicht glauben, daß die Offiziere der anderen Kavallerien der Welt wohlhabender als unsere seien und ganz besonders erlesenes gutes und teueres englisch-irisches Huntermaterial zu ihren Raids ritten: im Gegenteil, sie geben vielleicht weniger Geld für ihre Pferde aus und haben ein um kein Jota besseres Material!

Ja, sogar die englischen Kavallerie-Offiziere, die wohl das erste und allerbeste Pferdematerial der Welt ritten, die aber im Springen auf einem ähnlichen Standpunkt wie wir Deutschen standen, versagten auf ihrer eignen Londoner Internationalen Pferdeschau in den Springkonkurrenzen völlig gegenüber den keineswegs ideal berittenen belgischen und französischen Reitern, die ebenso wie die italienischen Offiziere eben einen nicht unerheblichen, bei uns leider noch zu unbekannten Vorsprung im Reiten über Jagdhindernisse voraus haben. Das sagt und beweist wohl genug. Wir dürfen dem nicht länger mit verbundenen Augen untätig gegenüberstehen und es nicht allein dem sportlichen Unternehmungsgeist einzelner passionierter Reiter überlassen, hier Wandel zu schaffen. Es ist vielmehr die Aufgabe und die Pflicht aller Stellen, die dazu beitragen können, daraufhin zu arbeiten, daß wir in diesem kavalleristisch wie allgemein militärisch so ungemein wichtigen Dienstzweige endlich vorwärtskommen. Dazu bieten unsere Kaiserpreisritte die gegebene und beste Gelegenheit!

Der Ehrgeiz eines jeden deutschen Reiteroffiziers nach der Ehrengabe seines Allerhöchsten Kriegsherrn für die beste dienstlich-reiterliche Leistung wird und muß in obigem Sinne fördernd wirken.

Rittmeister H. von Bohlen und Halbach beim Klettern
eines Steilhanges.
(Phot. Rastedter in Karlsruhe.)

Um uns einen Maßstab für mögliche Leistungen zu geben, sei hier an den Internationalen Championat-Ritt (Military) des Brüsseler Concours im Mai 1910 erinnert. Dort hatten die Pferde unter anderem beim Raid zwei Galopps von je 40 Minuten im 500 Schritt-Tempo feldmarschmäßig unter mindestens 80 kg zu absolvieren, wonach je eine Prüfung über gute Hindernisse in der Concourshalle unmittelbar folgte. Anderen Tags kam dann eine Steeplechase im 700 Schritt-Tempo, die einzeln über die Bahn von Boits-Fort zurückzulegen war, und am Schlußtage für dasselbe Pferd in Gegenwart des Königs — die Hauptspringkonkurrenz, wie sie schwieriger kaum gedacht werden kann.

Dabei sah man in Brüssel kaum ein schwitzendes Pferd und keines außer Atem und flankenschlagend!

Doch nach dieser Abschweifung zurück zu unseren Kaiserpreisritten! Die Geländestrecke muß in einem flotten Galopp-Tempo zurückgelegt werden und darf nicht zu kurz sein. Wer das innerhalb der Maximalzeit nicht erreicht, zieht sich für jede weitere angefangene Minute Strafpoints zu. Nur so hat die Sache Sinn.

An den Hindernissen, an denen eine besondere Preisrichterkontrolle stattfinden soll, hätten stets je zwei, möglichst unabhängige und objektive Richter zu stehen. Man darf dazu getrost Infanterie-Offiziere heranziehen. Nach einer kurzen Unterweisung, worauf es ankommt, würden solche Herren, von denen es geeignete genug gibt, die ein ausreichend klares Urteil darüber besitzen, ihre Sache schon machen. Je mehr detailliertes „Sachverständnis" hier vorherrscht, desto gefährlicher für eine gleichmäßige, rein praktisch-militärische Beurteilung! — Man sollte auch hier, wie beim Kartellverband vorgesehen, als Preisrichter möglichst Herren von anderen Garnisonen nehmen, wie auch Herren von anderen Waffen in der Jury früher nicht zum Nachteil der Sache tätig waren. Diese Preisrichter hätten praktisch eingerichtete und übersichtliche Richterkartons (s. Kartellverband) zur Hand, auf denen nach höchstens 3 Nummern zu richten wäre. Anders ist es viel zu schwer und gibt zu leicht zu willkürlichen Auffassungen Anlaß, wie die Erfahrung aus allen Preisrichterzetteln stets gelehrt hat.

Besonders ist dies der Fall, wenn man den Stil des Sprunges, Sitz und Einwirkung des Reiters dabei mitbeurteilen will. Die Körperfigur, ja die Uniform, ebenso wie die subjektive Auffassung des Preisrichtenden über die Art, an ein Geländehindernis heran-

Oblt. Frhr. v. Lindenfels (Württbg. Drag. 25),
Sieger im Stuttgarter Geländeritt, beim Passieren eines Baches.

zugehen und im Sprung zu sitzen, spricht allzusehr mit. Der eine liebt rennmäßiges „Anziehen" und Spannung am Zügel, abgesperrte Beine und weit vornübergebeugten Rumpf, der andere wieder will das Gesäß fest im Sattel sehen, die Beine herangenommen und völlige Zügelfreiheit, ein dritter verlangt hier vorsichtiges Anreiten, womöglich die Zügel in einer Hand und gar hintenübergebeugten Oberkörper. Kurzum, erfahrungsgemäß geht das Richten am besten, wenn es ganz einfach sich nur an das Resultat wendet: glatt herüber oder nicht! Der Erfolg muß hier allein maßgebend sein.

Abgabe von Zetteln, Numerierung, Sorge, daß ausbrechende Reiter die nachfolgenden nicht stören, Notierung von Zeiten usw. sind alles Maßnahmen organisatorischer Art, die hier zu weit führen möchten. Bei schweren Hindernissen sei nur noch geraten, durch die Art des Ausflaggens, oder — wie es beim letzten großen Geländeritt in Hannover geschah — durch Flaggenwinken rechtzeitig anzuzeigen, ob ein Graben fliegend zu springen sei oder geklettert werden muß. Ganz kriegsmäßig kann man diese Aushilfe zwar nicht nennen, doch reitet man auch im Ernstfall rücksichtsloser, wenn es drauf ankommt, und es würde sonst hier beim Ritt mancher Graben geklettert, der ebensowohl zu springen wäre. — Sehr gut sind hier zur Korrektur einmal Gräben, die nicht geklettert werden können, sondern gesprungen werden müssen.

So viel über die Querfeldeinstrecke, wenn sie ihrem Namen Ehre machen soll.

Bei den Kontrollstationen, besonders nach der Geländestrecke und dann noch einmal etwa 15 km vor dem Ziel hätten Veterinäroffiziere die Temperatur der Pferde zu nehmen und zu verhüten, daß Pferde mit Temperaturen von 40° und mehr den Ritt als solchen fortsetzen. — Das einfache Messen des Pulses genügt erfahrungsgemäß nicht, und nur das Thermometer ist hier zuverlässig.

Das gleiche hätte am Ziel zu erfolgen, wo überdies Sattel und Bandagen abgenommen werden müssen, um die Pferde auf Verletzungen, Lahmheiten und Druckschäden hin zu untersuchen. Eine leichte Streichwunde kann, zumal im tiefen Boden oder beim Gräbenklettern, leicht einmal vorkommen und schadet auch in der Regel nichts; Druckstellen und Scheuerstellen dagegen machen zum evtl. Weiterritt ungeeignet und müssen dementsprechend bewertet werden. Auch am Mittag darauf sind die Pferde in gleicher Weise, besonders auch auf nachträglich herausgekommene Lahmheiten, die hier nicht selten sind, zu prüfen.

Aus dem Vortraben an der Hand aber Schlüsse auf die Frische und Leistungsfähigkeit der ankommenden Pferde zu ziehen, ist durchaus verfehlt. Hier die Qualifikationen „sehr frisch", „frisch" oder gar „müde" zu geben, führt stets zu den größten Irrtümern und Ungerechtigkeiten gegen einzelne Pferde.

Dafür ist ja nach den neuen Bestimmungen die Galoppprüfung über Hindernisse am darauffolgenden Tage als Konditionsprobe getreten, die — richtig gehandhabt — alle nötigen Aufschlüsse geben wird. Die Pferde zeigen erfahrungsgemäß bei der Ankunft am Ziel ein durchaus verschiedenartiges Wesen, aus dem Schlüsse auf ihre Frische und Leistungsfähigkeit nicht zu ziehen sind. Der kalte Vollblüter, der faule Hunter lassen sich von dem vormusternden Soldaten unwillig am Zügel ziehen, lassen den Hals tief hängen und sind kaum zum Traben zu bewegen. Im Galopp unter dem Reiter würden sie

Frau H. R. Sommerhoff bei der Bruchsaler Hubertusjagd 1910.

aber den preußischen Schwadröner beschämen, der hocherhobenen Schwanzes mit elevierten Tritten, womöglich wiehernd, seinem bekannten Kasernenstall zustrebt und dafür das Prädikat „sehr frisch und leistungsfähig" einheimst.

Nun zum Schlusse noch ein paar Worte über die am Tage nach dem Ritt stattfindende Galopp- und Springprüfung, die ich neben der Querfeldeinstrecke für das Wichtigste und Ausschlaggebendste am ganzen Ritt im Sinne der neuen Bestimmungen halte. Nachdem am Vormittag die Pferde blank und an der Hand gemustert und lahme und gedrückte, verletzte und bisher zu schlecht zensierte Tiere ausgeschieden sind, hätte diese Haupt- und Konditionsprüfung am Nachmittag zu erfolgen. Diese Prüfung muß wiederum so eingerichtet sein, daß sich hier Unterschiede scharf hervorheben. Dazu gehört ein Galopp nicht von wenigen hundert Metern, sondern von mindestens 3000 m im Exerziertempo. Dann wird auch jedes Überhasten vermieden, der reiterliche Takt gelangt mehr zur Geltung, und ein halb durchgehendes Pferd macht nicht etwa den frischesten Eindruck. Diese Prüfung darf nicht unter dem Leitmotiv stehen: „Ach, die armen

Frau L. Mauritz auf Lola (Irland), Siegerin in mehreren Springprüfungen 1911.
(Phot. E. Zintel-Darmstadt.)

Tiere haben ja gestern schon so viel machen müssen und könnten heute umfallen", sondern sie muß klar und scharf die Spreu von dem Weizen sondern. Sonst sinkt diese Prüfung eben zur bedeutungslosen Farce herab. — Was die Preisrichter hier betrifft, so kann man sich bei dem beschränkten Raum, auf dem die Prüfung stattzufinden hätte (großer Reitplatz eines Kav.-Regts.), auf wenige, aber qualitativ nicht sorgfältig genug auszuwählende Richter beschränken. Hier muß genau analog einer modernen Springkonkurrenz gerichtet werden. Die Prüfung im Springen wird dadurch hier leichter, daß die Hindernisse nicht so rasch aufeinanderfolgen, als auf dem Concoursring. Hier ist anstandslos 1 m feste Höhe zu verlangen und mindestens 12 Sprünge. Das ist nicht zu viel verlangt nach 80 km tags zuvor. Natürlich müßten hier alle Arten von Sprüngen, wie sie in Wirklichkeit auch vorkommen, und auch Gehorsams- und Rittigkeitsprüfungen vertreten sein. Leichte kleine „Kommißhürden" gehören natürlich nicht in dieses Repertoire. Diese Art von Hindernissen, über deren Wert bei Rennen man schon problematisch denkt, gehören — außer vielleicht zum Einspringen der jüngsten Remonten in der Bahn — überhaupt nicht in ein Kavalleriekasernement. Hier sind 3—4 m-Gräben und Doppelsprünge, feste Mauern, Draht- und Bretterzäune, Wälle und dichte Hecken am Platz. Ein nicht auf alle diese Erfordernisse der modernen kavalleristischen Richtung sorgfältig vorbereitetes Pferd darf nicht in der Lage sein, diese Prüfungen und damit den Kaiserlichen Ehrenpreis zu gewinnen.

Gelangen wir endlich und überall zu den hier angedeuteten Auffassungen und Zielen, so wird die neue Fassung der Kaiserritt-Propositionen zu einem Fortschritt unserer Reiterei gegenüber den Leistungen unserer Nachbarn führen.

Nacht=Ritte.

Die Nacht ist keines Menschen Freund, am allerwenigsten eines solchen, der um die Stunde der Gespenster den merkwürdigen Ehrgeiz zeigt, sich auf verschwiegenen Waldpfaden oder ausgefahrenen Feldwegen hoch zu Roß umherzutreiben, anstatt wie andere ehrsame Bürgersleute dem Schlaf des Gerechten obzuliegen.

Indessen es gibt auch derlei Käuze.

Seit jenen englischen Kavallerieoffizieren, die im übergezogenen Nachthemd, die Zipfelmütze auf dem Haupt, die ersten Kirchturmrennen (Steeplechases), d. h. von Turm zu Turm bei Mondschein in direkter Linie ritten (die „die Nachtreiter" darstellenden Sportbilder sind weit bekannt), ist dieser halsbrecherische Sport oft wiederholt worden, wo tatendurstige junge (und auch ältere) Reitersleute zu später Stunde vergnügt zu fröhlichem Tun zusammen gewesen waren.

Aber auch abgesehen von solchen feuchtfröhlichen Scherzen gibt es noch eine Sorte von Nachtritten, die nämlich der militärischen Orientierungsfähigkeit dienen soll, und zu denen Kavallerie= und alle sonstigen Offiziere, die in die Lage kommen könnten, im Kriege Befehle während der

Oberst Frhr. v. Redwitz,
Kommandeur der bayer. Militär=Reitschule auf Wit im Gelände.
(Phot. E. Haymann, München.)

Nacht überbringen zu müssen, herangezogen werden. Eine gewisse Berühmtheit erlangten diese nächtlichen Ritte beim 16. Armeekorps unter dem Grafen Haeseler, wo selbst die ältesten Capitaines der Infanterie zum Kummer der trauernd hinterbliebenen Frau Gemahlin des Nachts in Bewegung gesetzt wurden.

Entweder waren die Ritte sog. Begegnungsritte, wobei sich zwei Herren — oft aus verschiedenen Garnisonen — auf schwierigen Nebenwegen treffen und Befehle austauschen mußten, oder es waren anderweitige Kontrollstationen zu passieren, bei denen Meldekarten abzuholen oder abzugeben waren. Die Ritte waren in einem bestimmten Tempo zurückzulegen und verschieden in der Distanz. Oft auch war an einem markanten Punkt im Gelände, in einem hohlen Baum, unter einem losen Stein einer Mauer

Steilhang (Tor di Quinto).

usw. die Meldekarte mit dem Auftrag verborgen, die erst gefunden und geholt werden mußte.

Dazu fanden diese Ritte meist im Winter, bei Eis und Schnee und — ausgerechnet — in den dunkelsten Nächten statt. Von der Schwierigkeit der Ausführung, von den unvorhersehbaren Aufenthalten und Hemmnissen macht sich nur der einen Begriff, der diese Ritte selbst mitgemacht hat. Frau Fama erzählt von den erfinderischsten Hilfsmitteln, die angewandt wurden, um den Zweck zu erreichen: von der umgehängten Kuhglocke angefangen bis zur abgeschossenen Leuchtrakete!

Vom Internationalen Concours hippique in Turin 1901.
Koppelrick.

In der Tat ist die Geschichte absolut nicht so einfach, wie sie manchem erscheinen mag.

Wer nicht in kummervollen Nächten selbst erlebt, wie der Weg plötzlich aufhört, wer im Walde nicht einmal an der Lichtung der (zusammengewachsenen Tannen=) Baumkronen Weg und Richtung erkennen konnte, wer nicht vor einem dünn zugefrorenen breiten Wasserlauf stand, dessen morscher schmaler Steg nicht für Pferde zu passieren war, wer nicht schon in einem winkligen Dorf verzweifelt umhergeirrt ist, um den richtigen Ausgang zu finden (kein Bauer läßt sich natürlich wecken!), wer nicht im freien Felde, mit der nur matt leuchtenden Röhre oder halbausgehenden Laterne in der Stockfinsternis auf dem Boden kriechend, der Wagenspur nachgeschlichen ist, um den Weg nicht zu verlieren, wer nicht schon plötzlich unsanft gegen irgendein boshaftes Etwas gegengerannt ist, was sich in den Weg stellte, nicht schon samt Pferd in einen nicht erkennbaren Graben gefallen ist — der kennt sie nicht, alle die Stufen menschlicher Verzweiflung, die herzerleichternden Stoßseufzer und Flüche, aber auch die innere Be=

Einzug der Vertreter Deutschlands in die Arena beim Internationalen Concours hippique von Turin 1901.
Vorne der siegreiche Rittmeister Frhr. Adolf v. Holzing=Berstett †
(21. Dragoner) auf Muntham.

friedigung nach glücklich gelöstem Auftrag. Energie, zähe, harte Willenskraft, sicheres Selbstvertrauen ist notwendig, um da nicht zu verzagen, das Rennen nicht aufzugeben und endlich doch das gesteckte Ziel zu erreichen. Schwierigkeiten gibt es nicht, die nicht überwunden werden könnten. Auf irgendeine Art ist immer alles möglich. Rezepte dafür kann man aber nicht geben. Einige Winke nur: 1. Bequeme Stiefel, denn man wird stets viel absitzen und führen müssen; 2. Windstreichhölzer oder elektrische Leucht= röhre zum Kartenlesen; 3. an Wegweisern und Merkpunkten stets sich wieder orientieren, selbst wenn man seiner Sache sicher zu sein glaubt; 4. keine ständig brennende Laterne. Die Pferde sehen dann — geblendet — erst recht nichts (eine Batterie am Vorderzeug wird von einzelnen trotzdem gelobt); 5. in zweifelhaften Fällen dem Pferde alles überlassen, es nicht antreiben, wenn es stutzt, sondern lieber absitzen und den Grund dieses Stutzens erforschen; 6. auf der Chaussee vorwärtsreiten, auf kleineren Wegen verliert man nachher immer Zeit; 7. in zweifelhaften Fällen im Winter lieber Stollen. Draußen auf dem Lande ist es meist viel glatter, als in der Nähe der Stadt. Gefallener Rauhreif kann stellenweise unter Bäumen sehr glatt werden; 8. Vorher genau Karte studieren, event. Situationsskizze anfertigen. (Wegeabzweigungen), um dann möglichst ohne Karte auszukommen; 9. Orientierung oft nach Nordstern oder auch Licht eines abseits liegenden Dorfes usw. möglich; 10. stets in der Mitte der Wege reiten, um nicht über Steinhaufen usw. zu fallen; 11. Kreuz und Beine beim Reiten gut gebrauchen, um nicht vornüber zu fallen, wenn das Pferd stolpert; 12. stets absitzen und führen, wo die Sache „mulmig" erscheint.

Im übrigen macht auch hier Übung den Meister. Man darf nicht ohne weiteres annehmen, daß das alles sich vorkommendenfalls schon von selber macht. Im Kriege werden wohl oft die unglaublichsten Situationen an den nächtlichen Reiter herantreten; dann kommt die Friedensausbildung, die jetzt vielleicht manchmal unser Lächeln hervorruft, sehr zugute, und man wird ihr dankbar sein. Es entspricht durchaus dem kriegsmäßigen Charakter der Kaiserpreisritte, einen Teil davon in die Dunkelheit zu verlegen. Auch bei anderen größeren Raids oder Etappenritten ist das immerhin möglich. — Also: bonne chance! (zu deutsch: Hals- und Beinbruch!)

Die italienische Springschule.*)

Gleich der französischen Schule herrscht auch bei den Italienern die denkbar größte Zügelfreiheit im Sprung vor. Charakteristisch ist für ihre Springweise das völlige Nachgeben der Arme aus dem Schultergelenk bei weit vornüber gebeugtem Oberkörper und eine durchweg auffallend kurze Bügelschnallung. Der lose anstehende Zügel mag wohl im Sprung das Ideale sein, doch wird man auch das momentweise Hängen der Zügel, wie es die völligste Nachgiebigkeit meist in der Praxis ergibt kaum als Fehler, allenfalls höchstens als Schönheitsfehler rechnen dürfen. Wenn das Durchgleitenlassen der Zügel durch die sich öffnenden Finger bei der älteren französischen Schule passend, zu der mehr passiv stilleren Oberkörperhaltung auch der ebenso ruhigen Haltung der Fäuste entsprechen mag, so hat es doch immerhin den Nachteil, daß man nach dem Sprung die Zügel von Neuem verkürzen muß, um das Pferd wieder ganz in der Gewalt zu haben. Das ist aber ein Nachteil, wo es gilt, bei schwierigen Wendungen und schnell aufeinanderfolgenden Sprüngen jeden Augenblick Herr der Situation zu bleiben. Ähnlich wie auch im Rennsport die ältere Schule, die beim Sprung noch die Zügel durchgleiten ließ, von der amerikanisierenden kurzen Zügelführung verdrängt worden ist, die ein Durchschießenlassen der Zügel möglichst vermieden wissen will, um an Schnelligkeit auch keine Sekunde nur einzubüßen, so dürfte auch beim Springsport der italienischen Manier die Zukunft gehören. Es ist unzweifelhaft, daß keine Nation, keine Kavallerie der Welt so sehr dem Springen und Klettern huldigt, keine es auch nur annähernd so weit darin gebracht hat, wie die italienische. Wer nach Tor di Quinto, der mit dem nördlicher gelegenen Pinerolo

---

*) Dieses Kapitel mußte wegen der bereits weit vorgeschrittenen Drucklegung der vorangehenden Abschnitte an letzter Stelle gesetzt werden.

verbundenen italienischen Kavallerieschule kommt, wird dies in weitestem Maße bestätigt finden. Die weiche Zügelnachgiebigkeit beim Sprung, die die italienische Schule auszeichnet, ist eine Folge der einfachen mechanischen Erkenntnis, daß die Hinterhand des Pferdes nicht die höchste Erhebung erreichen kann, wenn nicht gänzliche Zügelfreiheit dem durch das Pferdemaul beeinflußten Rücken (Wirbelsäule) absolute Unabhängigkeit der Bewegung sichert

Tiefsprung in ein Bachbett.

und damit die Möglichkeit elastischen Federns bietet. Aus demselben Grunde verschmähen es die Italiener sich zu tief im Sattel „hintenherunter" zu setzen und verlegen daher das eigene Körpergewicht mehr auf die Vorhand, wozu sie wiederum ihre kurze Bügelschnallung und das dadurch scharf gewinkelte, gut am Pferde anliegende Bein befähigt. Selbst bei Hinabklettern der steilsten Berglehnen und Abhänge, das oft auf Steingeröll, Mauerresten, und in Tor di Quinto mit Vorliebe bei der verfallenen Ruine des Castells Mombrone stattfindet, ist daher die

jüngere italienische Schule von dem früher obligaten Hintenüber=
setzen ganz abgekommen und zu einem normalen, senkrecht über
der Pferdewirbelsäule befindlichen Sitz gelangt und hat dabei die
besten Resultate gehabt, wie zahlreiche Momentphotographien
dieser schwindelnden Kletterpartien aus neuerer Zeit beweisen.

Capt. Caprilli † im Sprung über einen Drahtzaun.

Es ist also auch durchaus nicht nötig, daß die Pferde sich bei
einem gewissen Steilheitsgrad hinsetzen und sich auf den Sprung=
gelenken einfach hinabrutschen lassen. Das ist eben nur eine
Begleiterscheinung der allzuschwer belasteten Hinterhand. Pferde
vermögen fast zu klettern wie die Gemsen und es ist einer
der überwältigendsten Anblicke bei den Geländeübungen der
italienischen Reitschule, wenn man eine Gruppe von Reitern
oben auf der Spitze eines Abhangs, wo der Boden kaum Platz
bietet, die vier eng zusammengeschobenen Pferdehufe niederzusetzen,

mit einem Ruck halten, stehenbleiben und im nächsten Augenblick wieder den fast senkrechten Abstieg beginnen sieht. Auch Hindernisse, die auf stark geböschter Anlage bergab wie bergauf zu springen sind, zuweilen mit einer schmalen Stufe zum Absprung

Abstieg vom Castell Mombrone.

davor, zeigen, zu welcher Höhe der Leistungen sich Roß und Reiter durch Fleiß, Ausdauer und systematischem Training bringen lassen. Immer wieder greift auch die italienische Schule zum Einfachen, Leichten, Niedrigen zurück und weiß dem Pferde dadurch Vertrauen und „Herz" zu erhalten. Infolgedessen gibt es auch dort kaum Pferde, die unverbesserliche Verbrecher werden und nicht mehr springen wollen.

Analog dem italienischen Reitsystem, das alles Schulmäßige verwirft und lediglich sich auf natürliche Weichheit und Losgelassenheit stützt, wird auch beim Springen alles Künstliche und Stallmeisterhafte streng gemieden. Das äußert sich schon in der Zäumung, die meistens aus einfacher Trense (mit Knebelstangen oder großen amerikanischen Ringen versehen) und einem einzelnen,

Italienisches Pianoforte.

vielfach geflochtenen, durch das wohlbewährte, lang genug geschnallte Martingal gezogenen Zügel besteht. Es ist klar, daß Fehler der Hand, wie sie überall einmal vorkommen mögen, sich hier viel leichter und unschädlicher äußern, als bei der mildesten Kandarenzäumung und daß die Pferde so auch mit unbesorgterem Gefühl an alle Sprünge herangehen. Gelegentliche Kämpfe sind natürlich auch hier, wie überall, wo Pferde eingesprungen werden, ganz unvermeidlich und man kann nicht behaupten, daß es dabei in Italien immer mit Glaceehandschuhen abginge. Zuweilen ist eben jedes Mittel recht, um ein widerspenstiges Tier über ein Hindernis zu zwingen und selbst Hilfsstellungen zu Fuß müssen manchmal mit Zuruf und Peitsche den im Sattel kämpfenden Reiter unterstützen.

Beim Sprung selbst hat sich das in der französisch-belgischen ebenso wie in der italienischen Schule gleichbewährte Hilfsmittel des Stützens auf die flachen Hände immer mehr eingebürgert. Die Handflächen suchen dabei, zuweilen mit dem Daumen über den Mähnenkamm fassend, rechts und links des Halses an der unteren Halshälfte einen Stützpunkt für den Oberkörper, wobei die gewinkelten Ellenbogen nahe am Körper bleiben sollen. Dieses Hilfsmittel beim Sprung hat sich weit besser bewährt, als in die Mähne zu fassen, was stets etwas Krampfhaftes, Steifes und in der Regel auch Schiefes in den Sitz bringt und daher gar nicht zu empfehlen ist. Das Anreiten zum Hochsprung wie zum Bergaufklettern erfolgt aus verstärktem Tempo, zum Nehmen von Jagdhindernissen des gewöhnlichen Umfanges in ruhigem cadenziertem Galopp. Springen aus dem Halten wird nur an der Hand über sehr kleine Hindernisse ausgeführt und auch unter dem Reiter wird ausschließlich aus dem Galopp gesprungen. Pferde die zu sehr stürmen, werden unmittelbar vor dem Hindernis pariert oder abgewendet, ohne daß sie dadurch ihre Passion verlieren. Sie werden dadurch nur ruhiger. In Italien sieht man noch viele Pferde des älteren schwereren irischen Schlages. Sie gelten als zum Hochsprung besonders geeignet. Zum Weitsprung hingegen sind die blutvolleren modernen irischen Hunter beliebter. Bei dieser Gelegenheit mag hier noch als Pendant zu Heatherblooms Hochsprungrekord von 2,46 $\frac{1}{2}$ m erwähnt sein, daß der breiteste Weitsprung bereits viele Jahre vor der Inauguration des heutigen Springsports in Limington (England) von dem Hengst Chandler über einen 11,28 m gemessenen Wassergraben ausgeführt worden ist. Diese Breite wurde bewußt seither auch nicht annähernd wieder beim Weitspringen erreicht.

Die moderne italienische Terrainreiterei erblickt ihren Begründer in dem leider allzu früh einem tötlichen Sturz mit dem Pferde zum Opfer gefallenem Capitano Caprilli, einem hochpassionierten und vorzüglichen Reiter von seltener Kühnheit. Er war ein gottbegnadeter Reitersmann, dessen Weichheit und Losgelassenheit im Sattel — wie die von ihm vorhandenen zahlreichen Augenblicksbilder beweisen — auch den anspruchsvollsten Schulreiter entzückt haben würde. Als man ihm seinerzeit nicht glauben

Capt. Caprilli † einen Stuhl springend.

wollte, daß Dienstpferde mit voller Bepackung unter Mannschaften ähnliche Sprünge und Klettereien, wie er sie lehrte, in der Wirklichkeit ausführen könnten, erbat und erhielt er von seinen Vorgesetzten ein Peloton auf sechs Wochen zur Ausbildung, nach deren Verlauf alle Pferde unter vollem Kriegsgepäck das gesamte schwierige Programm tadellos absolvierten, ohne auch nur den geringsten Schaden an ihren Beinen genommen zu haben. Alles ist eben, wie Caprilli selbst sagte, Training.

Se. Kaiserl. u. Königl. Hoheit der Kronprinz auf Gumurum (Englb.) als Sieger in der Hochsprungkonkurrenz zu Schwerin 1911.
(Internationaler Illustrations-Verlag, Berlin.)

Caprilli war und das erhöht sein Verdienst ins Ungemessene — eben der Erste, der die enormen Hochsprünge über wirklich feste Stationatas ausführte, obwohl ihn sein hohes Körpergewicht seine etwas gedrungene Figur und kurze Beine nicht eben dazu auserlesen erscheinen ließen, der Erste, der die schmalsten Gehorsamssprünge, wie Stühle, Wagen usw. ebenso wie feste Drahtzäune im Gelände sprang. Die italienische Kavallerie hat an diesem Manne unendlich viel verloren. Nächst ihm war Bianchetti wohl der bedeutendste Reiter Italiens. Obwohl Reserveoffizier, war er dauernd als Lehrer an der Kavallerieschule angestellt, wo auch er einen tragischen Tod durch Sturz beim Springen fand. Bekannt sind ferner die Namen der Leutnants Antonelli und Bolla, Capece, (mit seinem berühmten heftigen Hochsprungschimmel Visuto) Acerbo, Trissino sowie des Reserveoffiziers Baron di Mopurgo, die den Ruhm der italienischen Springschule bis London und Buenos-Aires getragen haben.

Es ist der Zug der Zeit, daß man heute von einer Kavallerie gemäß den verschiedenartigen im Felde an sie herantretenden Anforderungen in der Reiterei keine einseitigen Leistungen mehr verlangt, vor allem die bloße Schulreiterei allein nicht mehr genügen kann, wenn nicht neben ihr eine ebenso sorgfältige und eingehende Schulung im Terrainreiten für den Kriegsgebrauch einhergeht. Sieht man in der italienischen Reiterei das Extrem ein wenig nach der Seite des Geländereitens hinneigen, so möge man anderseits nicht vergessen, daß heutzutage in der Welt eine einseitige Leistung nach der entgegengesetzten Richtung hin noch viel weniger Anklang finden kann. Nur einer Reiterei, die in allen Sätteln gerecht ist, gehört die Zukunft.

Bilderverzeichnis.

	Seite
Prinzessin Adolf zu Schaumburg-Lippe (Tisch)	1
Prinzessin Adolf zu Schaumburg-Lippe (Tandem)	8
Prinzessin Adolf zu Schaumburg-Lippe (Mauer)	9
Der Kronprinz auf Sumurun im Hochsprung	296
Fürst Adolf zu Schaumburg-Lippe auf Waldmann	33
Prinz Adolf zu Schaumburg-Lippe (Tisch)	11
Rittm. Prinz Heinrich v. Bayern (Bach)	227
Prinz Adalbert von Bayern auf Diabolo	31
Herzog Franz Josef in Bayern (Hürde)	273
Oblt. v. Guenther auf Pompadour (Zahlmeistergraben)	222
Oblt. v. Guenther auf Junker (Holzstoß)	57
Oblt. v. Guenther auf Qual (Hannoverscher Wall)	25
Frau v. Guenther in München	2
Oblt. Picht auf Onyx	260
Rittm. Willmer beim Geländereiten	269
Frau Willmer auf Däumling	2
Frl. H. E. Müller-Bennecke auf Jimmy	5
Frau W. v. Krieger in Döberitz	6
Rittm. Waydelin auf Wegelagerer	61
Frau Waydelin auf Fair-Light	6
Frau v. Vopelius auf Lanze	12
Lt. Graf Schaesberg auf Lump	48
Herr Aug. Andreae auf Union	68
Herr Aug. Andreae auf Schimmel (Potsdam)	74
Herr H. Hasperg jun. auf Cléric	73
Herr Hasperg sen. auf Fotografo	10
Graf v. Schlitz gen. v. Goertz auf Tantième	69
Oblt. Streesemann (Mauer)	83
Oblt. Streesemann (Schafpferch)	89
Oblt. v. Steuben auf Scots Grey	85
Oblt. v. Mitzlaff auf Mulatte	86
Lt. Frhr. v. Lersner auf Stella	91
Lt. Graf Lehndorff auf Quitt	93
Herr S. M. Baer auf Débutante	145
Lt. Graf Holck (in and out)	149
Lt. Graf Holck auf Cark Petrel	46
Frl. A. Lange auf Rayo	155

Seite

Frau L. Mauritz auf Lola	282
Rittmeister a. D. v. Lücken beim Hochsprung	4
Oblt. Graf Spretti auf Morenga	165
Lt. Fuchs beim Schongauer Geländeritt	217
Oblt. Freyer auf Dina	237
Lt. Frhr. v. Gagern beim Geländeritt	238
Oblt. Sommerhoff auf Diamant	255
Frau H. R. Sommerhoff in Bruchsal hinter den Hunden	281
Rittm. v. Oesterley auf Rädelsführer	259
Oblt. v. Auer auf Muse	262
Oblt. Frhr. v. Strahlenheim (Graben)	263
Oblt. v. Roon auf Harras	265
Rittm. v. Bohlen und Halbach beim Klettern	277
Oblt. Frhr. v. Lindenfels (Kletterbach)	279
Rittm. Frhr. v. Stein (Gehorsamssprung)	137
Rittm. Frhr. v. Stein (Springprüfung)	263
Herr H. Heil auf Pandour	81
Herr H. Heil auf Black-Swell	71
Herr O. Koch auf Kilmore	77
Herr O. Koch auf Nevermind	78
Major Frhr. v. Holzing (Graben)	27
Oberst Frhr. v. Redwitz (Jagdsprung)	284
Oblt. Henke auf Entoutcas	268
Oblt. d. Res. Roßmann auf Cark-Petrel	271
Oblt. Frhr. v. Maercken auf Starlight	264
Oblt. Frhr. v. Maercken auf Lilly	261
Oblt. Frhr. v. Maercken (Holzstoß)	156
Oberstlt. v. Pongrácz (Hochsprung)	133
Oberstlt. v. Pongrácz (Wall)	67
Oblt. Markgraf Pallaricini (Bach)	219
Oblt. Paldt auf Portos	147
Rittm. Rauinhar auf Hans	146
Lt. Antonelli (Hochsprung)	19
Oblt. Bolla (Rick)	22
Lt. Trissino auf Pallanza	41
Capt. Caprilli † auf Trainierbahn	65
Capt. Caprilli † (Koppelrick in der Campagna)	63
Capt. Caprilli † einen Stuhl springend	295
Capt. Caprilli † im Sprung über einen Drahtzaun	291
Korrekturmittel der Caprill'schen Schule	127
Oblt. Boceta (Wallhecke)	236
Lt. de Oliviera Cezar auf Vizcacha	42
Lt. Chev. de Daufresne (Tor)	114
Lt. Chev. de Daufresne auf Bill	119

	Seite
Lt. Chev. de Daufresne auf Conspirateur	110
Lt. Ripet (2. belg. Chasseurs à cheval) in San Sebastian auf Speranza	101
Lt. Baron de Bloemmaert (Rick)	179
Lt. Chev. de Selliers (Rom)	226
Lt. Chev. de Selliers auf Cake Walk (Triplebarre)	153
Lt. Chev. de Selliers auf Cake Walk (Mauer)	121
Lt. Chev. de Selliers (Koppelrick)	113
Lt. Lancksweert	52
Monf. Philippot auf Matador	117
Monf. Barrau in London	130
Monf. Barrau auf All-Fours	112
Capt. Crousse	118
Comdt. de Féline	47
Lt. de Flavigny auf Général Jaquemont	53
Capt. Doutech	54
Lt. de Maupéou	55
Comdt. Meyer in London	113
Lt. Horment in London	135
Lt. Horment (Gitter)	169
Comdt. Poudret (Torgatter)	174
Monf. Ricard auf Perce neige	176
Lt. de Saint Phalle † auf Marseille II	177
Capt. Bausil † auf Midas	241
Mrs. Violet Mac-Bride (Hack)	213
Mr. Walter Winans auf Grey Hawk	214
Mr. W. Winan's St. Olaf	64
Mr. W. Winan's Marmion	40
Steinwall in San Remo (Herr H. v. Mumm?)	163
Heatherbloom beim Hochsprung	116
Heatherbloom, das beste Springpferd der Welt	123
Heatherbloom nach dem Weltrekordsprunge	43
Ein Husarenstück	7
Französische Unteroffiziere beim Geländereiten	15
Schwedische Offiziere am Steilabhang	223
Abstieg von senkrechter Wand	224
Kletterübung in Italien	225
Geländeschule in Tor di Quinto	228
Ordonnanzritt der Italienischen Reitschule	229
Ein Reiterscherz beim Frühstück	232
Steilhang (Tor di Quinto)	285
Abstieg vom Castell Mombrone	292
Tiefsprung in ein Bachbett	290
Vom Internationalen Concours hippique in Turin (Koppelrick)	286
Einzug der Vertreter Deutschlands in Turin 1901	287

Seite

Hochsprung in Turin	45
Mauer in Turin	35
Einstieg in die Kiesgrube bei Lochham	220
Koppelrick in Turin von vorn	37
Koppelrick in Turin von hinten	36
Sprung über 4 Pferde in Saumur	3
Geländereiten auf dem Mälarsee	29
Sprung auf der Kavallerieschule von Saumur	97
Hochweitsprung in Saumur	107
Saumur: Droschkensprung	99
Sturz auf der Ecole de Cavalerie Saumur	120
Sturz in Saumur	111
Saumur: Sturz am Openditch	122
Saumur: Doublebarre	87
Sturz am Chausseewall (Italien)	111
Sprung ohne Bügel und Zügel	125
Springen ohne Bügel	131
Gebrauch der Eisenbarre	132
Mortimerhürde	138
Italienisches Pianoforte	293
Im Hofe der Olympia-Hall	136
Moderner Hochsprungapparat	129
Szene vom Französischen Raid Vittel-Vittel	257
Ehren-Diplom	253
Einholung des Ehrenpreises	249
Am Ziel	247
Parade nach Bekanntgabe des Resultats	245
Kontrollposten	243
Szene vom Raid	235
Preisrichter im Auto	234
An der Kontrollstation	233
Tränken mit Zuckerwasser	231
Espoir	59
Transvaal	60
Whiskey	51
Broadwood	56
Profile Luzerner Hindernisse	167
Ein unfreiwilliges Bad	275
Vom Prinzregentenpreis, München	221
Szene vom Prinzregentenpreis, München	218
Concoursbahn in Nimes	173
Auffahrt des Königl. Hofs in Brüssel	181
Umzug nach der Military in Brüssel	183
Auffahrt des Hofes in Richmond	195

	Seite
Officer's Charger-Competition, London	194
Hindernis-Anlage zu Olympia	197
Rundgang mit Verkaufsständen	199
Vom Pariser Concours im Grand Palais	170
Stallgasse in Olympia	200
Ponystall in Olympia	201
Die große Mittelloge in Olympia	202
Auffahrt der Hindernisse	203
Officer's Charger	205
Hunter-Typ	204
Riding-Horse	206
Park-Hack	207
Covert-Hack	209
Eine Siegerin von Olympia	210
Hunter	211
Sprung in Biarritz	49
Am Hecktor	159
Landung nach Wassergraben	140
Aufsprung auf irischen Wall	142
Grabenrick in Spa	66
Tor in Spa	185
Vom Concours hippique in Spa (Grabensprung)	187
Vom Concours hippique in Spa (Rickhecke)	189
Grabenrick in Spa	17
Natursprung in Pau	143
Englischer Sprung in Pau	141
Absprung vom Wall in Pau	44
Vom Concours hippique in Pau (Koppelrick)	171
Vom Concours hippique in Pau (Aufsprung auf Wall)	172
Vom Concours hippique in Pau (Natursprung)	115
Sturz beim Concours hippique in Pau	157
Vom Concours hippique in Pau (Weithochsprung)	175
Weitsprung von 7 Metern auf der Ecole d'équitation in Ypres	105

Verzeichnis einiger gebräuchlicher Fremdwörter.

barren = dem Pferd beim Sprunge an die Beine schlagen.
Blinkers = Scheuklappen.
Bullfinch = Wall mit hoher undichter Hecke darauf.
Claie, Haie = Flechtzaun bzw. Hürde.
Doublebarre = doppelte Barriere (Balken).
Effleuré = Streichfehler.
engl. Sprung = Rail, Graben und Hecke.
Hack = Reitpferd.
Hunter = Jagdpferd.
Hurdler = Hürdenpferd.
jumpen = springen.
Openditch = Graben vor Hecke.
Oxer = hohe Hecke, von Ricks eingefaßt.
pullen = schrammend in die Hand gehen.
Rail = niedriges Rick.
Stationata = typisches, in der römischen Campagna häufig vorkommendes festes Koppelrick.
Steepler = Hindernisrennpferd.
Talus = Heckenwall.
Tapin = nägelbeschlagene Stange zum Barren.
Taquet = fehleranzeigende Klappe.
Tombeau = Art von Graben.
Triplebarre = dreifaches Koppelrick.
Vol-Poom = Graben auf Wall.
Pianoforte = italienisches Hindernis.

Auszug
aus den Urteilen der Presse

über E. Freiherr v. Maercken's
„Springprüfungen und Geländeritte"

Rezensionsauszüge zur ersten Auflage
Maercken,
Springprüfungen und Geländeritte.

Kavalleristische Monatshefte: „Einer der begeistertsten Vorkämpfer für die Ausgestaltung der Armeedistanzritte und Springprüfungen, Frhr. v. Maercken zu Geerath, ein erfahrener und passionierter Reiter und ebenso bewährter Sport- und Fachschriftsteller wie Offizier ... sammelt hier einige seiner Studien zusammen ...."

Der Tag: „..... Schon der Umstand, daß wir Deutschen auf dem Gebiete des Springsports und der modernen kriegsmäßigen Raids gegen das Ausland weit zurückstehen, läßt das Buch als einen zeitgemäßen Mahnruf erscheinen, der nicht ungehört verhallen sollte."

Deutsches Offizierblatt: „Mit diesem Buche hat Oblt. Frhr. v. Maercken die Literatur auf reiterlichem Gebiete um ein wertvolles Werk vermehrt ...."

Norddeutsche Allgemeine Zeitung: „.... Etwa 180 Abbildungen illustrieren die sehr beachtenswerten Darlegungen ..."

Militär-Wochen-Blatt (Mil. Lit.-Zeitg.): „Der Verfasser so mancher sportlicher Artikel in den kavalleristischen Zeitschriften, der selbst häufig bei Concours hippiques im Sattel zu sehen ist, faßt in diesem Buche seine Erfahrungen und Beobachtungen über den neuen Springsport zusammen ...."

Berliner Tageblatt: „..... Das interessante Buch, das ebenso instruktiv und lebhaft geschrieben ist, wird von einer Fülle guter Illustrationen vervollständigt."

Zeitschrift für Gestütkunde: „Das Ganze ist in hervorragender Weise und in verblüffend offener Sprache vorgetragen. Es ist eine ernste Mahnung an alle Kavallerieoffiziere, mehr Gewicht beim Reiten auf die Überwindung von Terrainschwierigkeiten zu legen, diese auch von Chargen- und Dienstpferden zu verlangen, so daß im Ernstfalle die Waffe mit Ehren bestehen kann ...."

Neue Militär-Blätter: „Das Werk enthält viele dankenswerte Anregungen und beherzigenswerte Hinweise. Wir können das Buch nur auf das Wärmste empfehlen."

Sankt Georg: „Das soeben erschienene Buch behandelt ein bisher in der Fachliteratur mehr oder weniger vernachlässigtes Thema in überaus eingehender Weise und ist aus diesem Grunde aufs Wärmste zu begrüßen. . . . Ich bin sicher, daß das Buch in allen Sportkreisen die ihm gebührende Anerkennung finden wird." (August Andreae.)

Tierärztliche Rundschau: „Eines der bedeutendsten Werke, welches noch dazu ein bisher vollkommen unbearbeitetes Gebiet umfaßt. . . . Die Lektüre wird in angenehmer Weise erläutert durch eine große Anzahl ausgesuchter typischer Momentbilder, welche den Sprung in seinen verschiedenen Phasen praktisch erläutern, andererseits aber auch sehr wohl die Grundlage wissenschaftlicher Betrachtungen sein können. . . ."

Danzers Armee-Zeitung, Wien: „Frhr. v. Maercken, einer der temperamentvollsten und erfolgreichsten Verfechter des neuen Spring- und Terrainreitens in Deutschland, faßt hier seine Ansichten in einem brillant geschriebenen Buche zusammen. Vielfache persönliche Erfahrungen und vorzügliche Verbindungen mit dem Ausland berechtigen den Freiherrn, der neuen Richtung das Wort zu reden."

Der Pferdefreund: „. . . . Gleich im Voraus sei gesagt, daß wohl selten ein sportliches Buch so mit offenen Händen aufgenommen worden ist, wie gerade dieses Werk. . . . Daß die außerordentlich zahlreichen Illustrationen dazu beitragen, daß es sofort von jedem Interessenten, der es in die Hand bekommt, mit besonderer Aufmerksamkeit betrachtet und nicht eher aus der Hand gelegt wird, als bis man wenigstens sämtliche Abbildungen in Augenschein genommen hat, ist leicht erklärlich."

Marine-Rundschau: „Jedem Freund des edlen Reitsports ist die treffliche und sehr zeitgemäße Schrift angelegentlich zu empfehlen."

Sport im Bild: „In 20 verschiedenen Abschnitten sind alle einschlagenden Punkte des Concours mit außergewöhnlicher Sorgfalt und Sachkenntnis auf das eingehendste besprochen. Ich bezeuge, daß ich die beachtenswerte und für jeden Sportsmann lehrreiche Schrift von Anfang bis zu Ende mit ganz besonderem Interesse gelesen habe und deshalb allen Sportsfreunden auf das angelegentlichste empfehle." (Rittm. a. D. R. v. Lücken.)

Sport-Welt: „Das erste und vorläufig einzige Buch über dieses neue, hochinteressante Kapitel des Reitsports ist hiermit erschienen und bringt den Stoff mit fließender Eleganz der Schreibweise und einer jeden Sportfreund entzückenden Reichhaltigkeit des Materials gleich erschöpfend zur Darstellung."

Wiesbadener Zeitung: „... Dieser freudig mitreißende Zug weht auch durch das frisch und fesselnd geschriebene Buch, das dazu beitragen wird, dem reiterlichen Sport der Gegenwart neue Anregungen und Ausblicke zu geben."

Streffleurs Militärische Zeitschrift, Wien: „... Der rote Faden in diesem hochinteressanten Werke und was das Buch besonders für Kavallerieoffiziere wertvoll macht, ist die Überzeugung des Verfassers, daß der eminente Wert dieser Konkurrenzen nicht darin besteht, daß ein Pferd abnorme Höhen zu springen, riesige Distanzen in kürzester Zeit zu bewältigen vermag, sondern darin, daß allein durch die vermehrte Teilnahme an diesen Konkurrenzen die Kriegstüchtigkeit und Verwendbarkeit der Kavallerie im Felde in hervorragender Weise zu steigern wäre..."

Deutsche Tageszeitung, Berlin: „.... Es würdigt eingehend die wechselseitigen Beziehungen zwischen dem modernen Spring- und Geländereitsport und den Erfordernissen der heute notwendigen Ausbildung für den Krieg, widmet den Geländeritten, Kaiserpreisritten und vor allem dem Glanz der großen ausländischen Concours hippiques entsprechende Abschnitte, die ebenso anregend wie lehrreich sind und gestaltet den Eindruck des Ganzen lebendig und ursprünglich durch die Fülle ausgesuchter Momentbilder, wie sie die Camera im Sprung oder beim Klettern im Gelände festgehalten hat.... Die Widmung des im Hinblick auf den überreichen Inhalt preiswerten Buches hat unser Kronprinz angenommen."

National-Zeitung, Berlin: „Mit Erlaubnis des Verlages von Gerhard Stalling in Oldenburg entnehmen wir diesen Aufsatz dem soeben erschienenen trefflichen Werke des Freiherrn E. von Maercken zu Geerath, dem Inhaber des Kaiserpreis-Armee-Rekords."

Kölnische Volkszeitung: „... Sehr bemerkenswert und auch von allgemeinem Interesse sind die Mitteilungen über die französischen Raids militaires und die Betrachtungen über die Neugestaltung der deutschen Kaiserpreisritte, in eine den Erfordernissen der kavalleristischen Tätigkeit im Felde mehr entsprechenden Form. Das Buch, dessen Widmung der deutsche Kronprinz angenommen hat, ist von Anfang bis zu Ende fesselnd und lebendig geschrieben — aus der Praxis für die Praxis."

Das Bayerland: „Ein Buch ist erschienen, das Anspruch auf die Aufmerksamkeit der Reiterwelt besitzt... Das umfangreiche Werk, das in der großen Literatur über das Pferd und das Reiten eine exzeptionelle Stellung einnimmt, enthält soviel wertvolle Fingerzeige für die Praxis, daß es wie ein vademecum, ein Leitfaden für alle möglichen Lagen des Reitens im Gelände und vor, über und nach dem Hindernis ist... Erfreulich ist es, mit welchem Schneid der Verfasser in verschiedene Verhältnisse hineinleuchtet, die anzugreifen, bis jetzt verpönt war, besonders erfreulich deswegen, daß ein junger Offizier den Mut dazu hat."

Die Saison: „.... Ein besonders erfreulicher Umstand ist ferner, daß das famos geschriebene Buch einen aktiven Kavallerieoffizier zum Verfasser hat. So ist es ganz natürlich und angebracht, daß Freiherr von Maercken als Offizier und im Hinblick auf seine Waffe schreibt; dabei vergißt er aber nicht — und das gibt dem Werk eine weitreichende Bedeutung — sein Thema in Verbindung mit unserer deutschen Pferdezucht zu bringen...."

Der deutsche Jäger: „In knapper, doch ungemein sachlich gehaltener Form werden die wechselseitigen Beziehungen zwischen dem modernen Spring- und Geländereitsport und die einleitenden Vorbereitungen beim Einspringen der Pferde vor Augen geführt. Allen Freunden des Reitsports kann das vorzüglich ausgestattete Werk nicht genug empfohlen werden."

Stuttgarter Militärische Blätter: „Das Verdienst, welches sich der als passionierter Sportsmann und erfahrener Schriftsteller bekannte Verfasser mit seinem grundlegenden, von Begeisterung durchglühten Werke erworben hat, ist schon vielfach von der Kritik anerkannt und hervorgehoben worden..."

In gleichem Sinne äußerten sich ferner:

Rostocker Anzeiger	Königsberger Hartungsche Zeitung
Hamburger Fremdenblatt	Metzer Zeitung
Hamburgischer Correspondent	Wiesbadener Tageblatt
Bremer Nachrichten	Deutsches Armeeblatt
Sankt Hubertus	Hamburger Nachrichten
Neue Sportwoche	Münchener Neueste Nachrichten
Armeeblatt, Wien	Düsseldorfer Neueste Nachrichten
Deutscher Reichsanzeiger und	Dresdener Nachrichten
Kgl. Preuß. Staatsanzeiger	Der Sporn

und andere mehr.

Auszüge aus Privatbriefen an den Verfasser über das Werk.

Vicomte François de Malherbe, Lieut. 14. Hussards, Saumur, 25. 4. 11: „... Je vous prie, mon cher camarade, de reçevoir tous mes remerciements pour votre intéressant ouvrage, fort complet et très documenté. ..."

Harry von Hedenstierna, (Schwed. Leibhusaren-Regiment) Stöfde (Schweden), 21. 2. 11: „Eben habe ich Ihr interessantes und elegantes Werk über Springen in die Hand bekommen und ich kann nicht unterlassen, Ihnen für alles Lehrreiche darin zu danken. ..."

Oberstleutnant A. v. Pougrácz, (1. Husar.) Wien, 5. 3. 11: ... Ich habe Ihr schönes Buch — bisher einzig in seiner Art — mit Freude gelesen und finde es sehr anregend und besonders lehrreich. ..."

Königl. Bayr. Generalmajor z. D. Buxbaum, München, 13. 12. 10: „... Das so hochinteressante Werk, das ich als eine kavalleristische Tat bezeichnen möchte, die allerorten anregend und begeisternd, wertvolle Früchte tragen wird. .. Ich beglückwünsche Sie zu dieser glänzenden Schöpfung, durch welche sich Ew. Hochwohlgeboren ein hohes Verdienst um unsere Waffe erworben haben."

The International Horse Shows, London W., 31. 7. 11: „Wir gelangten in den Besitz des Buches und finden es sehr gut und fein durchdacht ..."

Comte de Comminges, Clairoix par Compiégne, 31. 1. 11: „... Je me permets comme ancien ecuyer à Saûmur, de vous féliciter très vivement de l'exellent esprit de votre livre ..."

Chevalier Charlos de Selliers de Moranville, Lieut. adj. de l'Etat-major au 2me Régt. de Guides. Bruxelles, 13. 12. 10: „... c'est avec plaisir, toujours croissant que j'ai feuilleté votre livre si intéressant à tous points de vue. Comment avez vous pu réunir une infinité des choses si intéressantes! Tout que j'ai lu m'a plû énormément ..."

Oberlt. v. Guenther, (6. Ulan.), Mainkur, 1. 1. 11: „Mit großem Interesse habe ich das Buch gelesen und kann nur meiner Freude darüber Ausdruck geben, daß endlich ein Werk erschienen ist, daß geeignet erscheint, auch Fernerstehenden die Ziele und Wege unseres schönen Sports verständlich zu machen. Vor allem begrüße ich es aber im Interesse unserer jüngeren Herren, denen ein gründliches Studium manchen Irrweg und manche unangenehme Erfahrung ersparen wird. Auch für die, die schon länger in unserem Sport arbeiten, bringt es eine Fülle von Interessantem und Neuem, besonders aus dem ausländischen Concourssport. ..."

Inseraten-Anhang.

MASSKLEIDUNG
für Herren u. Damen
*Das Neueste
in Stoff u. Schnitt*
S·ADAM
BERLIN W.8

Pferdebilder

Ein Kapitel für den Pferdefreund. 24 Seiten mit 8 Vollbildern nach Original-Amateur-Aufnahmen.

Bei Bezugnahme auf dieses Werk versenden wir die kleine, für jeden Pferdebesitzer und Pferdeliebhaber hochinteressante Broschüre völlig kostenlos. Auf Wunsch erhalten Interessenten auch gratis unseren reich illustrierten Hauptkatalog Nr. 191, der eine Übersicht über unsere auch für schnellste Sportaufnahmen tausendfach bewährten, über die ganze Welt verbreiteten Cameras und Bedarfsartikel enthält.

Bezug der Apparate durch alle Photohandlungen zu Originalpreisen.

Ica, Aktiengesellschaft, **Dresden**

Größtes Camerawerk Europas.

Die Schloßbrauerei
Schöneberg-Berlin W.

(Lieferantin für den Truppen-Übungsplatz Döberitz)
ist berühmt durch ihr

Schloßbräu, Schöneberger Cabinet, Kronenbräu,

welche zu den leichtbekömmlichsten und malzreichsten Berliner Bieren gehören.

Telephon: Amt VI, 5018 u. 5424

Telephon: Amt VI, 5018 u. 5424

ERNEMANN
Cameras
und
Objective
sind erstklassig und preiswürdig.
Spezialmodelle für Sportzwecke.

Preisliste kostenlos.

Heinrich Ernemann A.-G., Dresden 285

ZEISS
ARMEE-FELDSTECHER
sind
im Deutschen Heere
offiziell eingeführt.

Prospekt Tm 218 kostenfrei.

Zum eigenen Gebrauch werden Zeiss-Feldstecher den Herren Offizieren, Fähnrichen und Einjährig-Freiwilligen zu Armeepreisen geliefert.

CARL ZEISS :: JENA
Berlin, Frankfurt a. M., Hamburg, Wien, Paris, St. Petersburg, Mailand, London.

„FERABIN"
elektrische Handlampe mit Trocken-Batterien.
D. R. P. und D. R. G. M.

Handlampe I 57 Brennstund. ununterbrochen
laut Prüfungsschein des Physikal.
Staatslaboratoriums in Hamburg.

Handlampe IV 8 bis 10 Brennstunden.
— Militärische Referenzliste und Prospekt gratis. —

Adolph Wedekind, Hamburg 36
Neuerwall 36

In 1/1000 Sekunde aufgenommen mit:

Goerz
=Anschütz=
KLAPP-CAMERA
Ango.

Bezug durch alle Photohandlungen. — Preislisten kostenlos.
Opt. Anst. C. P. GOERZ, Akt.-Ges.
BERLIN-FRIEDENAU 341
WIEN PARIS LONDON NEW YORK

Verlag von Gerhard Stalling, Oldenburg i. Gr.

Das
Deutsche Offizierblatt

Schriftleiter: **Major a. D. Schindler, Berlin SW. 68, Zimmerstr. 7**

hat sich in nunmehr **vierzehnjährigem** Bestehen zu der verbreitesten militär. Fachzeitschrift Deutschlands entwickelt.

Seinem **Ziel** entsprechend, für das gesamte Offizierkorps, das des aktiven, des inaktiven und des Beurlaubtenstandes, ebenso aber auch für die weiten Kreise der Freunde unserer Wehrmacht zu Wasser und zu Lande zum erwärmenden und zusammenfassenden Mittelpunkt zu werden, ist seine **Losung**:

aktuell — praktisch — vielseitig.

Die Berichterstattung über alle bedeutsamen militärischen Vorgänge im Inlande und Auslande, die vielbeachtete technische Rundschau, der **alle Zweige der Militärwissenschaft** umfassende übrige Inhalt — nicht zu vergessen auch der nahezu konkurrenzlos dastehende **„Briefkasten"** — bieten eine Quelle fruchtbringender Belehrung. **Wie kein anderes militärisches Fachblatt eignet sich daher das Deutsche Offizierblatt** zur **selbständigen** Fortbildung des strebsamen Offiziers, sowie als bequemes Unterrichtsmittel für jedermann, der mit den Entwickelungen auf militärischem Gebiet dauernd vertraut bleiben will. Daß eine Zeitschrift von der großen Verbreitung des „Deutschen Offizierblattes" auch die **wirtschaftlichen Interessen** seiner Bezieher zum Ausdruck zu bringen und zu fördern sich berufen fühlt, bedarf kaum der besonderen Hervorhebung. Von einer wörttichen Anführung der uns im Laufe der Jahre aus allen Teilen des Leserkreises ausgesprochenen zahlreichen Anerkennungen unserer Bestrebungen und Erfolge nehmen wir Abstand.

Probenummern stehen porto- und kostenfrei zur Verfügung.
Bestellungen nimmt jede Postanstalt und der Verlag entgegen zum vierteljährlichen Bezugspreise von Mk. 1.75.
Zustellungsgebühr ins Haus 12 Pfg.

Im unterzeichneten Verlage erscheinen:

DEUTSCHE RANGLISTE

für das gesamte aktive Offiizierkorps, Sanitäts- und Veterinär-Offizierkorps und die Fähnriche der deutschen Armee und Marine.

Preis elegant kart. Mk. **2.75**   In Leinen geb. Mk. **3.50**

Die „Deutsche Rangliste" erscheint alljährlich Anfang Dezember und enthält das gesamte preußische, bayerische, sächsische, württembergische u. Marine-Offizierkorps sowie das Sanitäts- u. Veterinär-Offizierkorps und den Nachwuchs der Armee u. Marine, mit einem vollständigen alphabetischen Namenverzeichnis.

Urteile:

„Das Unternehmen hat Bedeutung über seinen speziellen Zweck hinaus und reiht sich würdig vielen anderen anerkannten Leistungen der Firma an".
v. Mackensen, Gen. d. Kav. u. Gen.-Adj., komm. General XVII. A.-K.

„Für die freundliche Übersendung der „Deutschen Rangliste" sage ich besten Dank. Man mag sie nicht mehr missen".
v. Ploetz, Gen. d. Inf. u. komm. Gen. d. VIII. A.-K.

Hauptmann **Neidhardt,** Militärschießsch. München, kommandiert zur Kgl. preußischen Gewehr-Prüfungskommission:
Ihre D. R. zeichnet sich aus durch Übersichtlichkeit, Genauigkeit, Vollständigkeit. Sie ist in Personalfragen ein Nachschlagebuch allererster Ranges.

Rangliste der Offiziere des Beurlaubtenstandes der Königl. Preußischen Armee

nach Waffengattungen getrennt, mit Angabe der Patente, der Wohnungen und der Zivilstellungen und einem alphabetischen Namenverzeichnis

nach dem Stande vom 27. Januar 1911.

Mit Genehmigung des Königl. Preuß. Kriegsministeriums und unter Mitwirkung der Königl. Bezirkskommandos herausgegeben von **Radziejewski,** Leutnant der Landwehr a. D.

Preis für Offiziere, inaktive Offiziere und Militärbehörden gebunden Mk. **6.50.**

Gerhard Stalling, Verlagsbuchhandlung, Oldenburg i. Gr.
Verlag des „Deutschen Offizierblattes".

Wichtige militär. Schriften
der Verlagsbuchhandlung Gerhard Stalling
Oldenburg i. Gr.
Verlag des „Deutschen Offizierblattes",

Die Befehlstechnik
bei den höher. Kommandobehörden.
4. Auflage.
Preis Mk. 2.—,
elegant in Leinen gebunden Mk. 2.75

Anlage und Leitung von Kriegsspielen
von **Oberlindober**,
Hauptmann und Lehrer an der
K. B. Kriegsakademie
Geheftet Mk. 3.60.   Gebunden Mk. 4.80.

Taschenbuch für Oberleutnants und Leutnants aller Waffen
von Rittmeister a. d. **Seidel**.
2. verbesserte und vermehrte Auflage.
Preis elegant in Leinen gebunden Mk. 1.50.

Der Offizierbursche
der deutschen Armee und Marine
von **Axel von Altenstein**.
Preis 75 Pfg.

Der Zug im Gefecht.
Eine Zusammenstellung aller für den Zugführer wichtigen Bestimmungen im Wortlaut unserer Dienstvorschriften
von **Nolte**, Major und Mitglied der Infanterie-Schießschule.   2. Aufl.
Preis geheftet Mk. 0.80, gebunden Mk. 1.40.

Die Ansichtsskizze
im Dienste der Erkundung, Beobachtung und Orientierung nebst einigen Notizen über die Bedeutung d. Photographie für Erkundigungszwecke. — Mit 460 Abbildungen.
Von Hauptmann **Kameke**.
Preis broschiert Mk. 2.25, gebunden Mk. 3.—

Aufgaben des engl. Dolmetschers
von Leutnant A. **Grabau**.
Steif broschiert Mk. 3.20,
in Leinen gebunden Mk. 4.20.

Die militär. Geländebeurteilung
und Winke für das Krokizeichnen.
Von Hauptmann **Nicolai**.
Preis 90 Pfg.

Die Erziehung der Truppe zum moralischen Wert
in Deutschland, Rußland und Japan
von Major **Müller**.
Preis geheftet Mk. 1.75.

Wie muß der junge Offizier wirtschaften, um mit seiner Zulage auszukommen?
Teil I und II.   Preis Mk. 1.25.

Morsezeichentabelle mit sämtlichen Abkürzungen
von Hauptmann **Keil**.
Auf Leinwand gedruckt.   Preis 30 Pfg.

Abgerundete Hilfszahlen für den Handgebrauch.
Die wichtigsten Zahlenangaben für den Dienstgebrauch aller Waffen.
Fünfte Auflage.   Preis 20 Pfg.

Ruhmestage der deutschen Reiter-Regimenter
deren Errichtung, Benennung und Feldzüge
von Generalmajor **Emil Buxbaum**.
Ausgabe auf feinem Bücherpapier, geheftet **MK. 3.50**, in Leinen gebunden **MK. 4.50**. Ausgabe auf gewöhnlichem Papier in Pappband **MK. 1.00**.

Cramer & Buchholz Pulverfabriken
mit beschränkter Haftung
Hannover
Jagdpatronen
Unübertroffene Fabrikate.

 Mit **Schwarzpulver** geladen:

 „Diana" rot.

 „Krone" hellbraun.

 „Hussa" grün.

Mit **rauchschwachem Pulver** geladen:

 „Diana-Rauchlos" blau.

 „C. & B.-Rauchlos" gelb.

Extrabestes Jagdpulver „Diana" u. „Rauchlos".
Deutsches Scheibenpulver „Nasser Brand" und „Rauchlos".

Verkauf nur an Wiederverkäufer, die auf Wunsch nachgewiesen werden.